王旸 著

党代会代表

从一大到十九大

生活·讀書·新知 三联书店

Copyright © 2024 by SDX Joint Publishing Company.
All Rights Reserved.

本作品版权由生活・读书・新知三联书店所有。
未经许可,不得翻印。

图书在版编目(CIP)数据

党代会代表:从一大到十九大/王旸著.—北京:
生活・读书・新知三联书店,2024.2 (2024.10 重印)
ISBN 978-7-108-07057-9

Ⅰ.①党… Ⅱ.①王… Ⅲ.①中国共产党全国代表会议－史料Ⅳ.① D220

中国国家版本馆 CIP 数据核字(2023)第 245932 号

责任编辑	柯琳芳　唐明星
装帧设计	康　健
责任校对	张国荣
责任印制	卢　岳
出版发行	生活・讀書・新知 三联书店
	(北京市东城区美术馆东街 22 号 100010)
网　　址	www.sdxjpc.com
经　　销	新华书店
印　　刷	河北松源印刷有限公司
版　　次	2024 年 2 月北京第 1 版
	2024 年 10 月北京第 2 次印刷
开　　本	635 毫米 × 965 毫米 1/16 印张 26
字　　数	288 千字
印　　数	6,001－8,000 册
定　　价	78.00 元

(印装查询:01064002715;邮购查询:01084010542)

目 录

写在前面的话　1

第一章　一大代表：平均年龄28岁　1
　　一、中国共产党诞生　1
　　二、代表由各地共产党早期组织推举　6
　　三、代表由先进知识分子构成　13
　　四、相同的起点，不同的结局　19

第二章　二大代表："尚缺一人姓名不详"　25
　　一、制定民主革命的纲领　25
　　二、代表由提名和协商产生　31
　　三、代表是工人运动与青年运动的领导者　34
　　四、与共产国际代表意见相左的"决议案"　37

第三章　三大代表：用生命践行初心　46
　　一、统一战线　46
　　二、推荐和指派代表　50
　　三、代表中工人数量和比例增多　56
　　四、为有牺牲多壮志　61

第四章　四大代表：20位代表产生于全国994名党员　70
　　一、工农联盟　70

二、推选和指定代表　74
　　三、代表以工人和知识分子为主　81
　　四、新人新气象　82

第五章　五大代表：代表阶层多样化　89
　　一、党的建设　89
　　二、按区域推选代表　98
　　三、代表由工人、农民和知识分子构成　103
　　四、信仰的力量　105

第六章　六大代表：奔赴莫斯科郊外　111
　　一、转变工作方针　111
　　二、推选和指定代表　117
　　三、以工人代表为主　125
　　四、遥远的他乡　127

第七章　七大代表：严格的代表资格审查　134
　　一、统一思想　134
　　二、民主选举代表　141
　　三、由各阶层构成的代表　150
　　四、奔赴延安的"小长征"　152

第八章　八大代表：无记名投票选举产生　160
　　一、工作重心转移　160
　　二、无记名投票选举代表　165
　　三、代表以党员干部为主　174
　　四、代表空前活跃　176

第九章　九大代表：秘密进京与"新鲜血液"　182
　　一、准备打仗　182

二、协商指定代表　187

　　三、代表以工农兵为主　198

　　四、共产党人的本色　199

第十章　十大代表：首次有了台湾代表团　205

　　一、调整政策　205

　　二、"民主协商"产生代表　208

　　三、代表由劳动人民和革命军人、革命干部、
　　　　革命知识分子构成　213

　　四、毛泽东最后一次出席党代会　215

第十一章　十一大代表：对代表结构进行调整　222

　　一、宣告"文化大革命"结束　222

　　二、协商选举代表　228

　　三、代表为各条战线的标兵　232

　　四、聂荣臻"上书"　234

第十二章　十二大代表："雏凤清于老凤声"　239

　　一、开创社会主义现代化建设新局面　239

　　二、以无记名投票的方式差额选举代表　246

　　三、年轻干部和知识分子代表增多　255

　　四、全民偶像：中国女排　261

第十三章　十三大代表：走向年轻化　265

　　一、社会主义初级阶段理论　265

　　二、差额选举代表　269

　　三、代表以各级干部为主，兼有各条战线先进人物　274

　　四、代表接受外媒采访　275

第十四章　十四大代表：新中国成立后入党的代表成为主体　283
　　一、社会主义市场经济　283
　　二、差额选举代表　287
　　三、代表为各条战线的领导骨干和优秀分子　293
　　四、特邀代表邓小平　294

第十五章　十五大代表：脱颖于50多万人次的提名　303
　　一、依法治国　303
　　二、差额选举代表　306
　　三、代表由各条战线的领导骨干和优秀分子构成　309
　　四、劳模代表答中外记者问　311

第十六章　十六大代表：首现民营企业家　319
　　一、全面建设小康社会的具体目标　319
　　二、差额选举代表　322
　　三、代表为各条战线的领导骨干和生产工作第一线
　　　　先进模范　325
　　四、民营企业家成了代表　327

第十七章　十七大代表："两新组织"代表涌现　336
　　一、中国特色社会主义理论体系　336
　　二、差额选举代表　341
　　三、代表为各条战线的优秀共产党员　349
　　四、党代会代表中的新成员　350

第十八章　十八大代表：农民工代表群体出现在党代会上　356
　　一、中国特色社会主义进入新时代　356
　　二、差额选举代表　359
　　三、改革开放以来入党的党员成为代表主体　367

四、农民工代表群体　371

第十九章　十九大代表：和总书记唠家常　379
　　一、开启全面建设社会主义现代化国家新征程　379
　　二、差额选举代表　384
　　三、代表为共产党员中的优秀分子　390
　　四、向总书记汇报家乡的变化　392

后　记　403

写在前面的话

在中国共产党的百年征程中,历次全国代表大会都是其发展历程的重要节点,也是研究者和党史著作比较关注的专题。历次党的全国代表大会的前前后后,包括各种细节,都被研究得详尽而全面。相对而言,关于中国共产党全国代表大会这一重大政治活动的主体——党代会的代表,深入、系统、全面的研究并不多。

本书尝试对党代会的代表以及与之相关的制度做一相对系统的梳理,叙述和阐释从党的一大到十九大,历次党的全国代表大会的代表是怎么产生的,由什么样的人构成;围绕代表的产生、履职,如何使代表更具有代表性和广泛性,如何发挥代表的作用,中国共产党进行了哪些探索,总结了哪些经验,怎样逐步建立起较为完善的代表制度;代表在履职过程中,展现了什么样的风貌,发生了哪些值得留存和铭记的事情。这是本书的主要内容。

在党的百年历史中,从党的一大到十九大,代表由一大时的13名发展到十九大时的2280名,已累计产生了近23000名代表。中国共产党也从一大时的50余名党员发展到十九大时的8900多万名(截至2021年6月为9500多万名)。这是党的发展历程具体而生动的体现。代表的身份构成也由最初的以先进知识分子为主,发展到工人、农民、知识分子、军队代表等各领域、各阶层……

每一名代表个人的历史和中国共产党的历史紧密相连。围绕代表的产生、构成、履职而展开的历史细节，则是一部丰富而生动的历史。本书的着重点也在这里，即阐述与代表本身有关的历史。

党的全国代表大会的代表是共产党员中的优秀分子，他们承载着组织（党）的重托和人民的期望。代表的政治素质、履职能力、组成结构，对于党代会的顺利召开和各项决策的出台，有着非常重要的影响。而不同时期代表结构的差异，恰恰体现的是这一历史时期社会发展的状况、特点，党所处的发展阶段，党员队伍的基本情况和党的建设水平。本书选取了历次党代会中有代表性的代表进行个别叙述，以此体现党在不同发展阶段的历史特点。这些代表人物无论从事什么样的职业，有着怎样的经历，都有这样一些显著的特点：他们始终保持着共产党人的本色；他们身上，有家国情怀，有牺牲精神，有英雄气息，还有生生不息的理想主义的光芒；他们始终初心不改，使命在肩，用行动诠释着一个共产党人应有的品质和风范；他们始终为中国社会主义建设事业，为中华民族的伟大复兴，埋头苦干，贡献着自己的光和热。这也是本书着墨比较多的地方。

代表的产生方式实质上体现的是代表制度的建设，代表制度建设的过程某种程度上也是党内民主建设发展的过程。党的一大到八大，从最初的推举、推荐和指派代表，到一定范围内选举代表，再到采用无记名投票的方式产生代表，这是一个巨大的进步。党的九大到十一大，由于处于比较特殊的历史时期，代表主要以协商和指定方式产生，这时期也是党内民主发展处于停滞甚至倒退的时期。党的十二大后，党的全国代表大会召开的相关事项被基本规范化和制度化。相应地，党代会代表的选举方式逐步固定为实行差额的民主选举，代表产生的步骤也基本固定。本书对此做了相应的叙述和阐释。

鉴于所涉内容和所述代表的特殊性，本书在尽可能利用现有资料的基础上，参阅和运用了公开而权威的党史著述和报刊报道。如中共中央党史研究室著（编）的《中国共产党的七十年》《中国共产党的九十年》《中共党史人物传（系列）》《中国共产党第一至第六次全国代表大会代表名录（增订本）》《中国共产党第七次全国代表大会代表名录》《中国共产党第八次全国代表大会代表名录》；中共中央党史和文献研究院著《中国共产党的一百年》；《人民日报》对历届党代会及代表的相关报道；人民网、新华网、中国新闻网、共产党员网、央视网等有关党代会代表的报道。

从事党史研究三十多年，我一直试图让自己写出来的书，既是有用的，又是能够让人读下去的。一般而言，除非必要，没有人乐意去读一部枯燥无味的书。党史著作很严肃，但并不等于内容不丰富不生动。本书努力做到有用而有味。

本书在付梓之际，党的二十大已经胜利召开。党的二十大报告提出："从现在起，中国共产党的中心任务就是团结带领全国各族人民全面建成社会主义现代化强国、实现第二个百年奋斗目标，以中国式现代化全面推进中华民族伟大复兴。"实现中华民族伟大复兴是近代以来中华民族最伟大的梦想。祈愿并坚信，在第二个百年征程中，中国共产党带领中国人民一定能够把我们的国家建设成为社会主义现代化强国，实现中华民族伟大复兴的宏伟目标。

谨以此书，纪念又一个百年征程的起航！

王旸

2023年10月

第一章
一大代表：平均年龄 28 岁

时间：1921 年 7 月 23—31 日[1]

地点：上海、浙江嘉兴南湖

关键词："消灭私有制"

一、中国共产党诞生

（一）会议的主要内容

五四运动促进了马克思主义在中国的广泛传播，促进了马克思主义同工人运动的结合，为中国共产党的成立在思想上、干部上做了准备。五四运动后不久，随着马克思主义在中国的传播及其同中国工人运动的初步结合，建立工人阶级政党的任务被提上了日程。海内外各地共产党早期组织纷纷成立，并开展研究和宣传马克思主义、同反马克思主义思潮展开论战、在工人中进行宣传和组织工作等。共产党早期组织所进行的这些活动，有力地促进了马克思主义的进一步传播及其同中国工人运动的进一步结合，一批工人阶级的先进分子在这个过程中成长起来。这样，在

---

[1] 目前史学界对党的一大闭幕日期有 7 月 30 日、7 月 31 日、8 月 1 日、8 月 2 日、8 月 5 日等不同的说法。本书采用 7 月 31 日的说法。

中国建立全国统一的无产阶级政党的条件就基本具备了。

1921年7月,中国共产党第一次全国代表大会在上海召开,后移至浙江嘉兴南湖一条游船上继续进行。

一大确定党的名称为"中国共产党",通过党的第一个纲领。党的纲领是"革命军队必须与无产阶级一起推翻资本家阶级的政权","承认无产阶级专政,直到阶级斗争结束,即直到消灭社会的阶级区分","消灭资本家私有制",以及联合第三国际等。[1]

一大通过党的第一个决议,决定首先集中精力组织工人。党在当前的"基本任务是成立产业工会","党应在工会里灌输阶级斗争的精神",要派党员到工会去工作。[2]

大会决定设立中央局作为中央的临时领导机构。大会选举陈独秀、张国焘、李达组成中央局。陈独秀为中央局书记,张国焘分管组织工作,李达分管宣传工作。

一大宣告了中国共产党正式成立。毛泽东称:"中国产生了共产党,这是开天辟地的大事变。"[3]近代以来,中国人民的斗争之所以屡遭挫折和失败,其重要的原因,就是没有一个先进的坚强的政党作为凝聚自己力量的领导核心。中国共产党的诞生,从根本上改变了这种局面。从此,中国革命有了正确的前进方向,中国人民有了强大的凝聚力量,中国命运有了光明的发展前景。

中国共产党的成立,是近代中国历史发展的必然产物,是中

---

[1] 中共中央文献研究室、中央档案馆编:《建党以来重要文献选编(1921—1949)》第1册,中央文献出版社2011年版,第1页。

[2] 中共中央文献研究室、中央档案馆编:《建党以来重要文献选编(1921—1949)》第1册,中央文献出版社2011年版,第4页。

[3]《毛泽东选集》第4卷,人民出版社1991年版,第1514页。

国人民在救亡图存中顽强求索的必然产物，是实现中华民族伟大复兴的必然产物。

习近平总书记对党的一大作出如下评价："在中国人民和中华民族的伟大觉醒中，在马克思列宁主义同中国工人运动的紧密结合中，中国共产党应运而生。中国产生了共产党，这是开天辟地的大事变，深刻改变了近代以后中华民族发展的方向和进程，深刻改变了中国人民和中华民族的前途和命运，深刻改变了世界发展的趋势和格局。"[1]

（二）对党代会代表及相关制度的规定

1921年中国共产党第一次全国代表大会通过《中国共产党第一个纲领》（俄文译稿）。中国共产党制定第一个纲领，是党的历史上一个标志性事件。纲领的内容基本上是关于党的组织原则和组织制度，也涉及党代会代表和相关的制度规定，故全文录下。

一、本党定名为"中国共产党"。

二、本党纲领如下：

（1）革命军队必须与无产阶级一起推翻资本家阶级的政权，必须支援工人阶级，直到社会的阶级区分消除为止；

（2）承认无产阶级专政，直到阶级斗争结束，即直到消灭社会的阶级区分；

（3）消灭资本家私有制，没收机器、土地、厂房和半成品等生产资料，归社会公有；

（4）联合第三国际。

---

[1] 习近平在庆祝中国共产党成立100周年大会上的讲话，2021年7月1日。

三、本党承认苏维埃管理制度,把工农劳动者和士兵组织起来,并承认党的根本政治目的是实行社会革命;中国共产党彻底断绝同黄色知识分子阶层及其他类似党派的一切联系。

四、凡承认本党党纲和政策,并愿成为忠实党员的人,经党员一人介绍,不分性别、国籍,均可接收为党员,成为我们的同志。但在加入我们队伍之前,必须与企图反对本党纲领的党派和集团断绝一切联系。

五、接收新党员的手续如下:候补党员必须接受其所在地的委员会的考查,考查期限至少为两个月。考查期满后,经多数党员同意,始得被接收入党。如该地区设有执行委员会,应经执行委员会批准。

六、在党处于秘密状态时,党的重要主张和党员身份应保守秘密。

七、凡有党员五人以上的地方,应成立委员会。

八、委员会的成员经当地委员会书记介绍,可转到另一个地方的委员会。

九、凡是党员不超过十人的地方委员会,应设书记一人;超过十人的应设财务委员、组织委员和宣传委员各一人;超过三十人的,应从委员会的委员中选出一个执行委员会。执行委员会的章程另订。

十、工人、农民、士兵和学生的地方组织中党员人数多时,可派他们到其他地区去工作,但是一定要受地方执行委员会的严格监督。

(十一、遗漏——译者)。

十二、地方委员会的财务、活动和政策，应受中央执行委员会的监督。

十三、委员会的党员人数超过五百，或同一地方设有五个委员会时，应由全国代表会议委派十人组成执行委员会。如上述要求不能实现，应成立临时中央执行委员会。关于执行委员会的工作和组织细则另订。

十四、党员除非迫于法律，不经党的特许，不得担任政府官员或国会议员。士兵、警察和职员不受此限（这一条在一九二二年第二次代表大会上曾引起激烈争论）。

十五、本纲领经全国代表大会三分之二代表同意，始得修改。[1]

党的一大纲领共有15条（实际看到的为14条），700余字。目前党的一大纲领只发现俄文和英文两种文字的翻译本，中文原稿未找到。

由于党的一大是在秘密状况下召开的，党成立以后又经历了长期的白色恐怖和隐蔽斗争，在国内未见一大有关文件保存下来。现在我们所看到的中国共产党的第一个纲领和中国共产党的第一个决议，是在新中国成立以后，从国外保存的俄文稿、英文稿翻译成中文的。

俄文稿是中国共产党驻共产国际代表团的文件，保存在共产国际。1956年苏共中央将这部分档案资料移交我国。次年中央档

---

[1] 中共中央文献研究室、中央档案馆编：《建党以来重要文献选编（1921—1949）》第1册，中央文献出版社2011年版，第1—3页。

案馆将其译成中文，1959年经董必武鉴别认定这些文件是可靠的。英文稿本是一大代表陈公博1924年在美国哥伦比亚大学写的硕士论文《共产主义运动在中国》的附录。这篇文章一直放在哥伦比亚大学图书馆中，直至1960年才被发现并公之于世。这两个从不同渠道传来的外文稿，除在文字表达上有些差异外，条文和内容基本一致，甚至两种版本的党纲都缺了第十一条。经鉴定，认为是可信的。在没有发现中文原件以前，它们目前是学习和研究一大的文献依据。[1]

党的一大纲领的特点：一是以马克思列宁主义为指导，确定了中国共产党的性质和纲领。二是以俄国社会民主工党章程为样板，规定了党的组织原则和组织机构。在组织原则方面，规定"本党承认苏维埃管理制度"，也就是实行代表会议或代表大会制度，明确规定党的各级领导机构采取委员会制度，规定各级党组织的机构和制度。三是规定"本纲领须经全国代表大会三分之二代表同意，始得修改"，确定了党的全国代表大会的权威地位和代表的权利与职责。

这是党的纲领中对党代会代表及相关制度的初步规定，即党一旦有纲领（或党章），就会有对全国代表大会及代表的相关制度规定。

二、代表由各地共产党早期组织推举

党的一大出席代表13人，代表党员50多人。

---

[1] 中共中央党史研究室编著：《中国共产党历史图志》，上海人民出版社2001年版，第69页。

（一）代表的确定

共产国际代表马林和共产国际远东书记处代表尼克尔斯基根据与李达和李汉俊等人约谈所掌握的情况，确认中国成立全国性的共产党组织的条件已经成熟，便提出了及早召开全国代表大会、宣告中国共产党成立的建议。

李达、李汉俊分别与在广州的陈独秀、北京的李大钊商议，确定在上海召开中国共产党全国代表大会。他们分别写信给北京、长沙、武汉、广州、济南以及旅法、旅日留学生中的中国共产党早期组织的成员，通知他们各派两名代表来上海，出席党的全国代表大会。同时，考虑到各地代表来上海路途遥远，经费困难，马林拿出了带来的共产国际的经费，给每位代表寄了100元路费。

接到上海共产党早期组织的信后，各地的共产党早期组织为建党工作的迅速发展感到十分高兴，都积极响应上海党组织的建议，选派出各自的代表。

由于当时党处于秘密状态，初创时期又缺乏统一的规章和严格的组织原则及制度，各地的政治环境和活动特点也不尽相同，所以确定和产生代表的方式也不一样。有的是召开党员会议选举出代表，有的是以发起人为代表秘密前往，有的则由党组织负责人指定代表出席。

对此，李达回忆道："六月初旬，马林（荷兰人）和尼可洛夫[1]（俄人）由第三国际派到上海来，和我们接谈了以后，他们建议我们应当及早召开全国代表大会，宣告党的成立。于是由我

---

[1]即尼克尔斯基。

发信给各地党小组,各派代表二人到上海开会,大会决定于七月一日开幕。"[1]

代表名额按地区分配,每个地区派两名代表,并不考虑这一地区党员人数的多少。当时全国建立共产党早期组织的有上海、北京、长沙、武汉、济南、广州及日本、法国八个地区。因法国太远,信件往来和代表回国需要很长一段时间,所以没有发邀请函。

(二)代表的产生

邀请函和路费发出后,各地区党的早期组织选派代表参加会议。

1. 上海地区的代表

关于上海地区一大代表的产生,李达在1954年2月23日写给上海革命历史纪念馆负责同志的信中说:"(一九二〇年)十一月间,书记陈独秀应孙中山(应为陈炯明)之邀,前往广东作教育厅长,书记的职务交李汉俊代理,不久,威丁斯基(即维经斯基)也回到莫斯科去了(应为伊尔库茨克)。后来李汉俊因与陈独秀往来通信,谈到党的组织、中央集权或地方分权问题,两人意见发生冲突,陈主张中央集权,李主张地方分权,愤而辞去代理书记的职务,交由李达代理书记。"[2]

除了李达和李汉俊,陈望道本来也有可能成为上海的代表。陈望道不仅负责《新青年》编辑工作,而且上海共产党早期组织

---

[1] 中国社会科学院现代史研究室、中国革命博物馆党史研究室选编:《"一大"前后》(二),人民出版社1980年版,第10页。
[2] 中国社会科学院现代史研究室、中国革命博物馆党史研究室选编:《"一大"前后》(二),人民出版社1980年版,第1页。

的重要事情是由李达、李汉俊、陈望道和杨明斋商量决定的。此时，杨明斋去了伊尔库茨克。虽然规定每个地区选两名代表，而会议是在上海召开，上海即使出席三名代表也无妨。关于这个问题，李达回忆："李汉俊写信给陈独秀，要他嘱咐新青年书社垫点经费出来，他复信没有答应。因此，李汉俊就与陈独秀闹起意见来。"[1]

陈独秀以为这个要经费的主意是陈望道出的，所以对陈望道有些不满。《中共党史人物传》第25卷《陈望道》一文中叙述：陈望道生前多次对人谈起，他曾被推为上海地区出席党的第一次全国代表大会的代表，因会前他与陈独秀发生争执，故未去参加。上海地区最终出席一大的代表是李达和李汉俊。

2. 北京地区的代表

北京地区代表的产生过程，罗章龙的回忆是这样的："一九二一年暑假将临的时候，我们接到上海方面的通知，要我们派人去参加会议，我们对会议的性质并不如事后所认识的那样，是全党的成立大会。时北京小组成员多在西城辟才胡同一个补习学校兼课，就在那里召开了一个小组会议，会上推选赴上海的人员。守常先生那时正忙于主持北大教师索薪工作，在场的同志因有工作不能分身，我亦往返于长辛店、南口之间，忙于工人运动。张国焘已在上海，乃推选张国焘、刘仁静二人出席，会上未做更多的准备工作，刘仁静赴南京参加少年中国学会，会后才到上海的。"[2]

---

[1] 中国人民大学中共党史系资料室编：《共产主义小组和党的"一大"资料汇编》（内部资料），1979年，第23—24页。

[2] 人民出版社编：《回忆李大钊》，人民出版社1980年版，第40页。

刘仁静是这样回忆的："一九二一年暑假，我们几个北大学生，在西城租了一所房子，办补习学校，为报考大学的青年学生补课。张国焘教数学、物理，邓中夏教国文，我教英文。正在这时，我们接到上海的来信（可能是李达写的），说最近要在上海召开中国共产党第一次全国代表大会，要我们推选出两个人去参加。我们几个人——张国焘、我、罗章龙、李梅羹、邓中夏就开会研究，会议是谁主持的我已记不清楚。李大钊、陈德荣没有参加这次会议。会前是否征求李大钊先生的意见我不知道，李先生很和气，就是征求他的意见他也不会反对。在会上，有的人叫邓中夏去上海开会，邓中夏说他不能去，罗章龙也说不能去，于是就决定由我和张国焘两个人去出席'一大'。"[1]

这样，张国焘、刘仁静成为北京地区的一大代表。

3. 武汉地区的代表

现在能找到的关于武汉地区产生代表情况的原始资料，只有武汉地区一大代表的回忆。

董必武在1937年接受尼姆·韦尔斯的采访时说："我参加了一九二一年七月在上海召开的第一次代表会议……湖北省派陈潭秋和我。"[2]

陈潭秋在1936年说："这些人原来就是各地共产主义小组的代表，为了正式组织共产党，约定到上海来开会。……武汉共产

---

[1] 中国社会科学院现代史研究室、中国革命博物馆党史研究室选编:《"一大"前后》（二），人民出版社1980年版，第209页。

[2] 中国社会科学院现代史研究室、中国革命博物馆党史研究室选编:《"一大"前后》（二），人民出版社1980年版，第292页。

主义小组的代表董必武同志和我。"[1]

4. 长沙地区的代表

长沙地区一大代表的产生，当事人的回忆较少。有较确切记载的是谢觉哉的日记。

1921年，《谢觉哉日记》中有如下记录："六月二十九日，阴。午后六时，叔衡往上海，偕行者润之，赴全国ooooo之招。"[2]据谢觉哉说，"ooooo"即"共产主义者"，生怕暴露秘密，画圈代意。

谢觉哉回忆："一个夜晚，黑云蔽天作欲雨状，忽闻毛泽东同志和何叔衡同志即要动身赴上海，我颇感到他俩行动'突然'，他俩又拒绝我们送上轮船。后来知道：这就是他俩去参加中国共产党第一次代表大会——伟大的中国共产党诞生的大会。"[3]

毛泽东跟斯诺谈话时，提及一句："在上海这次有历史意义的会议上，除了我以外，只有一个湖南人（指何叔衡）。"[4]

何叔衡于1935年牺牲，没有留下回忆文章。

长沙地区一大代表是：毛泽东、何叔衡。

5. 广州地区的代表

广州地区一大代表产生的过程，包惠僧的回忆比较详细。他说："有一天，陈独秀召集我们在谭植棠家开会，说接到上海李

---

[1] 中国社会科学院现代史研究室、中国革命博物馆党史研究室选编：《"一大"前后》（二），人民出版社1980年版，第285页。

[2] 《谢觉哉日记》上册，人民出版社1984年版，第49页。

[3] 《谢觉哉杂文选》，人民文学出版社1980年版，第330—331页。

[4] 中国社会科学院现代史研究室、中国革命博物馆党史研究室选编：《"一大"前后》（二），人民出版社1980年版，第245页。

汉俊的来信，信上说第三国际和赤色职工国际派了两个代表到上海，要召开中国共产党的发起会，要陈独秀回上海，请广州支部派两个人出席会议，还寄来二百元路费。陈独秀说第一他不能去，至少现在不能去，因为他兼大学预科校长，正在争取一笔款子修建校舍，他一走款子就不好办了。第二可以派陈公博和包惠僧两个人去出席会议，陈公博是办报的，又是宣传员养成所所长，知道的事情多，报纸编辑工作可由谭植棠代理。包惠僧是湖北党组织的人，开完会后就可以回去（会前陈独秀与我谈过，还让我回湖北工作，大概他已经接到上海的信了）。其他几个人都忙，离不开。陈独秀年长，我们又都是他的学生，他说了以后大家就没有好讲的了，同意了他的意见。"[1]

另一个一大代表陈公博回忆说："上海利用着暑假，要举行第一次代表大会，广东遂举了我出席……"[2]

这样，广州的代表是陈公博和陈独秀委托参会的包惠僧。

6. 济南地区的代表

济南地区的代表是王尽美、邓恩铭。对于该地区代表的推举，没有相关的回忆文章或谈话记录。

7. 旅居日本的代表

根据施存统的回忆，他们旅居日本的共产主义者只有两名。他俩都是一大代表，只是他自己没有出席而已。他说："日本小组还只有两个人，即我和周佛海。我们二人互推担任党代会的代

---

[1] 中国社会科学院现代史研究室、中国革命博物馆党史研究室选编：《"一大"前后》（二），人民出版社1980年版，第386页。

[2] 中国社会科学院现代史研究室、中国革命博物馆党史研究室选编：《"一大"前后》（二），人民出版社1980年版，第419页。

表,最后由周出席(因为周已多年未回国)。"[1]

周佛海回忆:"接着得上海同志的信,知道七月间要开代表大会了。凑巧是暑假期中,我便回到上海。"[2]

包惠僧的回忆,也印证了施存统的说法:"这一次代表的分配是以地区为标准,不是以党员的数量为标准,东京只有周佛海、施存统,原来邀请的也是两个代表,因为施存统没有回国,所以只有周佛海一个人出席。"[3]

旅居法国的共产党人人数不少,而且都是一些坚定的马克思主义者,如周恩来、赵世炎等。但由于路途遥远,没有通知他们派代表来参加。

最后,共有7个地区的13名共产主义者,正式出席了党的成立大会,成为中国共产党的创建者。他们是:上海的李达、李汉俊,武汉的董必武、陈潭秋,长沙的毛泽东、何叔衡,济南的王尽美、邓恩铭,北京的张国焘、刘仁静,广州的陈公博、陈独秀委托的代表包惠僧,旅日的周佛海。

三、代表由先进知识分子构成

(一)代表简况

出席中国共产党第一次全国代表大会的13位代表简况如下:

李达,生于1890年,湖南零陵(今永州)人。1909年考入

---

[1] 中国社会科学院现代史研究室、中国革命博物馆党史研究室选编:《"一大"前后》(二),人民出版社1980年版,第34页。
[2] 本社编:《一大回忆录》,知识出版社1980年版,第67页。
[3] 中国社会科学院现代史研究室、中国革命博物馆党史研究室选编:《"一大"前后》(二),人民出版社1980年版,第316页。

京师优级师范。1912年考上公费生，赴日本留学，在东京帝国大学（今东京大学）学习采矿冶金。1918年5月因反对段祺瑞政府的卖国行为而举行罢课抗议活动，并参加留日学生救国团体回国请愿，同年返回日本。出于爱国救国的远大志向，放弃了理科深造，开始学习和研究马克思主义，撰写和翻译介绍马克思主义的有关文章，向国内报纸杂志投稿。1919年五四运动后，撰写了多篇介绍马克思主义和社会主义的文章，寄回国内发表。1920年春从日本回到上海，参加正在发起的上海共产党早期组织，负责编辑《共产党》月刊。1921年上半年陈独秀赴广东国民党政府任职期间，担任上海共产党早期组织代理书记，并筹备召开党的一大。

李汉俊，生于1890年，湖北潜江人。早年留学日本，1918年毕业于东京帝国大学土木工程专业。在留日期间，研究并接受了马克思主义。回国后，热情讴歌俄国十月革命，积极传播马克思主义，经常在《星期评论》《觉悟》等刊物上发表文章和译著。1920年初开始负责编辑《星期评论》的工作。5月，维经斯基来到上海后，应邀参加会见和座谈，加入上海马克思主义研究会。8月，第一批加入了上海共产党早期组织，参与创办工人刊物《劳动界》周刊，编辑《新青年》杂志，积极投入工人运动。共产国际代表马林、尼克尔斯基到达上海后，与之进行了接触，并参与筹备党的一大。

张国焘，生于1897年，江西萍乡人。1916年考入北京大学预科，是北大学生中的社会活动积极分子。1919年参加北大国民杂志社和平民教育讲演团，开始接近李大钊。五四运动时，任北大学生会干事、讲演部长，北京学生联合会主席。1920年10月成为北京共产党早期组织首批成员,在长辛店等地从事初期工人运动。

刘仁静,生于1902年,湖北应城人。1914年考入武昌博文书院。1916年考入武昌中华大学附中,后参加恽代英创办的互助社。1918年考入北京大学。1919年参加五四运动,被捕获释,加入少年中国学会,任该会的会计。1920年参加社会主义青年团和北京共产党早期组织。是年龄最小的代表,当时只有19岁。

董必武,生于1886年,湖北黄安(今红安)人。辛亥革命爆发后,从家乡赶到武汉,参加了同盟会和资产阶级革命运动。后因袁世凯篡权,镇压了二次革命,被迫留学日本,攻读法政专业。1914年加入孙中山领导的中华革命党。回国后,做过兵运工作。1919年春经李汉俊引导和介绍,开始阅读马克思主义读物和革命刊物,逐步转变为一个马克思主义者。1920年创办武汉中学,建立马克思学说研究会,向青年传播革命理论,为武汉建党奠定思想基础。同年秋,与陈潭秋、包惠僧等共同发起成立武汉共产党早期组织,同时采取多种形式,在铁路、纺织、运输工人中从事宣传和组织工作。

陈潭秋,生于1896年,湖北黄冈人。1913年入武昌省立一中,后又入武昌高等师范英文系,1919年毕业。五四运动时,带领学生参加游行示威。同年夏,作为学生代表参加武汉学生参观团,到上海开展革命活动,结识董必武并结为志同道合的挚友。回到武汉后,创办湖北人民通讯社,以记者身份到工人群众中进行革命活动。1920年与董必武等创办武汉中学,培养革命青年,并亲任英文教员。同年秋,与董必武等共同发起成立武汉共产党早期组织。

毛泽东，生于1893年，湖南湘潭人。1911年在长沙参加了辛亥革命后的新军。1913年进入湖南第四师范学校，次年该校合并于第一师范学校。在此校就读四年。1918年4月聚集一批志同道合的青年，组织了进步团体新民学会。1919年参与五四运动，在长沙创办《湘江评论》，传播新思想。同年底，为开展驱逐军阀张敬尧运动到北京，通过与李大钊等人的接触，开始阅读马克思主义的书籍。随后，由北京抵达上海，为赴法勤工俭学的新民学会会员送行，在半淞园讨论会务时，明确提出新民学会以"改造中国与世界"为宗旨。在上海停留期间曾多次与陈独秀接触，商讨学习和宣传马克思主义，创建中国共产党等问题。通过北京和上海之行，成为一个马克思主义者。1920年7月回到长沙，任第一师范附小主事，筹办文化书社，组织俄罗斯研究会，成立社会主义青年团，并开始建党活动。

何叔衡，生于1876年，湖南宁乡人。1912年进入湖南第一师范讲习科学习。1914年在长沙楚怡小学和一师附小教书。1918年参加发起新民学会，是该会最早的、年龄最大的会员。1919年积极投身五四运动，被选为新民学会执行委员长。1920年任湖南通俗教育馆馆长，接办《湖南通俗报》。同年参与创办文化书社，共同发起组织俄罗斯研究会，传播马克思主义，并协助毛泽东从事建党工作。

陈公博，生于1892年，广东南海（今广州）人。1917年入北京大学哲学系。1920年北大毕业后返广州办《群报》。1921年初参加广州共产党早期组织，并任广东法政专门学校教授。

包惠僧，生于1894年，湖北黄冈人。1917年毕业于湖北省立第一师范，曾在武昌教书，后任新闻记者。1919年赴北京参加五四运动，并在北京大学国文系旁听。1920年在武汉参加共产党，曾任武汉共产党早期组织书记。受陈独秀委派参加党的一大。

王尽美，生于1898年，山东莒县人。1918年考入山东省立第一师范学校。1919年参加五四运动，成为学生中的骨干分子。同年冬天组织进步团体励新学会，并主编《励新》半月刊。1920年发起成立马克思学说研究会，后与北京共产党早期组织取得联系，成立济南共产党早期组织。

邓恩铭，生于1901年，贵州荔波人。1917年到济南，次年考入山东省立第一中学。1919年参加五四运动，被选为学生自治会负责人，并出席山东各界国耻纪念大会，作为学生代表赴京、津地区开展活动，结识了一批早期马克思主义者。同年冬，与王尽美共同发起成立励新学会。1920年发起成立马克思学说研究会，后又建立济南共产党早期组织。

周佛海，生于1897年，湖南沅陵人。1917年去日本求学，在第一、第七高等学校学习。1920年暑假回国时，在上海参加共产党早期组织。

马林，生于1883年，荷兰鹿特丹人。早年在荷兰大学读书。1902年参加荷兰社会民主党。1913年赴荷属爪哇（今印度尼西亚），1914年帮助建立东印度社会民主联盟，次年创办《自由呼声报》。1920年7月到俄国，代表印度尼西亚共产党参加了共产国际第二次代表大会，当选为共产国际执行委员会委员并任共产国际驻中国代表。1921年4月作为共产国际的代表来华帮助建立中国共产党。同年7月参加中共一大。

尼克尔斯基，1889年生，俄国后贝加尔省人。1921年起为俄共（布）党员。同年6月由共产国际远东书记处派往中国，同马林一起帮助中国马克思主义者筹备和举行中国共产党第一次全国代表大会。1921年7月出席中共一大,并在会上介绍了共产国际远东书记处的组织情况及红色职工国际的工作和任务。会议根据其建议,决定给伊尔库茨克发电报,报告会议情况。在华期间,除帮助筹备和举行中共一大外,还履行了组织中共代表去莫斯科参加远东各国共产党及民族革命团体第一次代表大会的职责。

参加党的一大的代表基本上都是朝气蓬勃的年轻人。最年长的何叔衡45岁,最年轻的刘仁静19岁。30岁以下的有9位,占3/5。15位出席者的平均年龄是28岁,恰巧是毛泽东当时的年龄。

在出席会议的13个中国人中,湖北籍5位,湖南籍4位,"两湖"相加共9位,占70%。与北京大学有关系的有7位,即陈公博、张国焘、刘仁静,加上曾在北大工作过的毛泽东,和在北大短期学习过的包惠僧,再加上未参加会议的"南陈北李"两位北大教授。

(二)代表的职业

参加党的一大的13名代表,都是知识分子。具有大学学历的有8人,其中4人留学日本,在国内获得大学学历的4人,就读于北京大学的有3人。具有中师学历的有4人。中学学历的1人。留学日本的是:李达、李汉俊、董必武、周佛海。在国内获得大学学历的是:陈公博、张国焘、刘仁静、陈潭秋。具有中师学历的是:毛泽东、何叔衡、王尽美、包惠僧。中学学历的是:邓恩铭。

代表大多为教师。具体职业为:

湖南代表毛泽东、何叔衡在湖南第一师范附小任教。毛泽东是湖南第一师范附属小学主事(相当于校长),何叔衡是该校教师。

上海代表李汉俊和李达同为商务印书馆编译。在上海举办外国语学社，李汉俊讲授法语，李达讲授日语。

北京代表张国焘和刘仁静是北大的学生，分别在北京西城区文化补习学校讲授数学、物理和英语（这个补习学校是暑期临时办的，主要是勤工俭学的性质，张国焘和刘仁静的身份还是北大的学生。——笔者注）。

武汉代表董必武是武汉中学校长，陈潭秋是该校英文老师。

山东代表王尽美是济南一师学生，邓恩铭是济南一中的学生。

广州代表陈公博是广东法政专门学校教授。包惠僧当时无固定职业，由陈独秀通过《新青年》杂志发行人苏新甫介绍在报馆工作。

日本东京代表周佛海是日本第七高等学校（相当于大学预科）的中国留学生。

四、相同的起点，不同的结局

（一）"南陈北李"为何缺席一大

作为中国共产党主要创始人的陈独秀和李大钊，为什么没有参加中国共产党成立的一大？

客观地讲，当年的一大代表们并没有意识到这次会议的重要性，对一大的重要意义认识不够。当年参加会议的代表，毛泽东、董必武、陈潭秋等，在十几年后，竟无一人记得开会的具体日期。所以，陈独秀、李大钊没有参加党的一大，虽然遗憾，却也并非特别意外。

1920年12月，陈独秀接受了时任广东省省长、粤军总司令陈炯明的邀请，到广东就任广东教育委员会委员长。《新青年》杂志编辑部也一同赴粤。陈独秀在广州收到李汉俊给他的来信，催促他去上海出席党的一大。接到这封信后，陈独秀召集广州共产党早期组织的成员开了一次会。会上他以要筹办广东大学预科，要编辑《新青年》第九卷第三号，这一期稿子不够，有不少要他自己亲自撰写为由，表示不能去上海参加一大。

李大钊没有参加党的一大，主要原因是北京早期组织的成员没有预见到一大的历史意义。他们接到上海的通知后，认为是一件不大的事情，在组织活动中就没有惊动李大钊。

当时，李大钊任北京大学教授兼图书馆主任以及北京八校教职员代表联席会议主席等职，正是学年终结期间，公务繁忙，再加上他在领导八校教职员与北京政府进行索薪斗争，因此没有前往上海出席会议。刘仁静回忆说："李大钊先生当时没有参加'一大'，我不知道是什么原因。我估计一方面是他工作忙，走不脱；另一方面，当时我们北京小组开会研究谁去上海出席'一大'时，也没有推选到他。"[1]

张国焘回忆说："北京支部应派两个代表出席大会。各地同志都盼望李大钊先生能亲自出席；但他因为正值北大学年终结期间，校务纷繁，不能抽身前往。结果便由我和刘仁静代表北京支部出席大会。"[2]

---

[1] 中国社会科学院现代史研究室、中国革命博物馆党史研究室选编：《"一大"前后》(二)，人民出版社1980年版，第211页。

[2] 张国焘：《我的回忆》(上)，东方出版社2004年版，第124页。

陈独秀和李大钊没有参加党的一大，与他们的性格和行事风格也有关系。陈独秀个性倔强，不愿意由两个外国人主持中国共产党的成立大会；李大钊为人比较低调，平时也不是党的会议次次都参加。所以，两人不出席党的一大，在当时并不是大事。只是在今天，对于党的历史而言，却是个不小的遗憾。

（二）相同的起点，不同的结局

参加党的一大的13位代表，都是积极参与党的早期组织的进步知识分子。就参与党的创立而言，其起点基本上是一样的，却有着不一样的结局。某种意义上，这反映了党在早期的发展阶段面临的各种考验和党在成长中必然要经历的某些挫折。

13位代表中，病逝及牺牲的有4位，分别是王尽美、邓恩铭、何叔衡、陈潭秋。

王尽美：1925年6月，因积劳成疾，染上肺病回家乡休养。7月入青岛医院治疗，8月19日病逝。

邓恩铭：1928年12月，因叛徒告密而被捕。在狱中，曾组织领导两次越狱斗争。1931年4月5日，与21位共产党员一起被国民党当局杀害于济南纬八路刑场。

何叔衡：1934年秋中央红军主力开始长征时，被留在了中央苏区。1935年2月24日，在从江西转移福建途中，于长汀突围战斗中壮烈牺牲，时年59岁。

陈潭秋：1939年5月，任中国共产党驻新疆代表和八路军驻新疆办事处负责人。1942年9月被军阀盛世才逮捕，1943年9月27日在迪化（今乌鲁木齐）被秘密杀害，年仅47岁。

一大代表中脱党和被开除党籍的有7位，为李达、李汉俊、包惠僧、陈公博、周佛海、张国焘、刘仁静。其中，李达脱党后在新中国成立后又重新加入了中国共产党。李汉俊被开除党籍后在新中国成立后被人民政府追认为烈士。

李达，1923年脱党。1921年7月，李达参加了中国共产党第一次全国代表大会，当选为中央局成员，分管宣传。后来，因与陈独秀在国共合作问题上产生分歧，遂离开党组织。此后，长期从事理论研究和教育工作。1949年12月重新加入中国共产党。同月，被任命为湖南大学校长，成为由中央政府最早任命的大学校长之一。1952年11月被任命为武汉大学校长，直至1966年去世。

李汉俊，1924年脱党。党的一大后，李汉俊积极进行马克思主义的宣传和革命活动。1922年春因与陈独秀、张国焘发生分歧，离开上海到湖北武汉，在武昌中华大学、武昌高等师范学校任教。党的二大时，曾被陈独秀邀请参加但没有前往。其后，参加工人运动。党的三大上，被选为中央执行委员会候补委员。1924年中共中央鉴于其自动脱党，开除其党籍。后参与国共合作后的北伐运动。大革命失败后，声讨蒋介石、汪精卫叛变革命的行径，掩护了大批共产党员。1927年12月27日在武汉被桂系军阀杀害。中华人民共和国成立后，被人民政府追认为烈士。

包惠僧，1927年脱党。党的一大后，包惠僧回到武汉，担任湖北共产党组织的负责人。1922年春天，毛泽东遭湖南警方通缉，逃难到武汉后就住在包惠僧的办公室里。1925年2月临时被任命为留守黄埔军校的政治部主任。1927年大革命失败后，包惠僧脱离了党组织。新中国成立后，包惠僧与毛泽东、周恩来、董必武联系，祝贺新中国成立，忏悔自己的过去。1949年11月，包惠僧回到了北京。1950年，按周恩来的指示，包惠僧到华北人民革命大学政治研究院学习，毕业后到内务部研究室任研究员。1979年7月2日，85岁高龄的包惠僧因病去世。

周佛海，1924年脱党。周佛海于1923年从日本东京第一高等学校毕业，应邀出任广东国民党中央宣传部秘书并任广东大学教授。1924年秋脱党。脱党后走上了反共的道路，成为国民党右派营垒中的干将和蒋介石的心腹。抗战期间投靠汪精卫成为大汉奸。1948年2月28日病死于南京老虎桥监狱，终年51岁。

陈公博，1922年脱党，1923年被开除出党。1920年夏从北大本科毕业回到广州，陈公博在母校广东法政专门学校任教授。1922年脱党。11月得到汪精卫的大力支持与帮助，由香港乘船去日本，随后去了美国。全面抗日战争爆发后，随汪精卫投敌，任汪伪政府立法院院长。1944年汪精卫死后任伪国民政府主席兼行政院院长。抗战胜利后逃亡日本，后被解送回国，1946年被处死。

张国焘，1938年被开除出党。党的一大上当选为中央局成员，分管组织工作。1938年4月初投靠国民党，被中共中央开除党籍。1979年冬在加拿大多伦多去世。

刘仁静，1930年被党开除。刘仁静1921年出席党的一大，并担任共产国际代表马林的翻译。1926年去莫斯科列宁学院学习，在该院参加托洛茨基派的活动。1929年4月回国，因参加托派组织活动，被开除出党。1935年被国民党逮捕。全面抗战前出狱。1950年在北京师范大学任教，后任人民出版社特约翻译、国务院参事。1987年8月5日，因车祸在北京去世。

奋斗到新中国成立的两位：毛泽东、董必武。

毛泽东：中国共产党、中华人民共和国的主要缔造者和领导人。1976年逝世。

董必武：1949年新中国成立后，历任政务院副总理、最高人民法院院长、国家副主席等职务，1972年任中华人民共和国代主席。1973年在党的十届一中全会上当选为中央政治局委员、常委。1975年逝世。

第二章
二大代表:"尚缺一人姓名不详"

时间:1922年7月16日至23日

地点:上海

主题:反帝反封建(民族独立与人民解放)

一、制定民主革命的纲领

(一)会议的主要内容

中国共产党成立后,即着手分析中国的具体国情,制定反帝反封建的民主革命纲领,开展工农群众运动,中国革命很快出现了崭新的局面。对于刚成立的中国共产党来说,一个重大的任务就是尽快制定出一个适合中国国情的革命纲领。这是一个需要在实践中总结经验才能解决的课题。

中国共产党人在积极投身革命斗争的过程中,即努力学习运用马克思主义的观点来观察和分析中国面临的实际问题。1922年1月,《先驱》的发刊词指出:必须把"努力研究中国的客观的实际情形,而求得一最合宜的实际的解决中国问题的方案",当作"第一任务"[1]。

---

[1] 中国社会科学院新闻研究所编:《中国共产党新闻工作文件汇编(1921—1949)》上卷,新华出版社1980年版,第2页。

1921年底至1922年初帝国主义列强召开的华盛顿会议，通过《九国公约》，肯定了美国提出的"各国在华机会均等"和"中国门户开放"的原则，以遏制日本独占中国的势头，确认帝国主义列强共同统治中国的局面。在帝国主义势力的操纵下，中国各派军阀展开更为激烈的争夺，引发多次大规模的战争，如直皖战争、直奉战争等，使中国政局陷入极度混乱。这些事实，使中国共产党人开始认识到，中国人民所受的最大痛苦，还不是一般的资本主义剥削，而是帝国主义的压迫和封建军阀的统治。

1922年1月，共产国际在莫斯科召开远东各国共产党及民族革命团体第一次代表大会（简称"远东会议"），中国共产党派代表出席。大会阐明了列宁关于民族和殖民地问题的理论，指明中国"当前的第一件事便是把中国从外国的羁轭下解放出来，把督军推倒"[1]，建立一个民主主义共和国。这些思想，对于党制定当前阶段的革命纲领给予了直接的帮助。

1922年7月16日至23日，中国共产党第二次全国代表大会在上海召开。

会议提出现阶段纲领和最高纲领。会议根据列宁关于民族和殖民地问题的理论及党成立后对中国革命基本问题的探索，讨论了中国社会的政治、经济状况和革命任务，制定了党的最低纲领和最高纲领。党的最低纲领，即党在民主革命阶段的纲领是：消除内乱，打倒军阀，建立国内和平；推翻国际帝国主义的压迫，达到中华民族完全独立；统一中国为真正的民主共和国。党的最

---

[1] 中共中央党史研究室第一研究部编译：《共产国际、联共（布）与中国革命档案资料丛书》第2卷，北京图书馆出版社1997年版，第283页。

高纲领是：在最低纲领实现之后，建立劳农专政的政治，铲除私有财产制度，渐次达到共产主义。

党的二大宣言初步阐明了现阶段中国革命的性质、对象、动力、策略、任务和目标，指明了中国革命的前途。这就是：革命的性质是民主主义革命；革命的对象是帝国主义和封建军阀；革命的动力是工人、农民和小资产阶级，民族资产阶级也是革命的力量之一；革命的策略是组成各阶级的联合战线；革命的任务和目标是打倒军阀，推翻国际帝国主义的压迫，实现中华民族的独立和中国的统一；革命的前途是走向社会主义、共产主义。

会议通过党成立后的第一个党章《中国共产党章程》。党章对党员条件、党的各级组织和党的纪律做了具体规定，明确地体现了民主集中制原则。

大会指出，为了实现反帝反军阀的革命目标，必须组成"民主主义的联合战线"。大会通过决议案，确认中国共产党是共产国际的一个支部。

大会选出由陈独秀、张国焘、蔡和森、高君宇、邓中夏五名委员和三名候补委员组成的中央执行委员会。中央执行委员会推选陈独秀为委员长。

党的二大在中国近代史上第一次明确地提出了彻底的反帝反封建的民主革命纲领，第一次提出党的统一战线思想——民主联合战线的思想，第一次以全国代表大会名义发表中国共产党宣言，制定第一部党章，第一次比较完整地对工人运动、青少年运动和妇女运动提出要求，第一次明确决定加入共产国际，第一次明文提出"中国共产党万岁"的口号。

一大建党，二大立纲，一大、二大共同完成党的创建任务。

（二）对党代会代表及相关制度的规定

1922年7月，中国共产党第二次全国代表大会通过《中国共产党章程》。党章对党代会代表和相关制度的规定有：

第七条　中央执行委员会由全国代表大会选举五人组织之，并选举候补委员三人，如委员离职时，得以候补委员代理之。

第十一条　各组，每星期由组长召集会议一次，各支部每月召集全体党员或组长会议一次，各地方由执行委员会每月召集各干部会议一次，每半年召集本地方全体党员或组长会议一次，各区，每半年由执行委员会定期召集本区代表大会一次，全国代表大会每年由中央执行委员会定期召集一次。

第十二条　中央执行委员会认为必要时，得召集全国代表临时会议。有过半数区之请求，中央执行委员会亦必须召集临时会议。

第十三条　全国代表大会或临时会议之人数，由中央执行委员会临时定之。

第十七条　全国代表大会为本党最高机关。在全国大会闭会期间，中央执行委员会为最高机关。

第十八条　全国大会及中央执行委员会之议决，本党党员皆须绝对服从之。

第十九条　下级机关须完全执行上级机关之命令，不执行时，上级机关得取消或改组之。

第二十条　各地方党员半数以上对于执行委员会之命令有抗议时，得提出上级执行委员会判决；地方执行委员会对于区执行委员会之命令有抗议时，得提出中央执行委员会判决；对于中央执行委员会有抗议时，得提出全国大会或临时大会判决，但在未判决期间均仍须执行上级机关之命令。

第二十四条　本党一切会议均取决多数，少数绝对服从多数。[1]

党的二大通过的《中国共产党章程》，是中国共产党成立后的第一个党章。虽然它在一定程度上借鉴了俄国共产党的党章范式和基本原则，但在内容、表述和具体设计上，则完全是中国化的，而且，党章在党的基本制度中第一次直接提到了代表问题。

第一，党章赋予党的全国代表大会最高权力。党章第十七、十八条规定，全国代表大会是全党的最高机关。在全国大会闭会期间，中央执行委员会为最高机关。全国大会及中央执行委员会之议决，本党党员皆须绝对服从之。

第二，党章规定党的全国代表大会采取年会制。党章第十一条规定，全国代表大会每年由中央执行委员会定期召集一次。二大与一大之间相隔一年，符合年会制的规定，二大到三大也是间隔一年。四大间隔二年，五大又间隔二年，六大恢复到间隔一年。

---

[1] 中共中央文献研究室、中央档案馆编：《建党以来重要文献选编（1921—1949）》第1册，中央文献出版社2011年版，第165—167页。

总体而言，从一大到六大，基本上坚持了年会制的规定。采用年会制，既有共产国际的影响，也是基于党成立以后及时应对各种情况的需要，以适应革命形势的发展变化。它有利于充分发扬党内民主，正确制定党的方针政策，是利于党和中国革命的发展的。

第三，党章初步提出民主集中制的基本原则。党章虽然没有明确提出民主集中制的概念，但是贯彻了民主集中制的原则。党章第十九、二十四条规定，党的下级机关必须完全执行上级机关的命令，拒不执行的将由上级机关取消或改组；党的一切会议均取决多数，少数要绝对服从多数。这是民主集中制原则的核心内容之一，体现了党的会议既要经过民主的过程，与会人员充分发表个人意见，同时采取集中的形式，决议时以多数人的统一的意见为准。民主集中制原则的贯彻，为代表充分行使权利提供了基础和保障。

第四，党章初步涉及党的全国代表大会的基本职权。党章第七条规定，中央执行委员会由全国代表大会选举 5 人组成，而且全国代表大会还需要同时选举 3 名候补委员。这就规定了代表大会的选举职能，而选举职能的行使直接与代表的选举权相关联，离开了代表的选举权，代表大会的选举职能就无从谈起，因此，这一条规定实际上涉及对代表选举权的分配。另外，党章还涉及代表大会的决策权、修改党章权等。由于党的全国代表大会制度一直体现在党章的条文中，因此，二大党章成为党的全国代表大会制度开始建立的起点。

第五，党章第一次明确党的全国代表大会代表的确定方式。党章第十三条明确规定，全国代表大会或临时会议之人数，由中央执行委员会临时定之。这在党的基本法规中规定了代表制度的基本问题——代表产生的方式。虽然这里没有明确说明中央执行委员会如何"临时定之",但无论中央执行委员会如何确定代表产生方式和人数,都会因这条规定而"合法化"。代表问题制度化由此开启。

二、代表由提名和协商产生

党的二大出席代表12人,代表党员195人。

(一)党员的发展状况

据1922年6月30日中共中央执行委员会书记陈独秀给共产国际的报告可知,当时"党员人数计上海50人,长沙30人,广东32人,湖北20人,北京20人,山东9人,郑州8人,四川3人,留俄国8人,留日本4人,留法国2人,留德国8人,留美国1人,共计195人;内有女子4人,工人21人"。[1]

按照中央局1921年11月通告各党组织到党的二大召开前须发展党员30人的任务,各地完成情况如下:上海50人,完成任务;长沙30人,完成任务;广东32人,完成任务;湖北20人,未完成任务;北京20人,未完成任务。可见,当时发展党员是一项艰巨的任务。

(二)代表人数

党的二大召开时,全国党员人数达195人。这比一大召开时增加了100多人。但是,因当时上海形势严峻,加上大部分一大代表正忙于发展新党员,出席党的二大的代表只有12人,他们是

---

[1] 中共中央党史研究室第一研究部编译:《共产国际、联共(布)与中国革命档案资料丛书》第2卷,北京图书馆出版社1997年版,第304页。

陈独秀、张国焘、李达、杨明斋、罗章龙、王尽美、许白昊、蔡和森、谭平山、李震瀛和施存统等（尚缺一人姓名不详）。[1]

对党的二大代表，学术界历来存在多种说法。有七人说[2]、九人说[3]、十五六人说[4]、二十人说[5]等。根据档案资料和党史研究者多年的研究，最终确定为12人。

1928年6月18日至7月11日，党的六大在莫斯科召开，出席代表在会议期间，回顾了一大至五大的情况，整理出一份关于党的一大至五大代表的名单，即《中共历次大会代表和党员数量增加及其成份比例表》。这份文件是手写的，没有署名。根据这份名单的记载，出席党的二大代表"到十二人。都是知识分子。陈独秀，张国焘，蔡和森，谭平山，震瀛，杨明斋，施存统，李达，毛泽东，白昊，章龙，尽美"。[6]这是最接近于党的二大召开时间和代表情况的一份原始文献资料，也是中共中央组织部、中共中央党史研究室、中央档案馆确定参加党的二大的代表的原始依据。

中共中央党史研究室2002年编著的《中国共产党历史》（第

---

[1] 中共中央党史研究室：《中国共产党历史》（第1卷）上册，中共党史出版社2011年版，第79页。

[2] 中国社会科学出版社编：《"二大"和"三大"：中国共产党第二、三次代表大会资料选编》，中国社会科学出版社1983年版，第128页。

[3] 张国焘：《我的回忆》（上），东方出版社2004年版，第220页。

[4] 中国社会科学出版社编：《"二大"和"三大"：中国共产党第二、三次代表大会资料选编》，中国社会科学出版社1983年版，第582页。

[5] 中国社会科学出版社编：《"二大"和"三大"：中国共产党第二、三次代表大会资料选编》，中国社会科学出版社1983年版，第468页。

[6] 中共中央党史研究室、中央档案馆编：《中国共产党第六次全国代表大会档案文献选编》上卷，中共党史出版社2015年版，第190页。

一卷上册）也基本上沿用了这个名单。书中记载，参加党的二大的有中央局代表陈独秀、张国焘、李达，上海代表杨明斋，北京代表罗章龙，山东代表王尽美，湖北代表许白昊，湖南代表蔡和森，广州（广东）代表谭平山，劳动组合书记部代表李震瀛，社会主义青年团代表施存统等12人，尚有一人无法确定。据此可知，出席党的二大的代表由三部分人组成，即上届中央局成员、地方党组织代表和参加远东会议回国的代表。

（三）代表产生方式

二大的代表不是民主选举产生，而是由中共中央局提名或协商确定的。协商的名单和实际出席的名单并不一致。这是研究者对出席党的二大代表名单表述不一致的主要原因。

党的二大没有留下关于筹备及代表确定办法等方面的历史资料。有关二大代表的产生，只能根据一些当事人的回忆进行分析。

党的二大代表的产生主要有以下几种方式：

1. 各地党组织或党领导的进步团体负责人直接作为代表

这和党的一大代表的确定方式相似，也符合当时党的建设的实际情况。《中共历次大会代表和党员数量增加及其成份比例表》中列出的11人（毛泽东除外，下同）中，王尽美、谭平山分别是济南和广州的党组织负责人。有可能参加会议的另外7人——张太雷、陈望道、高君宇、邓中夏、项英、邓恩铭、向警予中，张太雷或陈望道可能是上海党组织负责人，高君宇则是北京党组织的负责人，邓中夏当时为中国劳动组合书记部主任。他们之所以被研究者认为参加过二大，也和他们当时担任的党内职务有一定关系。

2. 各地党组织推荐代表

根据包惠僧的回忆，党的二大召开前，他是湖北党组织的负责人。当时上海中央局曾给他写信，指示他不要离开武汉，出席二大代表可另派他人。于是，包惠僧就提议项英作为出席二大的代表人选，这个建议得到了多数党员的同意。[1]这也是项英被研究者列入代表人员名单的原因之一。

3. 中央局指定的代表

根据参加党的二大的代表李达的回忆，有些二大代表不是通过民主选举产生，而是由陈独秀、张国焘指定的。指定的原则是：从莫斯科参加远东会议后回国的人员中，人员是哪个省的，就作为哪个省的代表。但实际上，参加远东会议的人员较为复杂，既有共产党的人员，也有其他党派和团体的代表，从远东会议回来的中共党员，有张国焘、张太雷、邓恩铭、王尽美、高君宇等人。[2]

三、代表是工人运动与青年运动的领导者

（一）二大代表的年龄、籍贯与职业

参加中国共产党第二次全国代表大会总共有 12 人（尚有一人姓名不详），平均年龄 32 岁，如果再加上存疑的 7 人（张太雷、陈望道、高君宇、邓中夏、项英、邓恩铭、向警予），平均年龄约为 27 岁，比党的一大代表的平均年龄还小 1 岁。

---

[1] 中国社会科学院现代史研究室、中国革命博物馆党史研究室选编：《"一大"前后》（二），人民出版社 1980 年版，第 333 页。

[2] 中国社会科学出版社编：《"二大"和"三大"：中国共产党第二、三次代表大会资料选编》，中国社会科学出版社 1983 年版，第 587 页。

第二章 二大代表:"尚缺一人姓名不详"

在二大代表中除陈独秀的年龄稍长外,其他都是二十多岁的年轻知识分子和经过五四爱国运动洗礼的青年学生。年轻化依然是代表的显著特征。

党的二大代表来自湖南(李达、罗章龙、蔡和森)、湖北(许白昊)、广东(谭平山)、山东(王尽美、杨明斋)、安徽(陈独秀)、江西(张国焘)、天津(李震瀛)、浙江(施存统)等地。这些地方都较早成立了共产党早期组织,拥有一批积极宣传马克思主义的先进知识分子。

二大代表大都毕业于本专科院校,整体文化素质较高。除此前介绍过的张国焘、李达、王尽美外,其余为:

陈独秀:求是书院,日本早稻田大学,日本师范科,本科。

罗章龙:北京大学,理学,本科。

杨明斋:莫斯科东方劳动者共产主义大学,苏俄文科马列主义,专科。

许白昊:浙江省立工业学校,理学,专科。

蔡和森:湖南第一师范学校、湖南高等师范学校,法国文科,专科。

谭平山:两广优级师范学校、北京大学,师范科,本科。

李震瀛:南开大学,本科。

施存统:浙江省立第一师范学校,日本师范科,专科。

二大代表基本上都是知识分子出身(除了许白昊、杨明斋是工人出身以外),代表中大多数都是从事教育文化和新闻工作,以主编、教师、学生居多。其中,陈独秀是北京大学文科学长,李达是商务印书馆翻译,杨明斋是中俄通讯社和外国语学社校长,王尽美是《励新》主编,许白昊在汉阳钢铁厂工作,蔡和森是《先驱》主编，谭平山是北京警监学校教导主任，张国焘、罗章龙（《工人周报》主编），李震瀛（《觉悟》主编）和施存统是学生。

（二）代表基本是工人运动和青年运动的领导者

在中国共产党成立初期，宣传工作和工人运动一直是党的中心工作，而青年运动也是党的工作的重要组成部分。被推为党的二大代表的邓中夏、王尽美、项英等人都是党的早期工人运动的实践者和领导人。邓中夏在中国共产党成立以前便与张太雷等一起到长辛店筹办补习学校，1921年5月组织成立了京汉铁路长辛店工人俱乐部，并担任了中国劳动组合书记部北方分部的书记。王尽美在党的一大以后担任了中国劳动组合书记部山东支部的负责人，开始致力于山东的职工运动。他领导了济南理发业工人的罢工斗争，创办《山东劳动周刊》并担任主编。

另外，被推为二大代表的人中很多还是青年运动的先驱和领导人。如张太雷曾到天津筹备组织青年团，1921年6月出席了共产国际第三次代表大会和少年共产国际第三国际领导下的各国青年团的国际联合组织第二次代表大会，并参与修订了《中国社会主义青年团临时章程》。邓中夏、蔡和森、施存统、高君宇等都是青年团的重要领导人，也曾先后担任中国社会主义青年团的机关报《先驱》的主编和编辑。在1922年5月于广州召开的中国社会主义青年团第一次全国代表大会上，施存统当选为团中央执行委员会书记，高君宇、张太雷、蔡和森当选为团中央执行委员会委员。

以上两个组织代表的出现，反映了党的全国代表大会代表结构的优化趋势和代表范围的逐步扩大。

（三）工人代表的出现

党的二大代表仍然以知识分子为主体，但开始出现工人身份的代表。《中共历次大会代表和党员数量增加及其成份比例表》列出的 11 名代表中，杨明斋、许白昊当过工人，占到了 18.18%。杨明斋早年曾在俄国工厂当工人，并在此期间结识了一些布尔什维克，开始接受马克思主义，积极参加了布尔什维克领导的工人运动，并加入了布尔什维克党组织，后来转为中共党员。许白昊早年也曾在上海机械厂当过工人。另外未能确认的 7 名代表中，项英不仅当过工人，而且当时仍然以工人为职业，是湖北最早的产业工人党员。工人党员代表的出现，反映了党的一大之后中国共产党组织工人运动的初步成效。党内工人党员人数的增加（当时有工人党员 21 人），是党的工人阶级先锋队属性的直接体现。

另外，党的二大代表均为男性，无一位女性。当时全国女性党员仅为 4 人，占总人数的 2.05%。

四、与共产国际代表意见相左的"决议案"

（一）毛泽东为什么没有参加党的二大

党的二大召开前的 1922 年 6 月，中国劳动组合书记部干事李启汉被上海租界工部局逮捕并判刑，《劳动周刊》也被迫停刊。考虑到上海政治环境险恶，为安全起见，在会务的安排上，二大决定少开全体会议，大多数时间都用于起草文件和分组讨论，并且每次全体会议都更换地址。1922 年 7 月 16 日，党的二大第一次全体会议在上海英租界南成都路辅德里 625 号（今成都北路 7 弄 30 号）召开。第一次全体会议结束以后，代表们就分散开分组会，然后变换地址召开第二次全体会议。第二次全体会议结束以后，代表们又再次分散到党员家中讨论。

在《中共历次大会代表和党员数量增加及其成份比例表》中有毛泽东的名字，但通过考证，毛泽东并没有出席党的二大。1936年，毛泽东在陕北保安的窑洞里与美国记者斯诺谈话时明确说："到一九二二年五月，湖南党——我那时是书记……我被派到上海去帮助组织反对赵恒惕的运动。那年（一九二二年）冬天（应该是夏天），第二次党代表大会在上海召开，我本想参加，可是忘记了开会的地点，又找不到任何同志，结果没有出席。"[1]二大代表李达在1955年8月的回忆中也确定毛泽东没有出席二大。可见，毛泽东没有出席二大。所以去掉毛泽东的名字，就成了12名代表"尚缺一人姓名不详"。

（二）党的二大没有共产国际代表参加

党的二大是在共产国际代表马林离开中国的间隙举行的。

1922年初，马林向陈独秀建议，共产党采取加入国民党的方式，与其实现彻底合作。马林的观点遭到陈独秀及中共多数人的坚决反对。因此，党的二大可以看成是一次中国共产党希望独立解决与共产国际重大分歧的紧急大会。[2]

1921年秋天，陈独秀离开广州回上海任中共中央局书记，初次会见共产国际代表马林，两人发生了激烈冲突。为了在中国寻求其他革命力量，这年12月10日，马林在张太雷的陪同下，去桂林拜访了孙中山。这次南方之行，促使马林产生了依靠国民党

---

[1] 中国社会科学院现代史研究室、中国革命博物馆党史研究室选编：《"一大"前后》（二），人民出版社1980年版，第247页。
[2] 朱洪：《中共二大：陈独秀应对马林和共产国际的一次紧急会议》，《党的文献》2012年第1期。

来推进中国革命的想法。回到上海后,马林给共产国际写报告,认为南方所做的一切,正是中国革命所不可缺少的,而中国共产党,诞生得太早了。应该尽快与国民党合作。同时,马林向陈独秀建议,共产党员采取加入国民党的方式,与其实现彻底合作。马林的观点遭到陈独秀坚决反对。为了说服马林放弃其主张,陈独秀征求了广州、北京、上海、长沙、武昌等地区同志的意见,结果,各地反馈的意见大都反对马林关于共产党员加入国民党的方案。

因遭到陈独秀及中共多数人的反对,1922年4月24日,马林离开上海回到莫斯科,寻求共产国际和苏俄的支持。

为了阻止马林的提议在中国实行,自马林离开上海回莫斯科到党的二大召开前,陈独秀采取了一系列对策(包括给维经斯基写信,谋求共产国际的支持;召开党的负责干部会议,统一党内思想等)。而二大在没有共产国际代表参加的情况下作出的决议,基本上都是反驳马林关于国共两党党内合作的建议的。

一是强调共产党与国民党的革命性质、目标不同。党的二大通过的《中国共产党第二次全国代表大会宣言》认为,革命的动力是工人、农民、小资产阶级和民族资产阶级,革命的前途是通过民主革命向社会主义转变。《宣言》将民族资产阶级仅作为"革命动力"中的最后一部分,强调民族资产阶级在国民革命中并不居于主要地位。《宣言》规定了党的最低纲领是走向社会主义,而社会主义是共产主义不可逾越的一个阶段。《宣言》指出,党的最高纲领是渐次达到一个共产主义的社会。这就从党的最高纲领的高度,把共产党和国民党的性质严格地区别开来。

二是以"联合战线"代替马林的"党内联合"。党的二大通过的《关于"民主的联合战线"的议决案》,肯定了共产党与民主派联合(党外联合)的必要性。这个思想与马林强调的共产党员加入国民党(党内联合)有重大区别。

为什么共产党员不能加入国民党呢?陈独秀认为,民主派只是共产党的同路人。这个思想在《议决案》中得到体现:"民主派打倒封建以后,他们为自己阶级的利害计,必然要用他们从封建夺得政权来压迫无产阶级"。因此,《议决案》旗帜鲜明地说:"我们要知道:无产阶级加入民主革命的运动,并不是投降于代表资产阶级的民主派来做他们的附属品……在民主的战争期间,无产阶级一方面固然应该联合民主派,援助民主派,然亦只是联合与援助,决不是投降附属与合并,因为民主派不是代表无产阶级为无产阶级利益而奋斗的政党;一方面应该集合在无产阶级的政党——共产党旗帜之下,独立做自己阶级的运动。"[1]

这段话表明,陈独秀和中国共产党尽管同意与国民党(民主派)合作,但共产党"决不是投降附属与合并"[2]于民主派(国民党)。所以,针对马林关于中国共产党加入国民党的主张,《议决案》强调了无产阶级在联合战线中的独立性:"我们应该号召全国工人农人在本党旗帜之下去加入此种战争。我们须告诉他们:……无产阶级加入此种战争,不是为了民主派的利益,做他们的牺牲,乃是为了无产阶级自己眼前所必须的自由而加入此种

---

[1] 中共中央文献研究室、中央档案馆编:《建党以来重要文献选编(1921—1949)》第1册,中央文献出版社2011年版,第138—139页。
[2] 中共中央文献研究室、中央档案馆编:《建党以来重要文献选编(1921—1949)》第1册,中央文献出版社2011年版,第139页。

战争，所以无产阶级在战争中不可忘了自己阶级的独立组织。"[1]

三是提出了建立联合战线的具体措施。为了防止马林和共产国际修改中共二大关于联合战线的精神，《议决案》强调，中国共产党第二次全国代表大会认定中央执行委员会所发表的民主联合战线的主张，是能够应付时势之急迫的要求的，今后更应扩大此主张，并提出了建立联合战线的三个具体措施，如组织民主主义大同盟等。[2]

(三)二大11位代表的结局

党的二大12位代表，1名不详，3名（张国焘、李达、王尽美）与一大重合。其余8名中，有杨明斋、许白昊、蔡和森3位烈士，施存统自动脱党，陈独秀、罗章龙、谭平山、李震瀛4位被开除出党。

具体情况如下：

陈独秀（1879—1942），安徽怀宁（今安庆）人。中国共产党的主要创始人之一。党的一大至五大时期的领导人。1927年国民党内反动集团叛变革命，残酷屠杀共产党人和革命人民，由于党内以陈独秀为代表的右倾思想发展为右倾机会主义错误并在党的领导机关占据统治地位，党和人民不能组织有效的抵抗，致使大革命在强大敌人的突然袭击下遭到惨重失败。1927年7月离开中共中央。1929年11月因就中东路事件发表不同意见而被中共中央开除党籍。1932年10月被国民党当局逮捕，判刑后囚禁于

---

[1] 中共中央文献研究室、中央档案馆编：《建党以来重要文献选编（1921—1949）》第1册，中央文献出版社2011年版，第139—140页。

[2] 中共中央文献研究室、中央档案馆编：《建党以来重要文献选编（1921—1949）》第1册，中央文献出版社2011年版，第140页。

南京。抗日战争全面爆发后，他于1937年8月出狱，先后住在武汉、重庆，最后长期居住于四川江津（今属重庆市）。1942年5月27日逝世。

杨明斋（1882—1938），山东平度人。俄国十月革命前加入俄国布尔什维克党，在帝俄外交机关做党的秘密工作。1920年4月作为共产国际代表维经斯基的翻译和助手，回国进行发起建立中国共产党的工作。陪同维经斯基来往于北京、上海、济南等地，推动各地共产党组织的建立。参与发起组织上海马克思主义研究会、上海社会主义青年团和上海共产党早期组织，参加《新青年》《共产党》的编辑出版工作。1930年1月秘密越境赴苏联，做过扫盲站的中文教员，在报社和无线电台工作过。1931年被当作叛逃者流放到托木斯克当勤杂工。1934年8月流放期满后到莫斯科，进入苏联外国工人出版社做投递员和校对员。1938年2月以被捏造的罪名遭逮捕，并于同年5月牺牲。

许白昊（1899—1928），湖北应城人。著名的工人领袖之一。1921年8月加入中国劳动组合书记部。同年底赴莫斯科，出席次年1月召开的远东各国共产党及民族革命团体第一次代表大会。1922年春回国加入中国共产党，从事工人运动。1926年至1927年任中华全国总工会执行委员。1927年党的五大上，被选为中共中央监察委员和中央工人运动委员会委员。大革命失败后被国民党反动派追捕。后被调到上海，担任中共上海总工会党团书记兼总工会组织部部长。1928年2月任中共江苏省委委员。2月17日因叛徒告密被捕。6月6日在上海英勇就义。

蔡和森（1895—1931），中国共产党早期重要领导人。1895年3月出生于上海，后随母亲回到家乡湖南双峰。1913年进入湖南省立第一师范读书,其间同毛泽东等人一起组织进步团体新民学会,创办《湘江评论》,参加五四运动。1921年10月从法国归来。在党的三大、四大上当选为中央局委员,参与中央领导工作。在党的五届一中全会上当选为中央政治局委员、常委,随后又兼任中共中央秘书长。1931年在组织广州地下工人运动时遭叛徒出卖被捕,牺牲在广州军政监狱。

谭平山(1886—1956),广东高明人。1921年中国共产党成立后,任中共广东支部书记。1923年协助孙中山改组国民党。1924年1月在国民党一大上,当选为改组后的国民党中央执委常委兼组织部部长。1927年8月参加南昌起义,起义失败后流亡港澳。同年11月,中共临时中央政治局扩大会议通过了《政治纪律决议案》,处分了一批党内干部,谭平山被错误地开除党籍。1937年全面抗战爆发后回到武汉,投入全民族的抗日救亡运动。1947年冬在香港参与成立中国国民党革命委员会。1949年9月,当选全国政协委员,参加开国大典。新中国成立后,历任中央人民政府委员、政务院政务委员、政务院人民监察委员会(监察部前身)主任等职。1954年当选为第一届全国人大常委会委员、第二届全国政协委员。1956年2月当选为民革第三届中央副主席。同年4月2日在北京逝世。

罗章龙(1896—1995),湖南浏阳人。党早期著名的工人运动领袖之一。1920年参加北京大学马克思学说研究会,并和李大钊发起成立北京共产党早期组织。在担任中共北方区委组织部负责人和中国劳动组合书记部北方分部主任期间,组织领导了陇海铁路工人大罢工、长辛店铁路工人大罢工、开滦五矿工人大罢工及京汉铁路工人总罢工。在党的三大、四大、五大、六大上连续被选为中央委员或中央候补委员,是中共第三届中央局委员。1928年后历任中共中央工委书记,中华全国总工会委员长、党团书记。1931年1月被开除出党。1934年起在大学做教授。新中国成立后,继续在大学任教。先后被选为第五、六、七、八届全国政协委员。1978年起任中国革命博物馆顾问。1995年2月3日因病逝世。

李震瀛(1896—1937),天津人。早期工人运动领袖。早年就读于南开中学,与周恩来等组织进步活动。1921年秋到北京加入中国共产党,任中国劳动组合书记部干事兼《劳动周刊》编辑。此后,一直从事工人运动,创办工人补习学校,组织发动罢工运动。参与领导指挥上海工人第一、二、三次武装起义。大革命失败后,出席中共八七会议。1929年任中华全国总工会组织部部长。1931年1月在上海出席党的六届四中全会,反对王明等"左"倾主张。五六月间在上海被国民党当局逮捕入狱。7月被中共中央开除党籍。同年底或1932年初被释放出狱,发表声明不再参加革命活动。此后回天津在绸缎店当店员。1937年病故。

施存统(1899—1970),浙江金华人。1921年党的一大召开时,是旅日中国共产党早期组织负责人。1922年初受陈独秀委派从日本回国重振社会主义青年团工作。5月,在于广州召开的中国社会主义青年团第一次全国代表大会上,被推选为团中央首任书记。大革命失败后退出共产党,在大学任教。出版《资本论大纲》《苏俄政治制度》等20余种译著,帮助许多青年走上了社会主义革命的道路。全面抗战爆发后,在重庆任南方印书馆总编辑,积极宣传抗战。1945年参加发起成立中国民主建国会，任常务理事。1949年参与筹备并出席全国政协第一届全体会议。1949年后历任政务院劳动部副部长，民建第一、二届中央副主任委员。是第一至第三届全国人大常委会委员，第一届全国政协常委兼副秘书长，第二至第四届全国政协常委。1970年在北京去世。

第三章
三大代表：用生命践行初心

时间：1923 年 6 月 12 日至 20 日
地点：广州
关键词：国共合作

一、统一战线

（一）会议的主要内容

中国共产党从京汉铁路工人大罢工的失败中认识到：工人阶级虽然有坚强的革命性，但人数毕竟比较少，需要团结一切可以团结的力量，结成最广泛的统一战线。正是从这种情况出发，中国共产党决定采取积极的步骤去联合孙中山领导的中国国民党，推动国共合作的建立。孙中山领导的中国国民党在几经挫折后，开始和共产党人建立联系，真诚地欢迎共产党人与他合作，欢迎苏联对中国国民革命的援助。1923 年 1 月，共产国际执委会作出《关于中国共产党与国民党的关系问题的决议》，对国共合作起到了推动作用。

1923 年 6 月，中国共产党第三次全国代表大会在广州召开。

会议的中心议题是讨论与国民党合作、建立革命统一战线的问题。主要议程有三项：一、讨论党纲草案；二、讨论同国民党建立革命统一战线问题；三、选举党的中央执行委员会。

大会接受了共产国际关于中国共产党同中国国民党进行合作的指示，通过了《关于国民运动及国民党问题的议决案》《中国共产党第三次全国代表大会宣言》等文件。这些文件的中心思想是，党在现阶段"应该以国民革命运动为中心工作"，共产党员以个人身份加入国民党，采取党内合作的形式，同国民党建立联合战线，以完成反帝反封建的国民革命的重要任务。文件还规定了要保持中国共产党在政治上独立性的一些原则。

大会第一次修订党的章程。首次规定了新党员有候补期的制度，并根据候补党员不同的社会职业，规定了不同的候补期。首次规定党员可以"自请出党"，即自愿退党。

大会选举由陈独秀、蔡和森、毛泽东、罗章龙、谭平山（后由于谭调职，改为王荷波）5人组成中央局，陈独秀为委员长，毛泽东为秘书，罗章龙担任会计，负责中央日常工作。

党的三大决定采取共产党员以个人身份加入国民党的方式实现国共合作，这是当时能够被孙中山和国民党所接受的唯一合作方式。共产党员加入国民党，对于国共两党的发展，对于中国革命的前进，都是有利的。通过国共两党的共同努力，广泛发动群众，发展革命力量，加速推进民主革命的进程。同时，有利于国民党的改造，使国民党获得新生；又有利于共产党走上更广阔的政治舞台，得到锻炼和发展。实行国共合作，是党的三大的重大历史功绩。

这次大会没有提出工人阶级争取对民主革命的领导权问题。受共产国际的影响，大会对国共两党及其所代表的阶级力量做了片面估计，认为中国工人阶级尚未成为一个"独立的社会势力"，

"中国国民党应该是国民革命之中心势力,更应该立在国民革命之领袖地位"。[1]

党的三大后,在中国共产党的推动下,孙中山对国民党进行了改组,确定了联俄、联共、扶助农工的三大政策,召开了国共合作的中国国民党第一次全国代表大会,第一次国共合作正式建立。全国掀起了声势浩大、轰轰烈烈的反帝反封建的革命群众运动,胜利地举行了北伐战争,促进了中国革命形势的高涨。

(二)对党代会代表及相关制度的规定

1923年6月,中国共产党第三次全国代表大会议决《中国共产党第一次修正章程》。对党代会代表和相关制度的新规定有:

> 第十二条 各小组每星期至少须开会一次,由组长召集之。各地方每月至少召集全体党员会议一次(其有特别情形之地方,得改全体会议为组长会议,但全体会议至少须两月一次)。各区每三月由执行委员会定期召集该区全体党员代表会议一次,每五人有一票表决权。全国代表大会,每年由中央执行委员会定期召集一次。中央执行委员会,每四月开全体委员会一次。
>
> 第十三条 中央执行委员会认为必要时,得召集全国代表临时会议。有三分之一区代表全党三分之一党员之请求,中央执行委员会亦必须召集临时会议。
>
> 第十四条 全国代表大会或临时会议之代表人数,每地

---

[1] 中共中央文献研究室、中央档案馆编:《建党以来重要文献选编(1921—1949)》第1册,中央文献出版社2011年版,第259、276页。

方必须派代表一人，但人数在四十人以上者得派二人，六十人以上者得派三人，以上每加四十人得加派代表一人。每地方十人有一票表决权。未成地方之处，中央执行委员会认为必要时，得令其派出代表一人，但有无表决权由大会决定。

第十八条　全国代表大会为本党最高机关；在全国大会闭会期间，中央执行委员会为最高机关。[1]

党的三大通过的党章及相关法规，意义重大。

第一次在党章中明确规定代表人数。党的三大通过的党章修正案，对全国代表大会代表人数作出了具体规定，要求每个地方至少必须派1名代表，其中党员人数超过40人的，得派两名代表，超过60人的得派3名代表，以此类推，每增加40人就加派代表1名。另外，对于还没有设立区委的地方，中央执行委员会认为有必要时，可以直接分配代表名额1名。相比于二大党章对代表人数及分配问题另行规定的做法，三大党章对代表人数分配的要求，对于代表制度建设显然意义更大，体现了代表问题逐步制度化的趋势。

第一次在党章中规定了代表的表决权问题。在三大党章中，对代表的表决权问题做了初步规定：首先，对党的各区的代表会议代表，规定每5人有一票表决权；其次，对于全国代表大会的代表，每地方每10人有一票表决权；最后，中央指定的地方代

---

[1] 中共中央文献研究室、中央档案馆编：《建党以来重要文献选编（1921—1949）》第1册，中央文献出版社2011年版，第272—273页。

表名额，是否有表决权由代表大会决定。

拓展了代表的审议内容。党的三大通过了《中国共产党中央执行委员会组织法》，这是中国共产党关于中央组织结构、职权分工和工作制度等的第一部党内法规。其中，涉及中央执行委员会与党的全国代表大会的关系方面的内容，是对党的全国代表大会制度的充实和丰富。比如，规定党的全国代表大会召开前至少两月，要召开中央执行委员会会议并形成报告，并将报告提前一个月寄给地方党组织。再比如，中央执行委员会的财政报告，经全国代表大会指定的审查委员会审查后报大会审议，这实际上增加了代表审议权的内容。

二、推荐和指派代表

党的三大出席代表30余人，代表党员420人。

（一）代表的条件

根据罗章龙1980年2月的回忆，在党的三大召开前，中央曾经给北方区委来信，要求北方区委按照中央的规定选派三大代表。其规定为：一、以产业工人为主；二、各区委书记可以作为代表参加，但不一定都参加；三、工人运动负责人。据此，北方区委决定派12人参加，其中绝大多数是工人。[1]

虽然目前没有找到其他历史资料印证罗章龙回忆的准确性（徐梅坤的回忆中提到，当时中央规定每个地区派出一至两名代表，没有提到规定代表的具体条件），但根据其回忆内容和当时

---

[1] 中国社会科学出版社编：《"二大"和"三大"：中国共产党第二、三次代表大会资料选编》，中国社会科学出版社1983年版，第680页。

党的建设的实际情况推断，这三个条件至少是作为各区委选派代表的指导性意见。这一方面反映了中央的筹备工作比一大、二大时更加具体、更加细致；另一方面，从条件内容看，反映了中央对工人代表的重视。

（二）代表的产生方式

中共中央决定召开三大后，各区根据中央的通知精神，按照民主程序进行了大会代表的推荐工作。此外，从法国回国的蔡和森、向警予，从苏联回国的瞿秋白也参加了会议。刘仁静作为出席共产国际第四次代表大会的代表，马林作为共产国际的代表出席会议。

马林在给共产国际执行委员会、工会国际和共产国际执行委员会东方部远东局的报告中说："出席大会的代表来自北京、唐山、长辛店、哈尔滨、山东（济南府）、浦口、上海、杭州、汉口、长沙和平江（湖南）、广州和莫斯科（旅莫学生支部）"。[1]

代表的产生方式为各地选派和中央指定。

各地党组织选派代表。当时中共中央下设北方、两湖、江浙和广东四个区。各区委员会都接到中央通知，要求选派代表参加党的三大。据当时在北京担任中共北方区委负责人之一的罗章龙1980年2月回忆，1923年5月间，中共中央从上海来信，内容是关于召开党的三大的问题，会议时间初定一个月。要求北方区委按照中央的规定选派代表参加。根据中央的通知，北方区委做过讨论，并向铁路、矿山和北方各大城市党支部下达了通知，说

---

[1] 中共中央党史研究室第一研究部编译：《共产国际、联共（布）与中国革命档案资料丛书》第2卷，北京图书馆出版社1997年版，第492页。

明中央召开党的三大的意义，要求各支部重视这一工作，重要的地方如长辛店、天津、唐山、保定等产业工人较集中的地区都要派工人代表去参加。根据中央规定，北方区委决定派出12人，其中绝大多数是工人。北京、唐山、长辛店派产业工人党员代表，共青团组织也派出负责人参加。[1]北方区派出的代表12人，占了全国40名代表的近1/3，是三大代表人数最多的区。其中李大钊和罗章龙分别作为北方区委书记和组织部负责人，通过选举成为三大代表。[2]这样，李大钊和罗章龙作为代表，既符合中央指定的范围，又是通过选举的方式产生的。

中央和各区委也会指定代表。在中共中央发出关于召开党的三大的通知后不久，中共中央用"钟英"为代号，单独写了一封信给罗章龙和李大钊。内容是了解北方区关于参加三大的准备工作，并要求罗章龙和李大钊去参加大会。当时，李大钊是北方区委书记，罗章龙是区委组织部负责人，又是北方劳动组合书记部的主任。[3]时任中共上海区委（也称为江浙区委）委员长的徐梅坤1980年3月回忆说，在中共三大召开前半个月左右，中央有人口头通知他去广州参加党的三大。因为他是区委书记，所以被指定为代表。当时规定江浙区委可派两名正式代表参加，于是，徐梅坤就指定了负责区委工人运动的王仲一为出席三大的另一名

---

[1] 中国社会科学出版社编：《"二大"和"三大"：中国共产党第二、三次代表大会资料选编》，中国社会科学出版社1983年版，第680页。

[2] 中国社会科学出版社编：《"二大"和"三大"：中国共产党第二、三次代表大会资料选编》，中国社会科学出版社1983年版，第680—681页。

[3] 中国社会科学出版社编：《"二大"和"三大"：中国共产党第二、三次代表大会资料选编》，中国社会科学出版社1983年版，第680—681页。

代表。代表名单要上报中央，经过批准才能与会。[1]

值得注意的是，这是陈独秀、李大钊两位中国共产党主要创始人第一次也是唯一一次在党的全国代表大会上相聚。

代表前往广州开会，也是秘密进行的。罗章龙回忆说，当时北方区委的代表是分三批走的。为了保密，他们不坐同一条船，不坐同一趟车，不同一天走，但时间相隔不远，如今天、明天、后天。从北方到广州路途遥远，须从北京坐火车到天津，再由天津乘轮船到上海，再从上海坐船到广州。罗章龙是和湖北省劳动组合书记部负责人项英一起坐船到广州的。[2]前后抵达广州的，既有来自国内各地的党组织负责人，也有从事工人运动的领导人。除了李大钊、张国焘、谭平山、蔡和森、向警予、徐梅坤等，还有罗章龙、王荷波、王仲一、王俊等人。他们大多在半月前接到秘密通知，前往广州参加党的三大。[3]

（三）代表的人数

中国共产党第三次全国代表大会究竟有多少名代表参加，至今没有明确的数字，因为三大并没有一份完整的名单留存，史学界一般的说法是30多人，即陈独秀、李大钊、蔡和森、张国焘、毛泽东、瞿秋白、张太雷、陈潭秋、谭平山、向警予、邓中夏、王荷波、何孟雄、邓培、徐梅坤、罗章龙、项英、孙

---

[1] 中国社会科学出版社编：《"二大"和"三大"：中国共产党第二、三次代表大会资料选编》，中国社会科学出版社1983年版，第673页。

[2] 中国社会科学出版社编：《"二大"和"三大"：中国共产党第二、三次代表大会资料选编》，中国社会科学出版社1983年版，第681页。

[3] 中国社会科学出版社编：《"二大"和"三大"：中国共产党第二、三次代表大会资料选编》，中国社会科学出版社1983年版，第673—674页。

云鹏、林育南、王仲一、于树德、金佛庄、刘仁静、阮啸仙、刘尔崧、陈为人、李汉俊、王用章、王俊、冯菊坡、张连光、朱少连等。

其中有表决权的19人,有发言权的10余人。这些代表分别来自上海、北京、湖北、湖南、广州、山东、浙江、满洲(即东三省)和莫斯科(旅莫学生支部);还有安源、长辛店、唐山、浦口等地工会组织的代表。他们代表全国420名党员,其中工人党员160名。这些代表有的是经过推举,有的是由中央和各区委指派的,大都是各地区区委书记和工会运动的负责人。

参加三大的代表徐梅坤回忆说:

> 我记得出席"三大"的代表有20多人,他们是:
>
> 北方区:李大钊、邓培;两湖区:毛泽东(湖南)、陈潭秋(湖北);江浙区:徐梅坤、王振一(即王仲一。——笔者注);广东区:谭平山、冯菊坡、阮啸仙、刘尔崧(阮、刘二人是列席代表);中央:陈独秀、张国焘、张太雷;京汉铁路:王俊、孙云鹏(孙是京汉铁路"二七"罢工的代表);津浦铁路:沈茂坤(浦镇铁路工厂工人);杭州支部:于树德、金佛庄(两人是列席代表,是由我报告中央同意他们去的);法国回国:蔡和森、向警予;苏联回国:瞿秋白;刘仁静以中共出席共产国际"四大"代表的身份列席了会议。会议记录是广东区委工作人员罗绮园,他不是代表。共产国际代表马林自始至终参加了会议。
>
> 到会代表穿的衣服不一样。穿长衫的有:李大钊、毛泽东和我。毛泽东衣着很朴素,穿一件很旧而且打了补丁的

湖南蓝布长衫。我和李大钊穿北京蓝布长衫。我们三人都穿黑布鞋。穿西装的有：蔡和森、陈独秀、瞿秋白、张太雷、马林。穿学生装的有：罗绮园、王振一、谭平山、陈潭秋、冯菊坡。穿短衣的有：王俊、孙云鹏、沈茂坤、阮啸仙、邓培。

会议期间，马林、毛泽东、张太雷、瞿秋白、蔡和森、向警予等住在"春园"，并在"春园"吃饭；其他外地代表沈茂坤、于树德、王振一、徐梅坤、金佛庄、王俊、孙云鹏、陈潭秋等住在会址楼上，吃饭在楼下。广东代表都在家住，吃饭在会址。谭平山回家吃饭。[1]

党史研究者对三大究竟有多少个代表出席做了一些有益的考证。如李蓉在《出席中共三大代表再考证》[2]中认为：三大代表总人数45人，其中正式代表为40人，列席代表、尚未完全确定代表资格的3人，还有2名共产国际代表。

中共中央党史研究室第一研究部编著的《中国共产党第一至第六次全国代表大会代表名录（增订本）》，列出三大代表43人，分别是：陈独秀、李大钊、蔡和森、张国焘、毛泽东、瞿秋白、张太雷、何孟雄、邓培、王荷波、谭平山、阮啸仙、冯菊坡、刘尔崧、项英、林育南、陈为人、刘天章、孙云鹏、张德惠、王用章、王俊、徐梅坤、于树德、金佛庄、朱少连、张连光、邓中

---

[1] 中国社会科学出版社编：《"二大"和"三大"：中国共产党第二、三次代表大会资料选编》，中国社会科学出版社1983年版，第674—675页。
[2] 李蓉：《出席中共三大代表再考证》，《上海党史与党建》2013年第9期。

夏、罗章龙、高君宇、陈潭秋、向警予、王仲一、陈天、沈茂坤、恽代英、袁达时、罗绮园、杨章甫、谭植棠、刘仁静（列席）、梁复然（列席）、江浩（尚未完全确定代表资格）。

三大代表人数究竟是多少，有待继续考证。单纯从数量来看，参加三大的代表人数超过了一大、二大的总和，反映了党员人数不断增加的发展态势。代表的平均年龄达到了29.7岁，高于一大、二大代表的平均年龄。这在某种意义上也是早期中国共产党人逐渐成熟的体现。

三、代表中工人数量和比例增多

（一）正式代表和列席代表

党的三大代表的构成比较特别，有正式代表和列席代表，其中又分有无发言权代表和有无表决权代表。当年，党的经费奇缺，共产国际寄来1600元（货币单位不详，可能是卢布），作为三大的召开费用。这其中很大部分，是用于代表来广州的差旅费。由于代表众多，杯水车薪，无法面面俱到，于是有些重要代表，中央便发给一些路费，这便是用"公费"的"正式"代表。不是用"公费"而是用"私费"的便是列席代表了。列席代表于树德为了买到广州的船票，便借朋友妻子的金手镯去典当。[1]至于有表决权的代表，可能三大召开前有此称谓并做了一些规定，如各区有一定的表决名额等。但在三大召开时，特别是在讨论《关于国民运动及国民党问题的议决案》时，由于争论激烈，分

---

[1] 中国社会科学出版社编：《"二大"和"三大"：中国共产党第二、三次代表大会资料选编》，中国社会科学出版社1983年版，第659页。

歧较大，[1]大会可能采取由全体参会代表投票表决的办法，而不再理会代表有无表决权了。

自三大开始，列席人员开始出现在部分当事人的回忆录中。比如，刘仁静曾回忆自己不是三大代表，他出席三大只是因为中央让他报告参加共产国际四大的情况，后来就列席了三大。梁复然也回忆自己为列席人员，因为当时会议在广东召开，谭平山曾指示他们，不是代表的广东党员都可作为列席人员参加三大。[2]另外，综合张国焘、徐梅坤、罗章龙、于树德、杨章甫等人的回忆，可知参加三大的人员数量较多，不仅包括有表决权的正式代表，也包括来宾和列席人员。

至于究竟什么样的人可以列席会议，列席人员的职能是什么，至今仍未有明确的界定。

（二）工人代表数量增多

党的三大代表中，大多数仍然是知识分子，从事着教师、编辑、记者工作的代表占到2/3。可喜的是，三大特别强调了要选工人代表。这当然也和当时工人党员人数大幅增长有关。在全国420名党员中，已有160名工人党员。

三大代表中，知识分子代表有：陈独秀、李大钊、蔡和森、张国焘、毛泽东、瞿秋白、张太雷、何孟雄、谭平山、阮啸仙、冯菊坡、刘尔崧、林育南、陈洪涛（陈为人）、刘天章、于树德、金佛庄、邓中夏、罗章龙、高君宇、刘仁静（列席）、陈潭秋、

---

[1] 中共中央党史研究室第一研究部编译：《共产国际、联共（布）与中国革命档案资料丛书》第2卷，北京图书馆出版社1997年版，第481页。

[2] 中国社会科学出版社编：《"二大"和"三大"：中国共产党第二、三次代表大会资料选编》，中国社会科学出版社1983年版，第655、607页。

向警予（女）、王仲一、恽代英、袁达时、罗绮园、杨章甫、谭植棠、梁复然（列席）。

工人代表有：邓培、王荷波、项英、孙云鹏、王用章、王俊、徐梅坤、朱少连、张连光、陈天、沈茂坤。

工人代表的个人履历情况是：

邓培（1883—1927），三大、四大代表。读过私塾四年，1897年入工厂做学徒。1901年起在京奉铁路唐山制造厂做工。

王荷波（1882—1927），三大、四大、五大代表。1916年在南京浦口津浦铁路浦镇机车车辆厂做钳工。

项英（1898—1941），三大、四大、五大、六大代表。12岁小学毕业。1913年考入武昌一家纺织厂当学徒。

孙云鹏（1882—1962），三大代表。出生于鞋匠家庭。1905年到石家庄市正太铁路机车总厂做工。

王用章（1897—1957），三大代表。幼时读过私塾。后当过修表工。1917年被招募为华工赴欧洲做工。

王俊（1877—1940），三大代表，出生于农民家庭。1912年经介绍进长辛店机厂当修车场油漆工。

徐梅坤（1893—1997），三大代表。出生于农民家庭。10岁起当学徒，后在杭州当印刷工人。

朱少连（1887—1929），三大、五大代表。1904年入衡阳中学读书。1912年湖北铁路学堂毕业，到株萍铁路管理局当火车司机。

张连光，籍贯不详。三大代表。早年为京汉铁路江岸机厂工人。

陈天，籍贯不详。湖北汉口谌家矶扬子机器厂工人。

沈茂坤，籍贯不详。三大代表。津浦铁路的南京浦镇铁路工厂工人。

党代会中工人代表的增加，说明党的队伍中工人党员数量的扩大，同时说明中国共产党在建党初期，在努力按照马克思主义建党原则发展和建设党的队伍，体现中国共产党是工人阶级先锋队的属性。

（三）代表的结构呈现多元化

三大代表的结构开始多元化，这反映了代表广泛性扩大的发展趋势。

首先，从性别看，出现了女性代表向警予。在党的二大上，向警予是未确定代表资格的人员，但在党的三大上，向警予的代表资格是确定的。她代表了当时全国37名女党员。

向警予，1895年生，1922年1月加入中国共产党，是为数不多的中国共产党早期女性党员之一。比她入党早的女性党员如刘清扬、缪伯英等，均未参加过党的全国代表大会。而党代表大会缺少女性党员代表，代表性和广泛性自然要打些折扣，向警予的出现，开始改变党的全国代表大会缺少女性代表的状况。

其次，从职业看，首次出现了军人代表金佛庄和中华民国政府议员江浩。

金佛庄，1897年生。1922年秋加入中国共产党，参加三大时，在浙江驻军当排长。

江浩，1880年生，曾是中国同盟会会员，辛亥革命后，任直隶省议员、第一届参议院议员、国会参议院候补议员。1920年，在李大钊的引导下，加入北京共产党早期组织，成为早期党员。

参加三大时，仍以议员身份进行公开活动。1923年曾联合180名议员抵制过曹锟的贿选阴谋。

(四)代表分布地域更广

参加党的三大的代表来自全国各地，分布很广。

根据1923年6月25日马林向共产国际执行委员会、工会国际和共产国际执行委员会东方部远东局的报告，出席中国共产党第三次代表大会的代表"来自北京、唐山、长辛店、哈尔滨、山东（济南府）、浦口、上海、杭州、汉口、长沙和平江（湖南）、广州和莫斯科（旅莫学生支部）"。[1]这里列出的地区共为13处。这份报告提交的时间是中共三大结束后的第五天，应该是比较准确的，但旅法代表没有提及（向警予）。

1929年瞿秋白在《中国共产党历史概论》中提到，党的三大召开时，中共党员分布在广东、上海、北京、长沙、安源、长辛店、唐山、济南、浦口、杭州、汉口、莫斯科12个地区。[2]这和马林提到的当时党员分布的地区相当接近。差别在于：一是马林提到了湖南平江，而瞿秋白提到的是江西安源；二是马林提到了哈尔滨，而瞿秋白没有。其他地区都基本或完全一样。

一份没有署名、保存在中央档案馆的《中国共产党第三次全国代表大会》的俄文资料记载，代表分别来自北京、上海、湖北、湖南和广州各地，以及浙江、山东、满洲和莫斯科，共计9

---

[1] 中共中央党史研究室第一研究部编译：《共产国际、联共（布）与中国革命档案资料丛书》第2卷，北京图书馆出版社1997年版，第492页。
[2] 中国社会科学出版社编：《"二大"和"三大"：中国共产党第二、三次代表大会资料选编》，中国社会科学出版社1983年版，第516页。

个地区。[1]同前两份材料相比,没有提及唐山、长辛店、浦口、安源这几个较小的地方。

根据现有资料,初步可以认定的出席党的三大的人员名单及其身份或代表地区如下:

中央执行委员会委员:陈独秀、蔡和森、张国焘、邓中夏、高君宇;北方区:李大钊、何孟雄、邓培、王荷波、刘天章、张德惠、孙云鹏、王俊、张连光、罗章龙、沈茂坤、江浩;上海:徐梅坤、王振一;长沙:毛泽东、朱少连、袁达时;广东:谭平山、阮啸仙、冯菊坡、刘尔崧、罗绮园、杨章甫、梁复然、谭植棠;汉口:项英、林育南、陈潭秋、陈天;东北:陈洪涛(陈为人);山东:王用章;浙江:于树德、金佛庄;团中央:张太雷、恽代英;旅苏:瞿秋白;留法:向警予;列席:刘仁静。

四、为有牺牲多壮志

党的三大代表中,有18人牺牲在新民主主义革命时期的奋斗征程中,用自己的生命和热血铸就共产党人的信念与忠诚,践行了共产党人的初心和使命。他们当年留下的铮铮誓言,在今天依然振聋发聩,激励人心。

1. 金佛庄:为了革命的胜利,虽赴汤蹈火,皆所不辞

金佛庄(1897—1926),浙江东阳人。1918年考入保定陆军军官学校。1922年加入中国社会主义青年团,同年秋转为中共党员。1924年初春奉命到广州参与创建黄埔军校。历任营长、团

---

[1] 中国社会科学出版社编:《"二大"和"三大":中国共产党第二、三次代表大会资料选编》,中国社会科学出版社1983年版,第198页。

党代表、团长等职。先后参加了平定广州商团和滇、桂军阀杨希闵、刘震寰叛乱及讨伐广东军阀陈炯明部队的两次东征。1926年12月初请命秘密赴杭州，策动江浙地方军队起义。出发前说：为了革命的胜利，虽赴汤蹈火，皆所不辞！12月9日从南昌出发，11日在南京下关码头被捕。次日被秘密杀害。

2. 刘尔崧：怕死我们就不干革命了

刘尔崧（1899—1927），广东紫金人。1921年春加入广州共产党早期组织。1927年后任广州工人代表会执行委员会主席、中共两广区委执行委员、广东区委工委书记兼青年团广东区委书记，中华全国总工会执行委员。参加领导省港大罢工。1927年广州白色恐怖日益严重，拒绝离开，表示：现在正是需要我们的时候，如果我们在这危急的时候跑了，谁来组织和领导工人同敌人作斗争呢？共产党员干革命就是要随时随地准备牺牲的，怕死我们就不干革命了！后在广州四一五大屠杀中被捕。同年4月19日在广州被秘密杀害。

3. 邓培：我们工人为的是救国，不光是挣钱

邓培（1883—1927），广东三水（今佛山市三水区）人。中国早期工人运动领导人。1919年参加五四运动。带领唐山制造厂3000多名工人集会，控诉北洋军阀的黑暗统治，面对阻拦和威胁"上街游行不给工钱"时怒斥：我们工人为的是救国，不光是挣钱！1920年参加马克思学说研究会。1922年1月出席莫斯科远东各国共产党及民族革命团体第一次代表大会，出国前加入中国共产党。回国后任中共唐山地委书记，参与领导工人罢工运动。在党的三大上当选为中央执行委员会候补委员。1927年4月15日在广州被捕，4月22日就义。

4. 李大钊：不在龈龈辩证白首中国之不死，乃在汲汲孕育青春中国之再生

李大钊（1889—1927），河北乐亭人。1916年发表《青春》一文鼓励青年为建设蓬勃朝气的国家而奋斗，"不在龈龈辩证白首中国之不死，乃在汲汲孕育青春中国之再生"。1918年参加《新青年》编辑部工作，先后任北京大学经济系、历史系教授。俄国十月革命后发表一系列宣传马克思主义的文章，成长为一名马克思主义者。是中国共产党的主要创始人之一。中国共产党成立后代表党中央指导北方的工作。1927年4月6日在北京被捕入狱。在狱中始终严守党的秘密，坚贞不屈、大义凛然。同年4月28日英勇就义。

5. 王荷波：为了工人阶级革命的胜利，就得牺牲个人的一切

王荷波（1882—1927），福建福州人。1921年8月任中国劳动组合书记部北方分部主要负责人。1922年6月加入中国共产党。1923年初组织津浦铁路沿线工人罢工。"二七惨案"后转入地下活动，生活十分困难。他对亲人说：为了工人阶级革命的胜利，就得牺牲个人的一切！在党的三大上当选为中央执行委员会委员，同年9月补选为中央局委员。参与组织上海工人第二、三次武装起义。大革命失败后继续坚持斗争。在八七会议上当选为中共临时中央政治局委员，后任中共中央北方局书记。1927年10月因叛徒出卖在北京被捕。同年11月11日牺牲。

6. 张太雷：愿化作震碎旧世界的惊雷

张太雷（1898—1927），江苏常州人。1915年秋考入北京大学，同年冬转入天津北洋大学学习。1918年为来华的俄共党员鲍

立维做翻译，开始接触马克思主义，认识到只有走十月革命的道路，才能救中国。将当时的学名"张曾让"改为"张太雷"，寓意"愿化作震碎旧世界的惊雷"。1920年10月，加入北京共产党早期组织。1921年春，赴苏俄任共产国际远东书记处中国科书记。6月参加共产国际第三次代表大会后回国。多次陪同共产国际派到中国的代表会见李大钊、陈独秀、孙中山等人，参与建立国共合作统一战线的活动。1925年后任团中央总书记。在八七会议上当选为中共临时中央政治局候补委员，后任中共中央南方局书记兼广东省委书记、军委书记。1927年12月11日，领导广州起义；12日，遭到敌人伏击壮烈牺牲。

7. 向警予：要在世界上放一个特别的光明

向警予（1895—1928），湖南溆浦人。1919年12月和蔡和森等20多人赴法国勤工俭学。同年在旅法新民学会会员蒙达尼会议上，主张组织共产党和实行无产阶级专政。在写回国内的信中说："努力做人，努力向上，要在世界上放一个特别的光明。"1921年12月回国。1922年1月，加入中国共产党。曾任中共中央妇女部长、中央妇女运动委员会书记、中央妇女工作委员会委员长。1925年去莫斯科东方大学学习。1927年4月回国，先后在武汉总工会、中共汉口市委和湖北省委宣传部工作。1928年3月，因叛徒出卖在汉口被捕。同年5月1日在武汉牺牲。

8. 朱少连：搞革命，不是为了图享受

朱少连（1887—1929），湖南衡阳人。早年在株萍铁路当过火车司机。1922年2月，加入中国共产党。参与领导安源路矿工人大罢工。罢工胜利后，拒绝工人所提发高薪的建议。表示：

搞革命，不是为了图享受！在党的三大上当选为中央执行委员。1926年9月，随北伐军回安源主持俱乐部恢复大会，成立萍矿总工会。大革命失败后发动和领导株洲暴动，组织工人武装参加进攻长沙的斗争。八七会议后被任命为工农革命军第一师第四团团长，参加组织秋收起义。1928年底，因叛徒出卖被捕。1929年1月8日，在江西安源被害。

9. 何孟雄：要像暴风雨中的海燕，经得起斗争的考验

何孟雄（1898—1931），湖南酃县（今炎陵）人。1920年参加北京共产党早期组织，1921年转为中共党员。1922年，领导京绥铁路车务工人大罢工。1923年2月，参与领导京汉铁路北段的总罢工。1925年，参与领导武汉地区工农运动。1927年，大革命失败后至上海，历任中共江苏省委委员，上海沪西、沪中、沪东区委书记等职，曾抵制"左"倾错误领导。在受到猛烈批判时仍坚持正确意见，反对错误主张，认为：一个革命战士，要像暴风雨中的海燕，经得起斗争的考验！1931年1月，因叛徒告密在上海被捕。同年2月7日英勇就义。

10. 林育南：金钱地位如粪土，共产主义的信仰决不移

林育南（1898—1931），湖北黄冈人。1922年加入中国共产党。同年5月任中国劳动组合书记部武汉分部主任，是二七大罢工的领导人之一。1925年5月后，任团中央书记。五卅运动中负责上海总工会宣传工作。党的五大上当选为候补中央委员。八七会议后参加领导湖北的秋收暴动。面对日益严重的白色恐怖，面对敌人的官位收买，坚定表示：金钱地位如粪土，共产主义的信仰决不移。1928年1月，赴上海任中共沪东区委书记。1931年1月17日被捕，2月7日被秘密杀害。

11. 蔡和森：明目张胆正式成立一个中国共产党

蔡和森（1895—1931），湖南湘乡（今属双峰）人。1920年初赴法国勤工俭学。留法期间，与毛泽东等通信明确提出只有社会主义能够拯救中国与改造世界，要发展中国革命，要"明目张胆正式成立一个中国共产党"。1921年10月被法国政府强行遣送回国，后在中共中央从事党的理论宣传工作。1928年底，作为中共驻共产国际代表团成员派驻苏联莫斯科。1931年初回国，3月赴广东工作，5月起任中共两广省委书记。1931年6月，因叛徒出卖被捕。同年8月在广州就义。

12. 刘天章：绝不为敌人的威武所屈服，也绝不被他们的利禄所诱

刘天章（1893—1931），陕西高陵人。1921年加入中国共产党。同年10月创办《共进》半月刊宣传和介绍马克思主义。1924年协助李大钊做党的工作。大革命失败后，三次被捕入狱。1930年后任中共山西省委书记、山西特委组织部长，领导创建了红二十四军和晋西游击队。1931年10月由于叛徒出卖第四次被捕。面对种种惨无人道的刑罚不为所动，回以一句话："不知道！"教育同狱的难友不要做可耻的叛徒："绝不为敌人的威武所屈服，也绝不被他们的利禄所诱。"同年底在山西太原就义。

13. 邓中夏：就是把骨头烧成灰，邓中夏还是共产党员

邓中夏（1894—1933），湖南宜章人。五四运动时北京学联领导人之一。1920年3月发起组织北京大学马克思学生研究会。同年10月参加北京共产党早期组织，此后开始投身于工人运动。1922年任中国劳动组合书记部主任，先后领导各地的工人大罢

工。大革命失败后参加八七会议,被选为中共中央临时政治局候补委员。1930年后,任湘鄂西特委书记、红二军团(后改为红三军)政委等职。1933年5月在上海被捕。面对敌人金钱厚禄的利诱和严刑拷打,表示:"就是把骨头烧成灰,邓中夏还是共产党员。"同年10月在江苏南京英勇就义。

14. 阮啸仙:坚忍卓绝为吾人本色,奋斗牺牲是我辈精神

阮啸仙(1897—1935),广东河源人。1921年加入广州共产党早期组织。1924年开始投入农民运动。当年秋送给广东花县农民协会一副对联,上联是"坚忍卓绝为吾人本色",下联是"奋斗牺牲是我辈精神"。大革命失败后任中共广东省委组织部长、中共中央北方局组织部部长、中华苏维埃共和国临时中央政府中央执行委员兼审计委员会主席等职。中央红军主力长征后留在赣南坚持斗争,任中共赣南省委书记兼赣南军区政委。1935年3月6日在战斗中牺牲。

15. 瞿秋白:为大家辟一条光明的路

瞿秋白(1899—1935),江苏常州人。1920年8月任北京《晨报》特约通讯员,去苏俄考察、采访,想"为大家辟一条光明的路"。1922年2月加入中国共产党。1923年夏回国参与《新青年》编辑工作。党的四大上当选为中央局委员,党的五大当选中央政治局常委。八七会议后,担任中央临时政治局常委,并主持中央工作。1931年1月被解除中央领导职务。此后留在上海养病,进行文艺创作、翻译和领导左翼运动。1934年2月离开上海到中央苏区,任中华苏维埃共和国临时中央政府教育部长等职。中央红军长征后留在赣南坚持斗争。1935年2月被捕。同年6月18日在福建长汀就义。

16. 陈为人：若因困难思退，不待他人谴责，则自当愧死矣

陈为人（1899—1937），湖南江华人。1920年9月入上海外国语学社参加中国社会主义青年团，参加工人运动。同年冬到苏联东方劳动大学短训班学习。珍惜来之不易的学习机会，宣誓：此后惟愿以乐为苦，以苦为乐，若因困难思退，不待他人谴责，则自当愧死矣！1921年底回国后加入中国共产党。此后从事工人运动。1932年，奉命留在上海负责管理有大批重要文件资料的党的中央文库，后克服重重困难在1936年下半年将其安全移交给其他同志。1937年3月13日，在上海病逝。

17. 项英：只要群众支持我们，我们就会永远立于不败之地

项英（1989—1941），湖北武昌人。1913年进织布厂当工人。1922年4月加入中国共产党。长期在湖北、上海等地从事工人运动。1931年1月，在中央苏区任中华苏维埃共和国临时中央政府副主席等职。1934年10月中央红军主力长征后，任中共中央苏区分局书记、中央军区司令员兼政治委员，领导南方三年游击战争。与群众同甘共苦，常说：群众是我们游击战争的基础，只要群众支持我们，我们就会永远立于不败之地。抗日战争时期任新四军副军长（实际是政治委员）、中共中央东南分局（后改为东南局）书记。1941年1月皖南事变突围后，3月14日在安徽泾县被叛徒杀害。

18. 陈潭秋：我们绝不畏缩，誓本革命初衷

陈潭秋（1896—1943），湖北黄冈人。1920年秋与董必武等发起成立武汉共产党早期组织。1921年7月参加党的一大。后负责中共武汉支部组织工作，参与领导湖北工农运动。大革命失败后，面对白色恐怖坚持斗争，表示与农友共进退：我们绝不畏

缩，誓本革命初衷！曾任中共中央组织部秘书长、中共满洲省委书记、中共福建省委书记、中华苏维埃共和国中央执行委员。中央红军主力长征后，任中共中央苏区分局委员兼组织部部长。1935年任中共驻共产国际代表团代表。1939年5月任中共驻新疆代表兼八路军驻新疆办事处主任。1942年9月被捕入狱。1943年9月27日遇害。

第四章

四大代表：20位代表产生于全国994名党员

时间：1925年1月11日至22日
地点：上海
关键词：领导权问题

一、工农联盟

（一）会议的主要内容

第一次国共合作实现后，以广州为中心，汇集全国的革命力量，很快开创了一个反对帝国主义和封建军阀的新局面。

共产党员加入国民党后，在全国各地积极创立和发展国民党的组织。黄埔军校的建立，为大革命输送了源源不断的军事人才。

国共合作的实现，促进了工人、农民、青年和妇女运动的发展。在共产党人和国民党人的共同努力下，国民革命思想由南向北，在全国范围内以前所未有的规模迅速传播。1924年10月，北方的直系将领冯玉祥在第二次直奉战争中发动政变，推翻直系军阀首领曹锟、吴佩孚控制的北京政府，发表反对军阀割据、要求和平统一等倾向革命的政治主张，并把所部改编为国民军，电请孙中山北上共商国是。11月，孙中山离广州北行，沿途宣传召开国民会议和废除不平等条约的主张。各地民众团体纷纷通电拥护国民会议,形成广泛的政治宣传运动。为了加强对日益高涨的革命运动的领导,以迎接大革命高潮的到来,中国共产党召开了第四次全国代表大会。

1925年1月11日至22日,中国共产党第四次全国代表大会在上海召开。

大会围绕当时的中心工作,通过了《对于民族革命运动之议决案》《对于农民运动之议决案》等11个议决案,并选出了新的中央执行委员会。新当选的中央执行委员会委员共9人:陈独秀、李大钊、蔡和森、张国焘、项英、瞿秋白、彭述之、谭平山、李维汉;候补执行委员5人:邓培、王荷波、罗章龙、张太雷、朱锦棠。中央执行委员会选举陈独秀、彭述之、张国焘、蔡和森、瞿秋白组成中央局。中央局决定陈独秀任中央总书记兼中央组织部主任,彭述之任中央宣传部主任,张国焘任中央工农部主任,蔡和森、瞿秋白任中央宣传部委员。

会议第一次明确提出了无产阶级在民主革命中的领导权和工农联盟问题。指出:"中国的民族革命运动,必须最革命的无产阶级有力的参加,并且取得领导的地位,才能够得到胜利。"[1]

提出了工农联盟问题。指出中国革命需要"工人、农民及城市中小资产阶级普遍的参加",其中农民是"重要成分",他们"天然是工人阶级之同盟者"。无产阶级及其政党如果不发动农民起来斗争,中国革命的成功和无产阶级领导地位是不可能取得的。

---

[1] 中共中央文献研究室、中央档案馆编:《建党以来重要文献选编(1921—1949)》第2册,中央文献出版社2011年版,第219页。

对中国民主革命的内容做了更加完整的规定。指出在"反对国际帝国主义"的同时,既要"反对封建的军阀政治",还要"反对封建的经济关系"。这些都是中国共产党在总结建党以来尤其是国共合作一年来历史经验的基础上,对中国革命问题认识的重大进展。

大会指出,无产阶级在民族革命运动中既要反对"左"的倾向,也要反对右的倾向,而右的倾向是党内主要危险;共产党要保持自己的独立性;要扩大左派,争取中派,反对右派。

大会通过了《中国共产党第二次修正章程》,规定"凡有党员三人以上均得成立一支部",在党的历史上第一次将党的支部规定为党的基层单位。并规定从四大开始对中央委员会委员长的职务,改称为"总书记";地方各级党的执行委员会的委员长职务,改称为"书记"。

党的四大作出的各项决策,为大革命高潮的到来做了政治上、思想上和组织上的准备。此后,全国的革命形势迅速发展,工人运动风起云涌,农民运动轰轰烈烈,大革命的高潮来临了。

党的四大的不足之处是:对如何实现无产阶级的领导权,特别是如何正确处理在同资产阶级争夺领导权过程中的种种复杂问题,并没有作出具体的回答;对政权和武装问题的极端重要性仍缺乏足够的认识。

(二)对党代会代表及相关制度的规定

1925年1月,中国共产党第四次全国代表大会议决《中国共产党第二次修正章程》。党章对党代会代表和相关制度的新规定有:

> 第十四条 全国代表大会或临时会议之代表人数,每

地方必须派代表一人,但人数在百人以上者得派二人,二百人以上者得派三人,以上每加百人得加派代表一人。未成地方之处,中央执行委员会认为必要时,得令其派出代表一人出席。[1]

四大党章还修改了代表名额分配的党员基数和表决权的计算方式。三大党章关于代表制度建设的探索,借鉴苏共党代表大会模式的成分较多。从四大开始,中国共产党结合实际开始进行调整。

关于代表名额的分配。四大结合党员数量迅速增加的实际,提升了党员基数的比例。党的三大召开时,全国党员约有420人。到四大召开时,党员人数已增加到900多人。因此,四大党章规定,全国代表大会或全国临时代表会议的代表人数,每个地方必须派代表1人,人数在100人以上的须派2人,200人以上的须派3人。以此类推,党员人数每增加100名的,增加1名代表名额。

关于代表的表决权。党的三大时,是规定每10人一票,但在四大党章上,则明确规定:各代表表决权以其所代表人数计算。假设某个地方党员人数为150人,按照党章规定须派代表1名,那么,这1名代表的表决权计算数即为150票。代表人数的增加,既是党员队伍发展壮大的体现,也是党内民主在形式上不断扩大的体现。

---

[1] 中共中央文献研究室、中央档案馆编:《建党以来重要文献选编(1921—1949)》第2册,中央文献出版社2011年版,第265页。

二、推选和指定代表

党的四大出席代表20人，代表党员994人。

（一）确定代表名额

根据三大党章"全国代表大会，每年由中央执行委员会定期召集一次"[1]的规定，党的四大本应于1924年召开。

中央就召开全国代表大会问题专门向各地发文征求过意见。关于党的四大的筹备工作，保存下来两份资料：《中共中央关于召开四大致各地党组织的信》（1924年8月31日）和《中共中央关于召开四大的通知》（1924年9月15日）。其中，第一份文件是中央为准备召开第四次全国代表大会，专门致函各地党组织，征求意见。这份文件的署名是"钟英"，为中共中央的化名。目前经有关部门鉴定，这是毛泽东的笔迹。因为党的三大之后，毛泽东当选中央局成员，任中央局秘书。按照三大通过的《中国共产党中央执行委员会组织法》的规定，秘书负责党的内外文书、通信、开会记录和各类文件的管理任务，特别是党的函件，要求由委员长和秘书签字。这是毛泽东在党的历史文献资料中的第一份签字件。这种"开门办会"的方式，体现了党中央在党代表大会筹备方面有了新的进步。

1924年8月31日，中共中央以"钟英"的代号致信通知各地组织四大即将召开，要求各地同志将对于一年来党的政策及实际活动的意见等写成报告汇寄中央局。9月15日，"钟英"

---

[1] 中共中央文献研究室、中央档案馆编：《建党以来重要文献选编（1921—1949）》第2册，中央文献出版社2011年版，第264页。

又向各地方委员会发出召开四大的通知,明确指出党的四大定于当年11月召开,并分配了代表名额,要求各地方党组织提交议案。

作为中央局秘书的毛泽东签署的召开四大致各地党组织的大会通知如下:

> 各区各地方委员会各独立组长:第四次全国大会开会为期不远,各地同志对于本党一年来各种政策,工农,青年,国民党各种实际运动及党内教育上组织上各事必有许多意见,望各区各地方委员会各独立组长发表其所见,并于每个小组会议时将上述各点提出讨论,以其结果报告中央局;同志个人有特别意见者可特别指令他写成意见书由委员会或组长汇寄中央局。中央接到此项报告及意见书,即于最近期(第五六期)党报上发表以为第四次大会各项讨论决议之材料。此次报告及意见书寄来以速为好。望回信。
>
> 莫斯科 钟英
> 八月三十一日[1]

1924年9月15日,中共中央向各区各地方委员会各独立组组长发出的召开四大的通知,现收藏于上海市虹口区党的四大会址纪念馆。其中规定了下列地区和组织应有代表出席党的四

---

[1] 中共四大史料编纂委员会:《中国共产党第四次全国代表大会》,中共党史出版社2004年版,第120页。

大:"广州一、上海一、南京一、济南一、北京一、唐山一、天津一、武汉一、长沙一、安源一、俄组一、法组一、少年一、特请一。"[1]

在名额的分配上,《中共中央关于召开四大的通知》清晰地按照地方或团体列出了代表的分配名额,共涉及10个地方、2个特别组、1个团体和1个特邀代表,共计14个类别,每个类别分配代表名额1名。

不区分党员人数而平均分配1名代表名额的做法,反映了中央在当时的条件下(经费紧张),还不能统筹考虑很多方面(如党员的民主权利等)的现状。同时,这也是造成四大代表人数较三大代表人数减少的一个原因,也违背了三大党章关于代表名额分配的相关规定。

对于还没有设立区委的地方,中央执行委员会认为有必要时,可以直接分配代表1名。按照994人的党员基数计算,代表人数应远不止20人,那么,为什么在四大代表选派问题上,会出现数额减少和与三大党章规定不一致的情形呢?《中共中央关于召开四大的通知》中给出的解释是"因经费及方便之故"。[2]

经费困难是客观存在的原因。经费不足一直是制约中国共产党开展各类活动的重要客观因素,在党的四大召开之前,党内的经费状况极为紧张。1924年9月,陈独秀给共产国际代表维经斯基写信,提到由于经费不足而导致许多方面的工作荒废的现实,

---

[1] 中共四大史料编纂委员会:《中国共产党第四次全国代表大会》,中共党史出版社2004年版,第133页。
[2] 中共四大史料编纂委员会:《中国共产党第四次全国代表大会》,中共党史出版社2004年版,第132页。

希望他们寄7至10月的工作经费。[1]因经费原因压缩代表人数，符合实际情况。

对于"方便之故"，未见到相关资料的解释。只能做一字面的理解，即为了开会方便应涉及开会的环境、内容和人员等问题。

（二）出席代表名单

出席党的四大代表共20人，代表了全国994名党员。出席代表是：陈独秀、蔡和森、瞿秋白、林育南、周恩来、陈潭秋、朱锦棠、彭述之、李立三、李维汉、王荷波、项英、尹宽、谭平山、汪寿华、庄文恭、李逸、阮章、李启汉、范鸿劼。

共产国际代表维经斯基出席了会议。

在党的三大上选出了9名中央执行委员，在此基础上，由陈独秀、毛泽东、蔡和森、谭平山组成了中央局。1923年8月下旬，中共中央机关从广州迁到上海。中央局决定谭平山专任驻广东区中央委员，王荷波任中央局委员。因此，陈独秀、毛泽东、蔡和森、王荷波等第三届中央局委员就是出席四大的当然代表。但毛泽东未参加四大。

谭平山、尹宽、庄文恭、李维汉、陈潭秋、阮章、李逸分别是以党的各地委员长身份出席党的四大。项英、瞿秋白分别是以中央不同机关代表身份出席党的四大。彭述之、周恩来、汪寿华分别是以俄组、法组、特请代表的身份出席党的四大，朱锦棠以安源代表身份出席党的四大。

---

[1] 中共中央党史研究室第一研究部编译：《共产国际、联共（布）与中国革命档案资料丛书》第1卷，北京图书馆出版社1998年版，第529页。

（三）代表的产生

三大党章对党的代表大会代表的产生有明确的规定：一是要有地方性；二是要考虑党员人数；三是表决权问题。三大党章第三章第十四条规定："全国代表大会或临时会议之代表人数，每地方必须派代表一人，但人数在四十人以上者得派二人，六十人以上者得派三人，以上每加四十人得加派代表一人。每地方十人有一票表决权。未成地方之处，中央执行委员会认为必要时，得令其派出代表一人，但有无表决权由大会决定。"[1]到1924年上半年，中共党员人数为650人。如果按上述"每地方十人有一票表决权"的规定，650名党员可以选出65名大会代表，但实际上没有产生那么多的代表，因为党员分布并不是完全平均的10人一处（地）。中共中央1924年要求派出代表的12个地方，都应该是党员人数比较多或工作重要的地区。这12个地区是：广州、上海、南京、济南、北京、唐山、天津、武汉、长沙、安源、旅苏党组织、旅法党组织。除了地区外，分配代表名额的还有青年团代表、特邀代表各一名。这也说明，党的四大的代表，最初考虑的就是14个名额。党的四大召开时，党员分布地区和三大召开时是大致相同的。1923年6月25日马林在向共产国际执行委员会、工会国际和共产国际执行委员会东方部远东局的报告中说道，出席中国共产党第三次代表大会的代表"来自北京、唐山、长辛店、哈尔滨、山东（济南府）、浦口、上海、杭州、汉口、长沙和平江（湖南）、广州和莫斯科（旅莫学生支部）"，共有13

---

[1] 中共中央文献研究室、中央档案馆编：《建党以来重要文献选编（1921—1949）》第1册，中央文献出版社2011年版，第272—273页。

处。和党的三大相比，党的四大新增加的代表所在地区有天津和安源。因为工人运动的发展，党组织的设立，天津和安源也受到重视，专门分配了四大代表的名额。来自天津的党的四大代表李逸1990年2月回忆说："……天津，虽也是工业巨埠，党员充其量不足二十人。党组织成立只有短短不到四个月。实际工作多在S.Y.（中国社会主义青年团。——笔者注）掌握中，而S.Y.组织也仅在1924年5月才成立。只是天津从五四运动以来，在学生、工人以至一般市民中很有潜在的强烈革命意识。"[1]李逸作为天津党组织的代表，准确地表明了当时天津的党员人数不超过20个。

党的三大召开时有党员代表参加的浦口现为南京市辖的一个区，党的四大时代表名额给了南京，没有了浦口，地域范围是扩大了。党的三大时派出代表的长辛店、哈尔滨、杭州和湖南平江，在党的四大时没有分配专门的名额。其原因是长辛店、哈尔滨都属于北方区委，杭州属于设在上海的党组织，湖南平江因为有湖南代表，就没有再单列。从党的四大筹备时确定的代表情况，也可以看出广州、上海、南京、济南、北京、唐山、天津、武汉、长沙、安源、旅苏党组织、旅法党组织等的活动情况。迄今为止，因为资料缺乏，党的四大召开时上述地区的具体党员人数还不清楚。

如果严格按照党的三大规定的"每地方十人有一票表决权"，党的四大代表的产生就有问题。因为按12处地方平均计算，全国994名党员就应有90多票表决权，该如何让代表来行

---

[1]中共四大史料编纂委员会：《中国共产党第四次全国代表大会》，中共党史出版社2004年版，第308页。

使表决权呢？所以，在党的四大通过的《中国共产党第二次修正章程》中取消了"每地方十人有一票表决权"，以及"有无表决权由大会决定"的规定，但是，保留了"每地方必须派代表一人"参加全国代表大会或临时会议的规定。在"未成地方之处，中央执行委员会认为必要时，得令其派出代表一人出席"。在具体比例数上，有较大的调整，即由党的三大规定的"四十人以上者得派二人"，改为"百人以上者得派二人，二百人以上者得派三人，以上每加百人得加派代表一人"。由40人以上产生2名代表，调整为100人以上派2人，这个变化幅度是比较大的。这应该是为了适应党组织发展壮大的需要，以及党的四大召开时遇到的实际问题。按照1924年9月15日中共中央下发的关于召集党的第四次全国代表大会的通知，党的四大代表的产生，应该遵循"推选"的原则。通知规定："应出代表之各地方及俄法两特别组应召集同志大会（不能开大会处召集组长会议）"，推选代表须在规定时间赶到上海，并由中央提供路费，由中央"续寄"给代表。可见，代表产生，采取两种途径：一种是召开党员大会进行推选；一种是召集组长会议即负责人会议进行推选。两种办法，第一种应为首选，第二种为第一种办法不能采取时所用。两种办法的共同特点是依靠集体推选产生。因为资料有限，各地推选代表究竟采取了哪种具体方式尚不能完全确定。但代表天津党组织赴上海出席党的四大的代表李逸，就是中共天津地委推举的。还有一些党员干部非常希望能够出席党的四大，却因为各种原因未能如愿，如陈独秀的长子陈延年。

总的来看，党的四大代表的产生方式与三大基本相同，主要包括各地区推荐选举、中央指派或特别邀请、上届委员会委员自然列入等方式。其中，推选是主要方式。从原始档案《中共中央关于召开四大的通知》，可以看到中央筹备四大的工作和此前的三次党代会相比又有了进步。特别是明确规定代表产生应召集"同志大会"而不是"组长会议"推选，还明确代表应在11月14日前到达上海。虽然党的四大实际召开的日期推迟到1925年1月，但从筹备工作的角度看，明确代表集合日期显然更为规范和必要。

三、代表以工人和知识分子为主

党的四大的20位代表，整体结构仍然延续了党的三大的状况，由知识分子和工人组成。有表决权的代表和其他类型的代表仍有区分。平均年龄与党的三大基本相同（29岁）。

代表来源于三个系统。一是国内知识分子构成的共产党员系统，主要有陈独秀、陈潭秋、李启汉、林育南、谭平山、庄文恭、范鸿劼、李逸8人；二是旅苏、旅法共产党员，有蔡和森、瞿秋白、周恩来、李维汉、彭述之、尹宽、汪寿华、李立三、阮章9人；三是国内由工人阶级构成的共产党员系统，成员有王荷波、朱锦棠、项英3人。

从党的三大到党的四大一年多的时间里，党员人数由三大时的420人发展到四大召开时的994人，其中，工人党员人数占党员总数的50%强。在党的四大20位代表中有3位工人代表，占比15%；同时，其他成分的代表基本上也从事的是领导和组织工人运动的工作。这说明，中国共产党继续朝着马克思主义政党、工人阶级先锋队的方向行进。

四、新人新气象

（一）代表们带着英文课本开会

1925年1月11日，中国共产党第四次全国代表大会在上海举行，会址在虹口区东宝兴路254弄28支弄8号，是租来的一栋三层楼石库门房子。会场设在二楼，布置成学校教室的样子，有黑板、讲台、课桌课椅，代表们每人都带着英文课本，以备如果有人闯进来查问时，就说这里是英文补习班课堂。就这样，党的四大在秘密的氛围中，拉开了帷幕。

由于党的四大会址在抗战期间被夷为平地，因此，长期以来，党的四大会址一直被误认为是上海闸北区横滨路6号。1980年，办理四大会务的郑超麟回忆说："会址是新租来的一幢三层楼石库门房子，地点在上海去吴淞的铁路旁边，当时是'中国地界'，但距越界筑路的北四川路不远，通过川公路可以到北四川路……我们都在后门出入，楼下客堂间怎样布置，我没有留下印象。会开完后，工人部拿去这幢房子做什么机关。""那时到现在55年了，上海经过战争，铁路两旁破坏特甚，这幢房子恐怕已不存在了。即使存在，但因同类型的房子有好多幢，我也不能指实。房子是背靠铁路，面向北四川路的。"[1]后经现场确认，上海市政府颁发了沪府1987年106号文件，文件明确指出：中国共产党第四次全国代表大会会址遗址是虹口区东宝兴路254弄28支弄8号。党的四大的地址才得以确认。

---

[1] 中共四大史料编纂委员会：《中国共产党第四次全国代表大会》，中共党史出版社2004年版，第318页。

(二)新人新气象

大会的向导郑超麟陆续将陈独秀、蔡和森、周恩来、李维汉、彭述之、李立三等20名代表带入会场。在三张八仙桌拼接成的会议桌旁,陈独秀端坐正中,用铿锵有力的语调作了第三届中央执委会的工作报告。他虽然只有46岁,但由于一直担任共产党的领导人,被党员们私下称为"老头子"。彭述之向大会作了关于共产国际五大的情况和决议精神的报告。他是中共旅莫支部推选的代表,也是共产国际指派的人员,所以未经选举便直接参会,并且当选中央宣传部主任,俨然成为这次党代会上迅速崛起的政治新星。维经斯基带来了亲自起草的两项政治议决案,并由瞿秋白译成中文。这次会议上,博学多才的瞿秋白第一次当选中央局委员,此后他曾两度担任中国共产党的最高领导人。在生命最后写就的《多余的话》里,他对自己在这一时期的经历,有一番自我评价:"而一九二五年一月共产党第四次全国代表大会,又选举了我的中央委员。这时候,就简直完全只能做政治工作了。我的肺病又不时发作,更没有可能从事于我所爱好的文艺。虽然我当时对政治问题还有相当的兴趣,可是有时还会怀念着文艺而'怅然若失'的。"

周恩来担任了大会主席。当时的周恩来27岁,1924年8月从巴黎回国,10月份担任黄埔军校的政治部主任。初次主持大会的周恩来,明敏干练,应付自如,对大会上的许多问题都给予很好的总结提炼,充分表现出一位出色的行政人才的本领,给与会代表留下深刻印象。[1]湖南代表李维汉不苟言笑,每遇争论

---

[1] 中共四大史料编纂委员会:《中国共产党第四次全国代表大会》,中共党史出版社2004年版,第308页。

时,先不说话,到最后才站起来斩钉截铁地总结,因此被人戏称为"实力派"。当天津代表李逸搭乘太古公司的客轮赶到会场时,他只是位党龄最浅的年轻人。多年后他撰写的《中共"四大"会议琐记》,揭开了一位长期被历史"遗忘"的代表:唐山的阮章。会议期间的食宿细节,给李逸留下了深刻印象:吃的不过是塌棵菜加零星的五花肉片;他和部分外地代表和衣睡在三楼的阁子间,半夜冻得瑟瑟发抖;会后又滞留上海,孤寂地度过了农历新年。

(三)党的四大代表的结局

党的四大的20位代表中,共有10位烈士,即蔡和森、瞿秋白、林育南、陈潭秋、李启汉、王荷波、项英、汪寿华、阮章、范鸿劼;5位参加了新中国建设,即周恩来、李维汉、李立三、谭平山、庄文恭;5位因各种原因脱离了组织,即陈独秀、彭述之、尹宽、朱锦棠、李逸。

除此前介绍过的代表外,余下11位,介绍如下。

周恩来(1898—1976),原籍浙江绍兴,生于江苏淮安。中华人民共和国开国总理。1921年加入中国共产党,是伟大的马克思主义者,党和国家主要领导人之一,是以毛泽东为核心的党的第一代中央领导集体的重要成员。一生勤奋工作,严于律己,关心群众,被称为"人民的好总理"。1976年1月8日在北京逝世。

李维汉(1896—1984),湖南长沙人。1919年赴法国勤工俭学。1922年底加入中国共产党。1923年4月接替毛泽东任中共湘区执行委员会(后改称中共湖南区执行委员会)书记。大革命失败后中共中央改组,与张国焘、周恩来、张太雷、李立三组成中共中央临时常务委员会。党的六大在苏联境内召开时和任弼时等留守国内主持中央日常工作。1931年赴莫斯科学习。1933年赴中央革命根据地。长征到达陕北后，1937年5月起担任中央党校校长、中央宣传部副部长等。1946年4月，参加国共谈判。1949年，参加中国人民政治协商会议。新中国成立后一直在统一战线和民族宗教岗位工作。1984年8月在北京逝世。

李立三（1899—1967），湖南醴陵人。中国工人运动的杰出领导人。1919年赴法勤工俭学。1921年12月回国，加入中国共产党，开始参与和领导工人运动。1927年参加南昌起义。1928年党的六大后，参与党中央主要领导工作，受共产国际"左"倾指导思想的影响，犯了"左"倾错误。1930年9月在党的六届三中全会上承认错误并做了自我批评。同年底按照共产国际要求前往莫斯科。随后15年的时间按照共产国际的决定留在苏联。没有参加党的七大，但仍被选为中央委员。1946年初回国。新中国成立后主持全国总工会的工作。1967年6月离世。1980年，中共中央为其开追悼会并平反，恢复名誉。

李启汉（1898—1927），湖南江华瑶族自治县人。中国共产党创建时期最早的党员之一，著名的工人运动领袖。1920年参加中国共产党上海早期组织。1921年7月参与领导上海英美烟厂工人大罢工。8月参加创办上海第一工人补习学校，培养工人运动骨干。支援香港海员大罢工，参加上海工人的罢工运动，参与领导省港大罢工。1927年4月15日广州军阀发动反革命政变，当天凌晨被捕。在被敌人押往监狱途中，昂首阔步，怒目而视，大骂国民党反动派卑鄙无耻，高呼"中国共产党万岁"等口号。被审讯时大声说："我是做工农运动的，你要说我是共产党，那么，所有工农都是共产党了！"不久被敌人秘密杀害，时年29岁。

范鸿劼（1897—1927），湖北鄂州人。1920年10月北京共产党早期组织成立，是最早的成员之一。1922年7月至1923年6月任中共北京地方委员会委员长。1923年7月至1927年在中共北方区委工作，主编北方区委机关刊物《政治生活》。1927年初，被中共中央调到武汉工作。但看到北方的困难形势，再三要求，经中共中央批准回到北京继续协助李大钊领导革命群众运动。同年4月6日张作霖不顾国际惯例，竟到使馆区内搜捕革命党人，不幸被捕，在狱中坚贞不屈。4月28日，与李大钊等人大义凛然地走向刑场，牺牲时年仅30岁。

庄文恭（1901—1965），浙江绍兴人。1921年1月与华林、罗亦农等12名青年赴苏联东方劳动大学学习。1922年6月回上海，并由青年团员转为中国共产党党员，在中共中央机关报《向导》周报工作。1927年，在党的五大上当选为中央候补委员。6月任中共浙江省委书记。9月经中央批准后，在沪养病。后考虑到实际情况，经党中央批准暂时脱党。新中国成立后，主动写信给刘少奇，要求恢复党籍。鉴于类似情况较多，刘少奇复信同意其重新加入中国共产党而不是恢复1922年开始的党籍，并请其到中央工作，其后在商务部工作直至1965年因病去世。

阮章（1902—1926），广东中山人。1922年4月加入中国共产党，同年8、9月间，任中国共产党唐山地方执行委员会组织委员。组织南厂、开滦、启新、华新等厂矿的工人于9月初成立了唐山劳动立法大同盟。同年10月13日领导了南厂工人大罢工。随后被选为开滦五矿罢工总指挥部的成员之一，坚持罢工25天。1924年2月7日后代理中共唐山地委书记。1925年8月调到东北锦州机务段任副稽查，以此为掩护，进行革命工作，利用敌人的矛盾，保护工人利益。因积劳成疾，患了严重的肺结核病，1926年3月病逝，享年24岁。

尹宽（1897—1967），安徽桐城人。1919年11月赴法国勤工俭学。1923年加入中国共产党。同年12月被派赴苏联莫斯科东方大学学习，1924年夏结业回国到上海，任中共中央局秘书，协助陈独秀处理党中央日常事务。1927年参与上海工人第一、二、三次武装起义的组织工作。1927年四一二反革命政变后，任中共中央宣传部秘书、宣传科科长。1929年春到上海追随陈独秀。同年11月被开除党籍。1931年8月被国民党当局逮捕入狱，后释放。1935年再次被捕入狱，全面抗战爆发后被释放。此后从事著述。1967年7月11日因病于桐城去世。

朱锦棠（1895—1966），湖南醴陵人。1922年前后加入中国社会主义青年团，是安源路矿工人俱乐部的领导人之一。后加入中国共产党（入党时间不详）。在党的四大上当选中央执行委员会候补委员。1928年6月，任上海赤色救济分会党团书记。从事反对白色恐怖、争取释放政治犯、营救被捕同志、慰问蒙难者家属等工作。1933年1月奉命由汕头转移到香港，从事地下工作。1934年6月与党组织失去联系，自动脱党。全面抗战爆发后，在上海积极参加收容难民工作，直到1943年收容遣送工作结束。1947年7月回家乡务农。1966年8月病故。

彭述之（1895—1983），湖南邵阳人。1921年冬加入中国共产党。1921年8月入莫斯科东方大学学习。是中国共产党莫斯科支部负责人之一。1924年8月回到上海主编中共中央机关报《向导》周报和《新青年》。在党的四大当选为中央执行委员会委员、中央局委员。四大后至1927年5月任中共中央宣传部主任。在党的五大上当选为中央委员。1928年4月中共中央政治局通过决议，将其开除出中央委员会。1929年11月被开除出党。1932年10月被国民党政府逮捕入狱，全面抗战爆发后获释。1948年底迁往香港。1950年流亡越南，不久移居欧洲。1973年赴美国定居。1983年11月在美国去世。

李逸（1901—1993），天津宝坻人。1924年前后加入中国共产党。1925年8月因参与组织印刷、海员、码头和纺织工人联合大罢工遭到军阀镇压，被捕入狱，同年底出狱。1927年底前曾任中共天津市委书记。1928年2月代理中共北京市委书记。1929年在中共顺直省委负责宣传工作。1931年2月被捕。1933年春获释后辗转进入东北军。全面抗战爆发后，致力于抗日宣传。1949年离开上海到香港，先后担任《中国时报》主笔、总编辑，曾兼任《星岛日报》主笔。20世纪70年代初在美国定居。1993年3月在美国病逝。

第五章
五大代表：代表阶层多样化

时间：1927年4月27日至5月9日
地点：武汉
关键词：民主集中制　中央监察委员会

一、党的建设

（一）会议的主要内容

1927年蒋介石发动四一二反革命政变，大肆屠杀共产党人和革命群众，大革命局部遭到了严重失败。此后，全国形成了三个政权，即原来的北洋军阀政府，上海、南京的蒋介石政权和武汉国民政府。面对错综复杂的矛盾和尖锐激烈的斗争，中国共产党需要对形势有清醒的认识并采取果断行动，才能挽救革命。党的五大就是在这大革命正处于紧急关头的非常状态下召开的，全体党员期望这次大会能正确判断当前局势，回答大家最为关注的如何在危急中挽救革命的问题。

1927年4月27日，中国共产党第五次全国代表大会在武昌第一小学开幕。出席大会的代表有：陈独秀、蔡和森、瞿秋白、毛泽东、任弼时、刘少奇、邓中夏、张国焘、张太雷、李立三、李维汉、陈延年、彭湃、方志敏、恽代英、罗亦农、项英、董必武、陈潭秋、苏兆征、向警予、蔡畅、向忠发、罗章龙、贺昌、阮啸仙、王荷波、彭述之等80多人，代表着57900多名党员。共产国际代表罗易、多里奥、维经斯基等也出席了大会。与前四次代表大会相比，党的五大是一次半公开举行的党代会。除党内代表外，参加开幕式的还有共产国际代表，国民党代表，英、法、美、苏等国共产党代表，工、农、青群众组织代表等。1927年4月29日后，会议迁至汉口黄陂会馆举行。

陈独秀代表第四届中央执行委员会向大会作了《政治与组织的报告》，涉及中国各阶级、土地、无产阶级领导权、军事、国共两党关系等11个问题。共产国际代表团团长罗易作了题为《中国革命问题和无产阶级的作用》的讲话。大会通过了《中国共产党第五次全国代表大会接受〈共产国际执行委员会第七次扩大全体会议关于中国问题决议案〉之决议》《政治形势与党的任务议决案》《土地问题议决案》《职工运动议决案》《组织问题议决案》《对于共产主义青年团工作决议案》《中国共产党第五次全国代表大会宣言》。大会还发表了《为"五一"节纪念告世界无产阶级书》和《为"五一"节纪念告中国民众书》。

1927年5月9日，党的五大选出了新的中央委员会，在随后召开的中央五届一中全会上，选举产生了新的领导机构。陈独秀、蔡和森、李维汉、瞿秋白、张国焘、谭平山、李立三、周恩来为中央政治局委员；苏兆征、张太雷等为候补委员。选举陈独秀、张国焘、蔡和森（后增补瞿秋白、谭平山）为政治局常务委员会委员（周恩来曾代理常委）。陈独秀继续为总书记。张国焘、蔡和森、周恩来、李立三、谭平山分别担任组织、宣传、军事、工人、农民部部长。

党的五大是在四一二反革命政变发生后仅半个月这样一个非常状态下召开的。全党期待着这次大会能清醒地判断当前局势,回答人们最焦虑的如何从危机中挽救革命的问题。可是,这次大会没有能满足全党的期望。它认为:中国的资产阶级已经叛变,中国革命到了建立"工农小资产阶级的民权独裁制"阶段,"应该以土地革命及民主政权之政纲去号召农民和小资产阶级",使革命"向非资本主义之发展方面进行"。[1]这些在当时都是脱离实际的空谈。把蒋介石的叛变看作是整个民族资产阶级都已叛变,这种看法并不符合事实,在以后导致对资产阶级采取过左的行为。它又把汪精卫看作小资产阶级的代表,导致对汪精卫和由他控制的武汉政府采取右的迁就主义政策,对其可能的背叛丧失警觉。会议对右倾错误提出了批评,但对无产阶级如何争取领导权,如何领导农民进行土地革命,如何对待武汉国民政府和国民党,特别是如何建立党的革命武装等迫在眉睫的重大问题,都未能作出切实可行的回答,因此,难以承担在生死存亡的危急关头挽救大革命的重任。真正结束中央所犯的右倾机会主义错误,制定正确的土地革命和武装起义方针,是在三个月后的八七会议上完成的。

大会正式提出党内实行民主集中制的组织原则,并选举产生了党的历史上第一个中央纪律检查监督机构——中央监察委员会,这在党的建设史上有重要意义。

党的五大创造了多个"第一":第一次在党的全国代表大会

---

[1] 中共中央文献研究室、中央档案馆编:《建党以来重要文献选编(1921—1949)》第4册,中央文献出版社2011年版,第175、180、175页。

上宣布蒋介石实行的是法西斯统治；第一次提出要争夺对民主革命的领导权；产生了党的第一个解决农民土地问题的文献；第一次强调在南方坚持和发展革命根据地；第一次提出并设立中央监察委员会；第一次提出"政治纪律"概念并将其置于突出地位；第一次将"民主集中制"原则写入党章；第一次把党与青年团的关系列入党章；第一次设立主席团、主席台；第一次规定入党者的年龄必须在18岁以上。

（二）对党代会代表及相关制度的规定

1927年6月1日，中央政治局会议议决《中国共产党第三次修正章程决案》。对党代会代表和相关制度的新规定有：

第十二条　党部的指导原则为民主集中制。

第十三条　按照民主集中制的原则在一定区域内建立这一区域内党的最高机关，管理这一区域内党的部分组织。

党部之执行机关概以党员大会或其代表大会选举，上级机关批准为原则，但特殊情形之下，上级机关得指定之。

第十四条　地方党部对于地方部分的问题有自行解决的权利。

第十五条　各级党部最高的机关为：全体党员大会及代表大会。

第十六条　全体党员大会及各级代表大会选举各级委员会。委员会在大会闭会期间为该级党部最高权力机关，执行并指导党务及政策。

第十七条　党的组织系统为：

全国——全国代表大会——中央委员会

省——省代表大会——省委员会

市或县——市或县代表大会——市或县委员会

区——区代表大会——区委员会

生产单位——支部党员全体大会——支部干事会

第二十一条　党的最高机关为全国代表大会，全国代表大会每年由中央委员会召集一次；中央认为必要时或有三分之一党员及三分之一省的党部之请求得召集全国临时代表大会；中央已经决定或三分之一的党员及三分之一省的党部请求之临时代表大会，中央须在两个月内实现之。全国党的代表大会之召集与大会之议事日程，中央委员会须在大会前一个半月公布；全国代表大会须有代表全体党员之过半数方为合法，代表人数百分率由中央委员会规定之。

第二十二条　党的全国代表大会工作为：

1．讨论与批准中央委员会、中央监察委员会及其他中央各部工作的报告。

2．审察与修改党纲及党章。

3．决定一切重要问题政策的方针。

4．改选中央委员会及监察委员会及其他等等。

第二十三条　中央委员会及中央监察委员会人数由大会规定，遇中央执行委员或中央监察委员离职时由候补委员按次递补。

第六十一条　为巩固党的一致及威权起见，在全国代表大会及省代表大会选举中央及省监察委员会。

第六十二条　中央及省监察委员，不得以中央委员及省委员兼任。

第六十三条　中央及省监察委员，得参加中央及省委员会议，但只有发言权无表决权。遇必要时，得参加相当的党部之各种会议。

第六十四条　中央及省委员会，不得取消中央及省监察委员会之决议，但中央及省监察委员会之决议，必须得中央及省委员会之同意，方能生效与执行。遇中央或省监察委员会与中央或省委员会意见不同时，则移交至中央或省监察委员会与中央或省委员会联席会议，如联席会议再不能解决时，则移交省及全国代表大会或移交于高级监察委员会解决之。

第六十七条　党的一切决议取决于多数，少数绝对服从多数。党员及下级机关对于上级机关决议不同意时，得各该党部过半数党员的同意，得对于上级机关提出抗议，但在抗议时期内，未解决以前仍须执行上级机关之命令。[1]

党的五大召开前，中央政治局常委会对党章进行修订，形成了新的党章议决案。《中国共产党第三次修正章程决案》是中国共产党历史上唯一一部不是由党的代表大会制定和修改的党章。这是比较特殊的一点，从中可以看到党当时所处的危急局势。

---

[1] 中共中央文献研究室、中央档案馆编：《建党以来重要文献选编（1921—1949）》第4册，中央文献出版社2011年版，第268—270、274—275页。

《中国共产党第三次修正章程决案》从内容到体例,都做了根本性的修改,为后来党章的内容和结构提供了范本。

《中国共产党第三次修正章程决案》有如下特点:

1. 设立"党的建设"章节,规范党的组织系统

《中国共产党第三次修正章程决案》首次增加了"党的建设"一章,体现了党加强自身建设的巨大进步。

第一次明确了党的指导原则是民主集中制。党是按照民主集中制的原则建立起来的。这表明党内民主制度有了重大突破,取消了二大党章以来关于地方执行机关实行推举制度的规定,改为各级党部的执行机关一律由党员大会或党代表大会选举产生并由上级机关批准。这是一个总的原则。特殊情况下,上级机关可以对下级党部的执行机关进行指定。把发展党内民主的原则性和具体实际的灵活性结合起来。

第一次将党的组织系统分为全国、省、市或县、区、生产单位五级。每一级组织都建有相应的代表大会和委员会。对党的中央组织、省的组织、市及县的组织、区的组织和党的支部的地位、任务、活动方式等内容,分别用专章加以规定,改变了此前将各级党组织统称为"组织"并放在一起加以规范的做法。规定"各级党部最高的机关为:全体党员大会及代表会议"。各级党组织实行代表大会制度和委员会制度,并规定各级党部下设组织、宣传、妇女等职能部门,以加强党的领导机关的工作。

第一次规定了中央政治局和中央政治局常委会的设置和组成。中央委员会选举若干名正式委员组成中央政治局,其任务是指导全国一切政治工作,选举中央政治局候补委员。候补政治局委员参加政治局会议时,只有发言权,没有表决权。正式政治局

委员离职时，候补政治局委员依次递补。中央政治局由中央委员会全体会议进行改组。中央政治局互推若干人组成中央常务委员会处理党的日常事务。这项规定健全了党的中央机关，有利于增强党的集体领导，特别是在当时革命的关键时刻，至关重要，也为以后党的中央机关的组织建设奠定了基础。中央政治局这一组织机构一直保留至今。

第一次规定了追认制度。区委员会以下各级党部的成立在必须得到区委员会批准的同时，还必须得到市或县委员会的追认才算正式成立。

第一次规定"支部是党的基本组织"，"支部是党与群众直接发生关系的组织"。规定了支部的六项工作，包括宣传和组织群众，教育、吸收党员，讨论党的重要问题等。

党的根本指导原则的提出和组织系统的健全，标志着中国共产党在组织建设方面的成熟，对于巩固党的组织基础具有重要的作用和意义。

2. 代表大会制度的完善

从《中国共产党第三次修正章程决案》看，党的全国代表大会制度也有了巨大进步。

一是关于全国代表大会召开的相关规定。明确了党代表大会的议程提前公布。三大、四大时，虽然已经采取了这种做法，但没有写入党章，上升到党内法规的高度，因此，《中国共产党第三次修正章程决案》在这方面是有开创性的，规定中央委员会须在大会前一个半月公布议程。提前公布议程，有利于各级党组织提前了解党代表大会的核心议题，有利于代表提前进入履职状态，有较为充足的时间征求所在党组织党员的意见，以便将意见汇总并带到党的代表大会上去。

二是首次用专门条款规定了党的全国代表大会的四项工作任务。正式提出了党的全国代表大会的职权是：讨论与批准中央委员会、中央监察委员会及其他中央各部工作的报告；审察与修改党纲及党章；决定一切重要问题政策的方针；改选中央委员会及监察委员会；等等。

三是对全国代表大会召开的合法性进行规定，明确"全国代表大会须有代表全体党员之过半数方为合法"。

四是代表名额由中央决定。"代表人数百分率由中央委员会规定之。"

以上内容既有对以往代表大会经验和成果的总结，也有结合实际的创新。而代表大会的职权与代表的职权息息相关，因此，这一变化对于代表制度建设更具影响力。

3. 对党的监督机关和党的纪律的规定

中国共产党的纪律检查机构——中共中央监察委员会在党的五大上诞生。《中国共产党第三次修正章程决案》专章规定了监察委员会的地位和组成等内容，以党章的形式确定了纪检机构的地位。同时，规定"为巩固党的一致及威权起见，在全国代表大会及省代表大会选举中央及省监察委员会"，确立了中央及省监察委员会的权威地位。

《中国共产党第三次修正章程决案》首次规定在中央、省设立党的监察委员会。主要内容有两个方面：一是规定了两级监察委员会与中央和省委的相互制约关系。各级监察委员会由同级党的代表大会选举产生；中央及省监察委员会的决议，必须征得中央及省委员会的同意，才能生效和执行；但是，如果中央及省委员会不同意中央及省监察委员会的决议，不能加以取消，在两者意见不同时，将监察委员会的决议移交两者共同参加的联席会议讨论解决；如果联席会议还不能解决时，则移交省级代表大会、全国代表大会或高级监察委员会解决。二是对监察委员做了一些限制性规定，如不得兼任中央委员和省委委员；监察委员可以参加同级党委会议，有发言权但无表决权，必要时可以参加同级党的各种会议。

关于党的纪律。首次规定了对党部实行警告、改组或举行总的重新登记（解散组织）三种处罚方式；改变了以往只对党员实行开除的做法，增加了警告、在党内公开警告、临时取消党内工作、留党察看四种处罚方式。此外，还规定对于违纪行为须经党委会、党员大会或监察委员会依合法手续审查。

二、按区域推选代表

党的五大出席代表80多人，代表党员57900多人。

（一）五大召开前的党员人数

党的五大的代表数额和当时全国的党员人数有关。1927年1月，共产国际代表维经斯基给联共（布）驻共产国际执行委员会代表团的信中，提出了中共五大每300名党员产生一名代表的标准。当时全国已有2.5万名党员，所以，党的五大可以选"100多人为有表决权的正式代表，近50人为列席代表"。[1]1927年11月，中共中央规定，党的六大代表的产生，以500名党员选出

---

[1] 中共中央党史研究室第一研究部编译：《共产国际、联共（布）与中国革命档案资料丛书》第4卷，北京图书馆出版社1998年版，第97页。

一代表为标准，500人以下的党部，"亦得选一有表决权的代表；无表决权的代表各省党部亦得选派，但必得中央的同意"。[1]

党员总数是决定党的代表大会代表规模的一个重要依据。中国共产党1921年7月召开第一次全国代表大会时，仅50多名党员，参加大会的代表为13名。到1925年1月召开党的四大时，有党员994名，参加大会的正式代表20名。到1925年9月时，党员发展到3164名。1926年2月发展到8000名，到7月增加到18526名。到召开五大时，已有党员57967名。[2]

（二）代表产生

从现有的材料看，党的五大代表是按区域推选产生的。党的五大召开时，中共中央直属的地方党组织，共有八个区委、六个地委。

八个区委是：北方区委（包括北京、河北、吉林、山西、绥远、察哈尔和热河）、湖南区委、湖北区委、江浙区委（包括江苏、浙江、上海和安徽之沿津浦路的部分）、广东区委（包括广东、广西及福建南部等地）、江西区委、河南区委、陕甘区委。

六个地委是：山东地委、福州地委、南满地委、北满地委、安徽芜湖地委、四川重庆地委。

另外，在莫斯科、海参崴、日本、法国等地，都有中国共产党党员，并设有通讯处或支部。

各地的代表多数是通过会议推选的方式产生。这个"会议"

---

[1] 中共中央党史研究室、中央档案馆编：《中国共产党第六次全国代表大会档案文献选编》上卷，中共党史出版社2015年版，第5页。

[2] 中共武汉市委党史研究室、中共五大会址纪念馆编著：《中国共产党第五次全国代表大会》，中共党史出版社2007年版，第56页。

不是一般的党员会议，主要是领导机关的会议，如湖南区委会议、广东区委会议。

1927年2月间，中共广东区委根据中央的通知召开会议，研究推选五大代表的问题。会议选举了陈延年、彭湃、苏兆征、黄平、李鸣和区梦觉等作为广东的代表出席大会。同时，团广东区委也选出了区夏民、伍治之、许玉馨三人作为广东的代表，出席共青团第四次全国代表大会。3月底，陈延年、彭湃、苏兆征、黄平、李鸣和区梦觉与三位团的代表同路，由广州出发，步行到韶关，过九峰山到湖南耒阳，然后坐小船经衡阳，在长沙坐火车到武汉，一路走了十多天的时间。[1]

湖北代表的产生由会议推选。据党的五大代表雷晓晖回忆，她和聂荣臻等被湖北区委会议选为出席党的五大的代表。但是1927年4月10日，中共中央执行委员会、湖北区委和共产国际代表团联席会议决定，派聂荣臻和陈延年、李立三等到上海协助周恩来解决工人纠察队的问题。他们4月12日乘轮船到南京，再乘苏联顾问的专车赶往上海。待5月下旬聂荣臻同周恩来从上海赶回武汉时，五大会议已经结束了。

上海代表产生于4月中旬。中共上海区委主席团召开会议，讨论和研究了代表问题，经过商量，决定派出罗亦农、张佐臣、庄文恭、赵济猛、杨培森、杨阿根、郑复他、顾顺章、王根英、林钧，以及宁波农运一人、南京一人、妇女一人等13名代表出席大会。之后上海区委全体会议再次讨论了赴会代表提案问题，

---

[1] 中共武汉市委党史研究室、中共五大会址纪念馆编著：《中国共产党第五次全国代表大会》，中共党史出版社2007年版，第272页。

又新增了李震瀛为党的五大代表。其中罗亦农当时担任中共上海区委书记，参加党的五大后，中央指定陈延年为代理书记。中共上海区委书记罗亦农曾以全体会议的方式提出要陈延年参加大会，建议由赵世炎代理书记，并决定致电中央同意。但在武汉的中央并没有答复，等于实际上否定了上海的意见。

湖南省的五大代表组织了代表团，团长是李维汉，代表有彭公达、彭述之、邓中夏、易礼容、李立三、刘少奇、毛泽东等。代表们于3月底前抵达武汉。[1]

受革命形势的影响，部分代表未经组织推选，而是被组织指派参加的。北满地委的五大代表是胡步三。本来北满地委推选出的代表是地委书记吴丽石，但当时北满党组织遭到破坏，吴丽石需要返回北满进行处理，只好电令时在上海的胡步三作为北满地委的代表赶赴武汉。四川代表是吴玉章，但他时任中共重庆地方执行委员会委员、宣传部主任，同时担任国民党中央执行委员，公务繁忙无法参会，因此由李嘉仲代为参加。

（三）代表人数

出席党的五大的有来自北方、广东、湖南、湖北、河南、山东、山西、四川、江西、安徽、江浙等11个省区的代表，还有青年团的代表。

迄今为止，关于有多少名党的五大代表，有不同的说法。据中央档案馆保存的1927年6月7日的《上海区委各部委党团书记联席会议记录》，出席党的五大的正式代表是82人。同时，据

---

[1] 中共武汉市委党史研究室、中共五大会址纪念馆编著：《中国共产党第五次全国代表大会》，中共党史出版社2007年版，第274页。

党的五大召开时苏联《真理报》的介绍："大会的主要成员构成：工人11人，知识分子70人，其中女性代表共5人"[1]，则是81人。这和通常的正式代表82人的说法很接近。

由中央组织部和中央档案馆编纂的《中国共产党组织史资料》列出的党的五大代表为44人，同时还说明周恩来为五大代表，因当时在上海未能出席会议，所以实际出席大会的代表为43人，其中有女代表6人。

2014年上海人民出版社出版的《中国共产党第一至第六次全国代表大会代表名录》采用的正式代表名单为96人。依汉语拼音排序，他们是：安幸生、蔡畅、蔡和森、蔡以忱、陈碧兰、陈独秀、陈镜湖、陈乔年、陈潭秋、陈为人、陈佑魁、陈昭礼、邓洁、邓恩铭、邓中夏、董必武、多松年、方志敏、顾顺章、郭亮、贺昌、黄平、黄平万、胡步三、雷晓晖、李立三、李沐英、李嘉仲、李涤生、李求实、李维汉、李文宜、李震瀛、林钧、林育南、刘伯庄、刘昌群、刘竣山、刘少奇、陆沉、陆定一、罗珠、罗亦农、罗章龙、毛泽东、潘心源、潘云波、彭湃、彭公达、彭述之、区梦觉、瞿秋白、任弼时、阮啸仙、苏兆征、谭平山、田波扬、王根英、王荷波、王鸿钧、王若飞、王亚璋、王仲一、吴澄、吴芳、吴克坚、夏曦、向钧、向警予、向忠发、项英、萧三、熊季光、许白昊、薛六、杨匏安、杨阿根、杨培森、杨之华、易礼容、尹宽、恽代英、张国焘、张宗一、张金保、张太雷、张佐臣、赵济猛、赵世兰、郑超麟、郑复他、钟善辅、周

---

[1]中共武汉市委党史研究室、中共五大会址纪念馆编著：《中国共产党第五次全国代表大会》，中共党史出版社2007年版，第244页。

冷波、周治中、庄文恭、卓兰芳。

同时,《名录》列出尚未完全确定代表资格和旁听人员23人,他们是:陈赓、陈荫林、高语罕、何资琛、李民、李子芬、廖如愿、龙大道、黄锦辉、王瀛、王家谟、王一飞、温裕成、乌文献、吴雨铭、邢仁娣、徐玮、叶挺、张云逸、周振声、朱锦棠、朱少连、朱务平。

上述列入代表名单的96人中,因为正式代表、列席代表等不能严格区分,所以均列为代表;尚未完全确定代表资格和旁听人员为23人,共计119人。

由中共中央党史研究室著的《中国共产党的九十年》一书里,确认五大代表人数是82人[1]。本书采用这一说法。

三、代表由工人、农民和知识分子构成

党的五大代表共82人,代表着5.7万多名党员。其中工人占50.8%,农民占18.7%,知识分子占19.1%。共产国际代表罗易、多里奥、维经斯基等出席了大会。国民党代表徐谦、孙科、谭延闿等也应邀出席。

五大代表呈现出以下几个特点:

第一,代表人数与此前相比增幅很大。党代表大会代表的数量与党员人数密切相关。党的五大代表增至80余人,是党的四大时的四倍多,反映了党员队伍迅速壮大的现实。根据共产国际代表维经斯基的建议,中共五大可以选100多名有表决权的正

---

[1] 中共中央党史研究室:《中国共产党的九十年·新民主主义革命时期》,中共党史出版社2016年版,第91页。

式代表、近50名列席代表。另外，人数倍增的原因还与当时武汉地区相对宽松的形势有关。当时的武汉国民政府名义上还打着国共合作的"旗子"，表面上并未进行反革命行动。五大召开时，汪精卫等国民党党政要员还亲自到会祝贺，这为更多代表聚会武汉提供了相对宽松的环境。

第二，代表成分有所扩大。伴随人数增加，党的五大代表的成分更为多样，工人、农民、知识分子、军人等均有代表参加。其中，工人和知识分子代表仍然占据主流。另外，五大代表中的女性代表较之以前明显增多，目前已知参与五大的女性代表至少有14位，分别为：向警予、蔡畅、杨之华、区梦觉、张金保、王根英、王亚璋、雷晓晖、李文宜、李沐英、陈碧兰、熊季光、赵世兰、吴澄等。其中，张金保是已知唯一一位女性工人代表。据她回忆，当时武汉第一纱厂有名男性工人也叫张金保，也是共产党员，两人还在同一个工人武装训练班里一起学习过。五大开幕时，大会秘书处将会议通知送给了男性的张金保，直到报到后才发现通知错了。待到重新通知她时，会议已经开幕了，因此，她晚到会一天。[1]

第三，代表出席会议方式没有特别严格的规定和要求。党的五大从1927年4月27日开幕，至5月9日结束。同以往的代表大会一样，代表出席会议没有明确而严肃的纪律约束。开会期间，不是所有代表都能每天出席。据郑超麟、罗章龙的回忆[2]，

---

[1] 张金保：《张金保回忆录》，湖南人民出版社1985年版，第136页。
[2] 郑超麟的回忆见《郑超麟回忆录》（上），东方出版社2004年版，第421页；罗章龙的回忆见《回忆张太雷》，人民出版社1984年版，第70页。

尹宽没有出席五大的开幕式；广东区委代表谭平山，当时担任武汉国民政府农政部部长，5月6日参加了国民党中央土地委员会举行的第六次扩大会议，因此，也应该无法参加五大当日的会议；湖北区委代表聂荣臻，虽然被推选为五大代表，但自始至终没有出席会议。由于五大代表住处较为分散，没有作统一安排，有的代表住在机关，有的住在旅馆，因此，代表出席会议情况就很难把握。这也反映出五大代表人数激增之后，在会议的组织方面还缺乏一定的经验，在严肃会议纪律方面，还受到诸多主观和客观因素的影响。

四、信仰的力量

（一）党的五大的"特例"

1. 严峻形势下召开的会议

党的五大是在蒋介石发动四一二反革命政变半个月之后的严峻形势下召开的。形势严峻到什么程度呢？

一是出席党的五大的82名党员代表几乎都是被蒋介石通缉的共产党"首要分子"。

二是党的五大召开的第二天，也就是1927年4月28日，年仅38岁的李大钊在北京被杀害。关于李大钊蒙难的情景，北京《晨报》留下了这样的记录：着灰布棉袍，青布马褂，俨然一共产党领袖之气概，态度极从容，毫不惊慌。党的重要创始人在党的第五次代表大会召开之际英勇就义，反映了当时中国共产党面临着极端恶劣的政治环境。

三是各地组织生存环境日益艰难，秘密的党组织遭到破坏，公开活动的转为地下，原定代表不能与会。1927年4月，北满地区负责人被捕，党组织损失严重，党员由140多人减为30人，以致原定五大代表北满地委书记吴丽石不能参会。在上海，原工人纠察队骨干成员或由公开活动转入秘密状态，或离开上海。五大代表聂荣臻需要处理此事，因此也未能参会。

2. 国民党代表参加中共五大

中共五大代表人数创下了建党以来的最高纪录。国民党领导人徐谦、谭延闿、孙科亲自出席大会的开幕式，这在党的历史上是第一次。

1927年3月13日，国民党中央二届三中全会通过了《统一革命势力决议案》，并决定恢复国民党二届二中全会成立、但曾一度中断的国共两党联席会议制度，以便更好地协调两党间的关系及商讨一般的合作事宜和办法。根据这个决议，国民党中央决定由汪精卫、谭延闿、孙科、徐谦、顾孟余等5人为代表，中共方面决定由陈独秀、瞿秋白、张国焘等3人为代表，共同组成两党联席会议，以促进两党密切合作，共商国民革命中的一些重大决策问题。在两党联席会议的影响下，在一些重要活动和组织中，出现了国共两党互相支持和鼓励的合作场面。

所以在中国共产党第五次全国代表大会即将召开之际，共产党向武汉国民党中央发出邀请。据长期追随陈独秀的濮清泉回忆说："在确定会议开幕事宜后，五大筹备处商议特约国民党中央谭延闿、徐谦、汪精卫等人列席大会。仲甫让我前往邀约，我心嫌其人，颇有难色，因建议由代英捎口信通知他们到会，仲甫默默不悦。代英接言道：谭延闿与徐谦均为玉马金堂学士人物，徐与兄尚有同名之雅（指徐，字季龙），为何拒人于千里之外？我说，与他们实在无话可说。最后，乃由张国焘与我同行。与汪见面时，汪满口答应，但神不专注，谭延闿则首肯，连称一定到会参加。"[1]

五大开幕那天，谭延闿、徐谦和孙科等到会祝贺。5月4日，时任国民党中央主席的汪精卫前来出席大会，并代表国民党中央再次致词。

3. 第一位女主持人

党的一大至四大的会议主持人有一个变化过程。一大是党的创立时期，李大钊、陈独秀因事未到会，在会议中起主要作用的是共产国际代表马林和张国焘。二大因环境限制，开大会次数少，目前未见到谁是主持人的记载，但陈独秀起主要作用是可以肯定的。三大和四大主要由陈独秀主持。四大会期较长，周恩来、李维汉分别担任过执行主持。

党的五大设主席团，每天的会议由主席团成员轮流主持。第一天上午开幕式由陈独秀主持，下午由张国焘主持选举大会主席团。在众多主持人中，女工代表张金保成为大会的一个亮点，开创了普通女工主持党代会的先例。

张金保，1897年出生，祖籍湖北鄂城（今鄂州市），出身贫苦。先后在武昌裕华纱厂、汉口一纱厂和泰安纱厂做工。受进步思想影响，积极参加工厂罢工斗争。1926年4月加入中国共产党。在北伐军攻克武汉三镇时成为工人运动积极分子，先后担任中共硚口区委委员兼妇女部长、泰安纱厂工人纠察队队长等职务，作为武汉工人的先进代表，成为党的五大的正式代表。在代表中，

---

[1] 中共中央党史研究室、中央档案馆编：《中共党史资料》第66辑，中共党史出版社1998年版，第36—37页。

张金保是唯一的一位女工。由于大会秘书处通知晚到,张金保在第二天才去开会。她到会后才得知自己当选为大会主席团成员,并且还让她当大会执行主席。张金保感到自己只是具有基本的革命知识和觉悟,参加主席团不够资格,坐在台上心里局促不安。轮到她当执行主席时,要她主持当天的会议,她怕完不成任务就推辞了。但是五大闭幕那天,大会决定非要她主持不可,坐在她身后的一位主席团成员和不远处的李维汉见她很为难,就主动给予帮助。张金保鼓起勇气,最终完成了任务。

(二)未能出席五大的代表:陈延年

陈延年(1898—1927),安徽怀宁(今安庆)人,陈独秀的长子,中国共产党早期著名的政治活动家。1917年,陈延年考入震旦大学攻读法科。1919年12月,赴法国勤工俭学。留学期间,陈延年阅读了《共产党宣言》《社会主义从空想到科学的发展》等大量马克思主义著作,研究俄国十月革命,对马克思主义学说,有了较深刻的理解。与蔡和森、周恩来、赵世炎等人在法国领导和参加的几次实际斗争,使他有了对社会革命的切身感受。1922年6月,陈延年与赵世炎、周恩来等一起创建旅欧共产主义组织——中国少年共产党,并担任宣传部长。同年转为中国共产党党员,被选为中国共产党旅欧支部领导成员。1923年3月,受党派遣入莫斯科东方大学学习。

1924年夏,由于国内形势发展急需大批干部,党中央决定抽调旅俄旅法的同志回国工作,陈延年应召回国。先后任社会主义青年团中央驻粤特派员、中共广东区委秘书兼组织部长。不久,陈延年又接替周恩来任中共广东区委书记。在广东期间,陈延年派遣大批同志分别奔赴广东、香港、广西、福建南部开展革命活动,发展党员,建立党的组织。在不到两年的时间里,党的组织迅速在广东、香港、广西和闽南建立起来,党员数量从原有的几百人发展到5000多人,占当时全国党员总数的1/3左右。

陈延年非常重视建立和掌握革命武装,他和周恩来决定选派一批党团员到黄埔军校学习,以培养军事干部。1925年1月,黄埔军校第二期学员入学后,党员人数有所增长,周恩来和陈延年决定将学生中原党支部扩大为中共黄埔军校特别支部,直属广东区委领导。同时成立了以共产党员蒋先云、陈赓、左权等为骨干的青年军人联合会,以团结左派革命军人。同年11月,周恩来和陈延年在征得孙中山同意后,决定组建海陆军大元帅府铁甲车队。为保证党对这支革命武装的领导,周恩来、陈延年从黄埔军校毕业生中抽调一批共产党员到铁甲车队工作,并动员一批工人、农民和进步青年到铁甲车队当兵,使铁甲车队实际上成为我党掌握的第一支革命武装。1925年11月,在铁甲车队的基础上,周恩来、陈延年等商定,从黄埔军校毕业生中再抽调一批共产党员和共青团员作为骨干,建立了著名的叶挺独立团。广东区委还抽调有军事知识的干部到农会,扩大健全农民自卫军,把广州工团军改编为工人自卫队,建立省港罢工工人纠察队。后来叶挺独立团被派为北伐先遣队,工人纠察队和自卫队成为日后广州起义时赤卫队的骨干力量。这些由党直接指挥的革命武装,支援工农革命运动,保护了工农利益。

上海五卅惨案发生的第二天,陈延年主持召开广州市党团员大会,决定迅速发动群众进行反帝斗争,声援上海人民。随后,陈延年又主持广东区委会议,决定发动香港和广州沙面租界工人大罢工。1925年6月,由中共广东区委陈延年、苏兆征、邓中夏等领导的震惊中外的省港大罢工开始了。省港大罢工共坚持了16个月，直到1926年10月胜利结束。

在国共合作的大革命中，以陈独秀为首的党中央对国民党右派的进攻，采取了妥协退让政策。陈延年坚决反对，他以中共广东区委的名义报告党中央，要求中央坚决抛弃对国民党右派的妥协退让政策，并表示虽然自己和陈独秀是父子关系，"但我是共产党员，我坚决反对妥协退让的右倾机会主义错误"[1]。1927年4月，陈延年赴武汉参加党的五大时，中央任命他接任中共江浙区委书记，他当即转赴上海，途中上海发生四一二反革命政变。陈延年未能出席党的第五次全国代表大会，但仍被大会选为中央委员和政治局候补委员。

1927年6月，中共中央撤销江浙区委，分别成立江苏省委和浙江省委，陈延年任中共江苏省委书记。在白色恐怖笼罩下的上海，陈延年不顾危险，部署工作，寻找失散的同志，恢复和重建党的组织，积极开展斗争。6月26日，陈延年遭国民党军警逮捕。敌人为了得到上海中共党组织的秘密，对陈延年用尽酷刑，将他折磨得体无完肤，逼迫他供出上海党的组织。但陈延年以钢铁般的意志，严守党的机密，宁死不屈。7月4日，敌人将陈延年秘密押赴刑场。刽子手喝令陈延年跪下，他却高声回应：革命者光明磊落、视死如归，只有站着死，决不跪下！最后，他被刽子手们按在地上以乱刀残忍地杀害，牺牲时年仅29岁。

2009年9月，陈延年被中央宣传部、中央组织部等11个部门评选为"100位为新中国成立作出突出贡献的英雄模范人物"。

---

[1] 中共党史人物研究会编：《中共党史人物传》（精选本3），中央文献出版社、人民日报出版社2001年版，第505页。

第六章

六大代表：奔赴莫斯科郊外

时间：1928年6月18日至7月11日
地点：莫斯科
关键词：明确中国社会和中国革命的性质

一、转变工作方针

（一）会议的主要内容

党的第六次全国代表大会的召开，经过了近一年时间的酝酿和准备。由于国内白色恐怖非常严重，党的领导干部不断被反动派杀害，党的组织也接连遭受破坏。国内难以找到一个安全的地方开会，中共中央报请共产国际同意后，决定六大在苏联莫斯科召开。

1928年6月18日至7月11日，在共产国际的帮助下，中国共产党第六次全国代表大会在莫斯科召开。出席大会的代表共有142人。

这是党的历史上唯一一次在国外召开的全国代表大会。瞿秋白代表第五届中央委员会作政治报告，周恩来作组织报告和军事报告，李立三作农民问题报告，向忠发作职工运动报告，共产国际代表布哈林作《中国革命与中国共产党的任务》的报告和关于政治报告的结论。会议通过了经过修改的《中国共产党党章》，通过关于政治、军事、组织、苏维埃政权、农民、土地、职工、宣传、民族、妇女、青年团等问题的14项决议案。这些决议案指出：中国社会的性质仍然是半殖民地半封建社会；现阶段中国革命的性质是资产阶级民主革命；目前的政治形势正处于两个革命高潮之间；党的总任务不是进攻，而是争取群众、准备暴动。会议还制定了中国革命现阶段的十大政纲，规定了党的建设、工人运动、农民运动、红军和根据地建设的各项政策，批判了右倾机会主义错误，特别是"左"倾盲动主义的错误。

大会选举产生了新的中央委员会。中央委员23人，候补中央委员13人。7月19日，中国共产党第六届中央委员会第一次全体会议选举产生了中共中央政治局，包括苏兆征、项英、周恩来、向忠发、瞿秋白、蔡和森、张国焘7名委员和关向应、李立三、罗登贤、彭湃、杨殷、卢福坦、徐锡根7名候补委员。中共中央政治局常务委员会由苏兆征、向忠发、项英、周恩来、蔡和森5名委员和李立三、徐锡根、杨殷3名候补委员共8人组成。向忠发任中共中央政治局主席兼中央常委会主席。这次中共中央组织机构和领导成员变化的一个明显特征是高级领导成员中工人成分增加。

党的六大是在特定历史时期和历史条件下召开的具有重大历史意义的会议。会议认真总结了大革命失败以来的经验教训，对有关中国革命的一系列存在严重争论的根本问题，作出了基本正确的回答。它集中解决了当时困扰党的两大问题：一是在中国社会性质和革命性质问题上，指出现阶段的中国仍是半殖民地半封建社会，引起中国革命的基本矛盾一个也没有解决，现阶段的中国革命依然是资产阶级性质的民主主义革命。二是在革命形势和党的任务问题上，明确了革命处于低潮，党的总路线是争取群众，党的中心工作不是千方百计地组织暴动，而是做艰苦的群众工作，积蓄力量。这两个重要问题的解决，基本上统一了全党思想，对克服党内存在的"左"倾情绪，实现工作的转变，起了积极的作用。

由于历史的局限，党的六大对中国革命的特点、中国革命的中心问题、中国革命的敌人、党的工作重心等问题认识不足，对中间阶级的作用、反动势力内部的矛盾缺乏正确的估计和政策，特别是对中国革命的长期性和农村革命根据地的重要意义认识不足，仍旧把城市工作放在全党工作的重心，这对中国革命的发展产生了消极的影响。但这不能掩盖党的六大主要方面和路线的正确性。

六大以后的两年，全党贯彻执行六大路线，恢复和重建党的组织，领导开展群众斗争，中国革命出现走向恢复和发展的局面。

（二）对党代会代表及相关制度的规定

1928年7月10日，中国共产党第六次全国代表大会通过的《中国共产党党章》，对党代会代表和相关制度的新规定有：

（十四）本党组织系统如下：

（1）在每个工厂、作坊、商店、街道、小市镇、军队等中：支部党员大会——支部干事会。

（2）城区或乡区内：区党员大会或区代表会议——区委员会。

（3）县或市的范围内：县或市代表会议——县或市委员会。

（4）特别区（包括几县或省之一部分）：特别区代表会议——特别区委员会。特别区的组织如有必要时得由省委决议成立之。

（5）省：省代表大会——省委员会。

（6）全国：全国代表大会——中央委员会。

（三十二）党的全国会议，按通常规例一年召集两次。全国会议的成分及选举率（即每若干人选举一代表）由中央委员会决定。

（三十三）党的全国会议的决议案，经过中央委员会审查后才发生效力。

（三十四）党的全国会议开会时如恰当共产国际世界大会之前，经共产国际执行委员会之同意，可以选举参加共产国际世界大会之代表。

（三十五）党的全国大会是党的最高机关。按通常规例每年开会一次，由中央委员会得共产国际之同意后召集之。党的全国大会的临时大会，或由中央委员会自动决定，或由共产国际执行委员会创议，或由出席最后一次的全国大会的代表，代表党员半数以上的组织之要求，由中央委员会召集之。但党的全国大会的临时大会之召集，必须经过共产国际执行委员会之批准。党的全国大会只有在出席代表能够代表过半数以上之党员时，始能通过决议案。

党的全国大会的选举率由共产国际执委决定，或由中央委员会决定，或由党的全国大会之前开会的党的会议决定。

（三十六）党的全国大会。

（1）接受并审查中央委员会及中央审查委员会的报告。

（2）决定党的党纲上的问题。

（3）决定一切政治、策略及组织等问题的决议案。

（4）选举中央委员会、中央审查委员会等。

（三十七）党的全国大会代表，应由党的省代表大会选举之。但在秘密工作的条件之下，得共产国际委员会之同意，则代表可由省委员会派遣之。党的全国大会，如得共产国际执行委员会之同意，可以党的临时全国大会代替之。

（三十八）中央委员会委员之数量，由全国大会规定之。

（四十三）为监督各级党部之财政，会计及各机关之工作起见，党的全国大会、省县市代表大会选举中央或省县市审查委员会。[1]

六大党章是唯一在国外（莫斯科）修改和通过的党章。它是在共产国际的协助下形成的，其内容和体例都深受共产国际的影响。

1. 明确民主集中制的根本原则

六大党章进一步明确了民主集中制的原则：下级党部与高级党部由党员大会、代表会议及全国大会选举产生；各级党部对选

---

[1] 中共中央文献研究室、中央档案馆编：《建党以来重要文献选编（1921—1949）》第5册，中央文献出版社2011年版，第473、478—480页。

举自己的党员，应作定期的报告；下级党部一定要承认上级党部的决议，执行党的指导机关的决议；党员对党内某一个问题，只有在相当机关对此问题的决议未通过以前可以举行争论；本党代表大会或党内指导机关所提出的某种决议，应无条件地执行，即或某一部分的党员或几个地方组织不同意该项决议时，亦应无条件地执行。从这些规定的具体内容可以看出，民主集中制的基本要求体现在民主和集中两个方面，有利于纠正党内存在的家长制和极端民主化两种倾向。正确处理民主与集中的关系，有利于党的健康发展。

2. 对党的组织机构作出新的规定

党章把党的组织系统作为单独一章，改变了原来从党的中央组织到基层组织的规定顺序，而是按照从基层组织到中央组织的顺序，分别做了规定。规定中央委员会可以根据工作需要，在数省范围内成立中央执行局，或委派中央特派员。中央执行局或中央特派员由中央委员会指定，只对中央委员会负责。支部工作增加了在群众中进行思想政治教育的内容。

3. 对党的全国代表大会及代表的规定

首次在党章中规定实行党的全国会议制度。规定党的全国会议通常按惯例一年召集两次，参加会议的代表成分和选举率（即每若干人选举一个代表），由中央委员会决定。党的全国会议决议案，必须经过中央委员会审定才能生效。

在《中国共产党第二次修正章程》和《中国共产党第三次修正章程决案》中，考虑到可能会出现一些特殊情况，需要临时召集会议讨论和解决党内一些重大问题，所以都规定了在严格限制条件下可召开"临时会议"。六大党章没有采取这一办法，改为

"党的全国会议",其相当于我们现在党章规定的"党的全国代表会议"。这是党的组织建设的重大进步。

用专章规定了"党的全国大会",改变了《中国共产党第三次修正章程决案》中将相关内容写在组织机构一章的做法。

六大党章中提出的通过决议案的条件涉及代表问题,即只有出席代表能够代表过半数以上的党员时,才能通过决议案。这就意味着大会决议案的通过不是以出席代表大会的实到代表数占应到代表数的多数而定,而是以代表所代表的党员数而定的。

六大党章规定,"党的全国大会代表,应由党的省代表大会选举之",即有表决权的代表由各省党部代表大会选出。这一制度安排具有开拓性,它成为六大以来特别是新中国成立后历次党的全国代表大会选举代表的主要方式。同时规定,"在秘密工作的条件之下,得共产国际委员会之同意,则代表可由省委员会派遣之"。因党组织身处恶劣环境下不能召开代表大会的,则代表可由各省委员会派出。这一规定在坚持原则的基础上考虑了当时革命的具体情况。

六大党章的另一变化是撤销了刚刚成立的监察委员会。

二、推选和指定代表

党的六大出席代表共有142人,有选举权的代表84人。六大召开时,全国党员没有准确的统计数字。

(一)六大代表选举产生的规定

1927年11月,中共中央召开临时政治局扩大会议,通过了《关于第六次全党代表大会之决议》。《决议》规定党的六大于1928年3月初至3月半之间召集,同时规定了六大代表的选举办法。

1. 各省党部得选举有表决权的代表。
2. 各省党部选派代表以五百党员选出一代表为标准，五百人以下的党部，亦得选一有表决权的代表；无表决权的代表各省党部亦得选派，但必得中央的同意。
3. 中央委员或中央候补委员如果没有被某一省党部选为代表，因而无表决权，则可以无表决权地参加大会。
4. 共产主义青年团中央委员会得派五人出席大会。
5. 出席大会代表必须入党一年以上的方能当选。[1]

《决议》明确了代表产生的方式、比例和代表的条件等，既归纳总结了前五次代表大会的成功做法和经验，又结合新的形势和任务作出一些新的安排。

关于代表的条件，《决议》明确规定必须是入党一年以上，即党龄一年以上的党员才有资格当选六大代表。

关于代表的产生方式，《决议》规定，有表决权的代表由各省党部代表大会选出。这一制度安排具有开拓性，它成为党的六大以来特别是新中国成立后历次党的全国代表大会选举代表的主要方式。同时，考虑到大革命失败后党面临的环境，《决议》规定，如果因党组织身处的恶劣环境不能召开代表大会的，则代表可由各省委全体会议派出，但应当尽可能地由"扩大的省委全体会议"派出。这一规定体现了原则性与灵活性的结合，体现了在恶劣的革命环境中对于民主集中制原则特别是党内民主的坚持。

---

[1] 中共中央党史研究室、中央档案馆编：《中国共产党第六次全国代表大会档案文献选编》上卷，中共党史出版社2015年版，第5页。

在八七会议所作的《党的组织问题议决案》中也曾明确提出："现时秘密状态之中,需要最大限度的集权。但是集权制度不应当变成消灭党内的民权主义。"[1]

关于代表的比例,《决议》规定,各省党部每500名党员选派1名代表,500人以下的党部,也有权选派1名有表决权的代表;各省党部也可选派无表决权代表,但必须经过中央同意。另外,继续坚持代表大会代表中须有新生力量的传统,明确规定共青团中央委员会要派5人出席大会。这5人名额不受党员基数比例的限制。

关于现任的中央委员和中央候补委员如何参加代表大会的问题。《决议》给出了明确而具体的规定,即如果这些同志没有被选为某省党部的代表,那么则以无表决权的代表身份参加大会。这是在党的决议中首次对中央委员和候补委员如何成为代表所做的规定,具有重要的制度性意义。这一规定有两个层面的含义:一是中央委员和中央候补委员都必须首先从各省党部选起,不再直接作为代表参加大会。这是在代表选举制度发展过程中,避免领导集体参选影响代表选举的公平公正性而作出的制度安排。二是为保障领导集体充分了解党的最新政策,仍然为落选的中央委员和中央候补委员保留了参与代表大会的通道。

《决议》对代表的选举产生所做的规定,与以往相比,最显著的特点是开创性。它简单明了,既总结以往代表选举中的成功经验,又对以往一些不规范的做法进行了修正,对代表的产生等

---

[1] 中共中央文献研究室、中央档案馆编:《建党以来重要文献选编(1921—1949)》第4册,中央文献出版社2011年版,第450页。

方面做了相应的规范。从代表制度建设的角度来看，《决议》的意义重大。

(二) 六大代表名额

1928年3月15日和4月2日，中央临时政治局两次开会讨论六大代表名额的分配和代表人选问题。此前在八七会议上，瞿秋白曾提议六大代表名额为50名。1928年1月下旬，赤色职工国际米特凯维奇从上海给共产国际执委会写信，谈到中共六大时建议代表人数应在100人左右。最后，共产国际提出代表人数应为100至110人。政治局会议传达了共产国际上述意见。根据这个总人数，会议决定党员多的省份和大省，每500名党员选派1名代表。会后正式发通告给各省，进行代表的选举。

代表选举的实际情况与会议确定的办法有所不同。主要原因是1928年3月底，共产国际来电同意中共六大于4月底或5月中旬在莫斯科召开。这样的话，需要代表在4月中旬前后启程。时间仓促，当时国内环境又十分恶劣，再加上到莫斯科的长途跋涉，已经不可能按照原定的选举办法进行选举了。

实际出席党的六大的共有17个省级代表团，即广东、广西、江苏、浙江、福建、江西、湖南、湖北、安徽、河南、顺直（河北及北京、天津）、山东、满洲、内蒙古、陕西、四川、云南代表团。

按照现在的行政区划，因满洲代表的是东北三省，顺直包括河北、天津、北京，江苏包括上海，广东含海南，四川含重庆，所以出席大会的代表，实际代表24个省份，按现有行政区划，仅山西、甘肃、宁夏、青海、西藏、新疆、贵州、台湾8个省、自治区没有代表出席。代表的产生，首先根据中共中央关于召集六大通告的规定，大致是按照500名党员选代表1人的比例

进行。根据这个原则,中央分配给各省的代表名额如下:

第一批分配的省份为14个,即粤、湘、鄂、赣、苏、顺直、豫、鲁、晋、陕、川、闽、浙、满洲,名额为粤、湘、鄂、赣、苏、顺直6省各2名共12名;豫、鲁、晋、陕、川、闽、浙、满洲8省各1名共8名,合计为20名。

第二批分配的名额有所增加。从省份讲,新增加了安徽和福建两省各1人;从单位讲,新增加了江西湖南毛泽东、朱德部队各1人;从原省增加代表数来看,粤、湘、鄂、赣、苏、顺直、豫7个省都有增加,其中,广东增加到4人,湘、鄂、赣、苏、顺直5个省由2人增加为3人,豫由1人增加为2人,这样共增加8人。加上新加的两个省和朱毛红军共4人,分配给各省的六大代表名额达到32人。有代表名额的省份达到16个(满洲算1个),代表的省份达到18个。

对于分配各省的名额,中央也有指导性意见,具体指定了代表产生的部门和地区,以保证代表的广泛性。如广东4人,就明确要求省委1人,琼崖1人,广州工人同志1人,海陆丰1人;湖南3人,要求省委1人,安源工人1人,醴陵农民1人;湖北3人,要求省委1人,武汉工人1人,外县农民1人;江西3人,要求省委1人,赣西南1人,南浔路工人1人;江西湖南还要从毛泽东、朱德部队各选代表1人;上海3人,要求省委1人,上海工人1人,外县农民1人;顺直3人,要求省委1人,唐山2人;河南2人,要求省委1人,豫南1人。[1]

---

[1] 中共中央党史研究室、中央档案馆编:《中国共产党第六次全国代表大会档案文献选编》上卷,中共党史出版社2015年版,第37、38页。

要求如此具体，除了考虑各级党组织的代表性，还尽可能考虑了党组织的不同系统和地区。凡是点名的地方，均为党员较为集中或党的工作开展较多的地区或组织，特别是对党长期领导的工人组织和农民组织所在地区（如安源、南浔铁路、海陆丰等），都提出了选派代表的明确要求。另外，名额分配中提到了毛泽东、朱德的部队代表名额，反映了中央在酝酿这一决议方案时不仅考虑了地域性，还考虑了系统性。1928年4月下旬，朱德、陈毅率领湘南起义部队到达井冈山的宁冈县砻市，与毛泽东率领的工农革命军会师。为统一井冈山各县党的领导，经中共湖南和江西两省委批准，5月中共湘赣边特别委员会成立。朱德、毛泽东率领的红军，主要活动在湘赣边界地区，要求江西、湖南从毛泽东、朱德部队各选代表一人，这个考虑还是周到的。红军能够分配两个代表名额，说明中央对人民军队的重视，很有代表性和象征意义。

到1928年3月，与共产国际同意的中共六大代表人数100到110人相比，各地名额都有增加：湖南、湖北、广东、江苏、顺直各10人共50人；四川、陕西、山西、广西、福建、云南各2人共12人；山东、满洲、河南、浙江、江西各5人共25人；青年团中央5人；第五届中央委员10到20人。各地代表中须有20人是担任青年团工作的，以备在党的大会之后，青年团召开一次扩大会议。

这样，六大代表名额和最初所说的500名党员产生1名代表相比，已经有了很大的变化。超出的原因：一是共产国际的支持。从中央最初的名额分配看，选派代表的数量是谨慎的，这主要是考虑了在异国他乡筹备党代会的诸多不便，人数过多组织起来比较困难；在经费方面，在没有得到共产国际和苏联确定援助的情况下，对代表的数量进行限制，是节省办会经费的唯一选择。但随着会议筹备的进行，苏联方面特别是斯大林，对中国共产党在莫斯科召开第六次代表大会在人力、物力和财力方面均提供帮助。周恩来曾在主席团会议上指出："我们在有一次中央会议上，同国际代表商议就决定了开会的时间同各省应出席的人数"[1]，共产国际最终也同意将代表的人数增加到100至110人。这样的话，代表的实际选派分配名额就扩大了数倍。二是各省组织的要求及组织者的考虑。广东最终派出了19名代表，比之前的4名多了近4倍。代表资格审查委员会主席苏兆征在1928年6月19日晚举行的六大主席团第二次会议上也指出："500人中1个代表是指大的地方党员多的地方，同时我们是以工作重要以党员的多少来规定的。"[2]周恩来在会上也做了说明，广东、上海在中央通告发出后要求多派代表参加会议，是经过中央许可了的。

当然，在中央同意了代表名额后，还有一个是否有表决权的问题。广东派出了19名代表，但代表资格审查委员会只给广东15票表决权，江苏派出12名代表，就给了12票表决权。这是多方平衡考虑之后，由代表资格审查委员会提出意见、经过主席团会议讨论决定的。广东和江苏的表决票数，就是在六大主席团会议上，最后以多数赞同通过。

---

[1] 中共中央党史研究室、中央档案馆编：《中国共产党第六次全国代表大会档案文献选编》上卷，中共党史出版社2015年版，第169页。

[2] 中共中央党史研究室、中央档案馆编：《中国共产党第六次全国代表大会档案文献选编》上卷，中共党史出版社2015年版，第169页。

（三）代表产生方式

党的六大代表的产生主要有两种方式：一种是选举产生。有的通过省代表大会、省委会议或省委扩大会议选举产生。另一种是指定产生。有的是中央指定，有的是省委指定。据当时中共中央组织局主任李维汉回忆，实际出席六大的代表，除了广东、河南等省是开会选出来的，其余大多数是中央指定的。实际情况可能更为复杂一些。

推选产生。推选的会议主要是省代表大会、省委会议或省委扩大会议。1928年2月1日至3日，河南党组织在开封召开中共河南省第三次代表大会，选举河南的六大代表徐兰芝等5名。

指定产生。有的是中央指定，有的是省委指定。李维汉回忆，六大代表本来准备进行选举产生，但由于环境险恶，时间仓促，因此多数省份来不及选举产生代表，而由中央指定。有些省份，既有选举的代表，也有指定的代表，如顺直代表的产生。1928年1月，蔡和森在天津召开顺直省委改组会议。会议按照中央的要求，推选六大代表两人，分别为王藻文和王仲一。但顺直实际出席六大的代表是9人，其余7人应是指定产生的。

周恩来后来曾回忆："代表又不是各地选来的（只有广东来的是开会选出的，其他大多数是中央指定的）。"[1]据当时参加六大的莫斯科中山大学学生秦曼云回忆："中共六大代表不是通过全体党员选举产生的。有些代表由中央指定。其他均由各级党组织推选，报经中央批准。中央委员只要能离得开工作岗位，有足够时间去出席大会的，就自动具备代表资格。此外，保留了一定指标，作

---

[1]《周恩来选集》上卷，人民出版社1980年版，第186页。

为党的各种外围组织如职工会中的党员人士的代表名额。"[1]

代表名额分配、选出的代表和最终出席的代表，并不完全一致。云南起初没有分配代表名额，但当时云南临时省委书记王茂廷于1928年2月到中央汇报工作，后被中央指定作为云南代表，直接由上海赴莫斯科。陕西省委扩大会议选出代表潘自励、张金刃、王松年（农民），最终只有张金刃出席。而山西虽然分配了2个名额，也选出了代表，但最终未能出席。

最终各省、各组织代表出席人数为：广东省19人（包括4名非正式代表），广西省1人，江苏省12人，浙江省5人，福建省3人，江西省3人，湖南省8人，湖北省7人，安徽省1人，河南省2人，顺直省9人，山东省3人，东北三省5人，内蒙古1人，陕西省1人，四川省2人，云南省1人；中国共产主义青年团中央5人；中共中央委员4人，即邓中夏、瞿秋白、周恩来、杨之华；特约代表1人，即张国焘；指定参加及旁听代表49人。此外，参加大会开幕的还有共产国际、少共国际、赤色职工国际的代表以及意大利、苏联等国共产党的代表。

三、以工人代表为主

保存下来的关于六大的历史资料中有多份关于代表结构的统计资料，如中共中央党史研究室编的《中国共产党第六次全国代表大会档案文献选编》（上卷）一书，就记录了一份代表社会成分统计表。原来在每位六大代表按大会筹备处要求填报《代表调

---

[1]［美］盛岳：《莫斯科中山大学和中国革命》，现代史料编刊社1980年版，第205页。

查表》的基础上，1928年6月20日即六大开幕后两天，有关部门汇总形成了这份六大代表的社会成分统计表。

这份表格原有注释，说明了以下两点：1. 上列系6月20日午刻（即中午）前到的代表填入造表，在20日下午以后来之代表未填入；2. 广东代表17人，只有15人有表决权，故只列15人，有中央委员2人，同时兼广东代表，其社会出身成分列在中央委员栏内。

统计表中各省参加大会的代表共90名。据现有的资料，142名代表中，有49名是指定或旁听代表，非正式代表4名，再加特约代表1人和上届中央委员4人，正式代表应为84名。6月20日的统计表，虽然总计90名，但有中央委员是代表、重复计算的；而有些代表因路途耽误，还没有到会。

党的六大代表的结构最显著的特点是突出工人、农民身份的代表，特别是工人身份的代表。84名正式代表中，工人和农民代表占比约为60%，其中，工人代表占比超过总人数的一半。知识分子占比约40%。选派这么多工人出身的党员参加党代会，除了党成立以来一直重视发展工人党员和推举工人代表外，与当时中共中央对中国革命形势的分析和认识有直接关系。大革命失败后，受共产国际和苏联方面的影响，中共中央在分析失败原因时，认为党内工农出身的干部太少是一个重要的原因。因此，中共中央在通知选派六大代表时，要求最好选工人、农民作代表，以便使领导干部中多增加些工农成分。比如，满洲省委选派的5名代表中（唐宏经、王福全、于治勋、朱秀春、张任光），除1名（张任光）是学生外，其余4人都是工人出身。安徽代表龚德元是手工工人出身，被时任安徽省临委书记尹宽视为六大代表的第一人选。广西代表胡福田为农民出身。

突出强调"领导干部成分工人化",还体现在六大中央委员层面。"三十六个中央委员中就有二十一个是工人"[1],代表向忠发就是在这次会议上成为大会主席团成员,并在六届中央政治局一次会议上当选为政治局主席、政治局常务委员会主席的。此后的历史证明,六大的这一尝试,不仅没有达到预期效果,反而给党造成了一定的损失。1944年,周恩来在延安中央党校所作的报告《关于党的"六大"的研究》中曾对这一问题进行分析,认为六大不健全的地方包括"太重视工人成份"。因为在大革命中,工人干部牺牲很多,因此部分支部选出的工人代表是很弱的,经过大革命锻炼的工人党员不多。"大革命中涌现出来的工人领袖虽然不少,但党对他们的教育不够。"另外,周恩来认为,当时没有把有革命经验的干部集中起来参加六大也是不足之一,主要原因是时间太紧,做实际工作的干部当时觉得国内工作更重要,所以没有来参加六大。[2]

四、遥远的他乡

(一)代表奔赴莫斯科

在异国他乡召开党的六大,中国的代表需要远赴莫斯科,是件不容易的事。

代表赴会路线大致分为陆上路线和海陆结合两种。陆上路线,主要行程是代表从原地出发,通过陆路至大连,再从大连乘

---

[1]《周恩来选集》上卷,人民出版社1980年版,第185页。
[2]《周恩来选集》上卷,人民出版社1980年版,第185—186页。

坐火车经哈尔滨、满洲里或绥芬河出境，前往莫斯科。如满洲省委代表唐宏经、王福全、于治勋、朱秀春、张任光等5人，从沈阳乘火车到哈尔滨，经满洲里出境。海陆结合路线，主要行程是一般先到上海集合，从上海乘船到大连或海参崴，其中到大连的后续行程就和陆上路线一致，到海参崴的需转乘西伯利亚的火车前往莫斯科，总体形成陆—海—陆的路线组合，瞿秋白走的就是这条路线。

以上两条路线的交叉路段是从大连经哈尔滨入境苏联的部分。这一路段在到达哈尔滨之后，又分为东线和西线：东线是往东走牡丹江方向，从绥芬河进入苏联境内，经海参崴、伯力，由西伯利亚到莫斯科；而西线是从满洲里入苏境，经赤塔、西伯利亚铁路到莫斯科。如福建代表罗明和许士森从厦门经上海到大连后，走的是东线；山东代表丁君羊等3名代表，周恩来、邓颖超、杨之华、李文宜、黄平等也走的是东线。走东线的安徽代表龚德元是从芜湖到上海，与河南代表李鸣、云南代表王茂廷以及广东省两名代表从上海乘日本邮轮"神丸号"到大连，经哈尔滨、绥芬河、海参崴到莫斯科。

代表赴会一般是从1928年的4月陆续开始，5月最为集中，并一直持续到大会开幕前。六大代表是分批赴莫斯科的，从部分代表的回忆中可以看出，这是当时情况下最为可行的赴会方案。根据代表回忆，代表王翘、胡均鹤、瞿秋白、罗明、许士森是4月启程的；周恩来、邓颖超、龚德元、杨之华、李文宜和山东代表丁君羊、郭金祥、黄文，满洲代表唐宏经等5人，黄平、杨殷等香港海员代表，是5月启程的。

在当时的情形下，代表赴会还是充满危险的。邓颖超曾详细回忆过和周恩来一起赴莫斯科参加六大路程中多次遇到的危险。1928年5月初,周恩来和邓颖超扮成一对古董商人夫妇,由上海动身。动身之初就接到中央特科的情报,从住所紧急转移,由于走得匆忙,随身带的衣服很少。为了安全,组织上给他们订了头等舱,但两人的着装与头等舱乘客不太相称,特别是头等舱的客人大都每天更换衣服,而他们两人却没有衣服可换,这就不免引起注意。有两个天津口音、商人身份的人就餐时常关注他们,但周恩来、邓颖超在其注视下仍神情自若,进餐时说说笑笑,沉着应对。由于5月3日济南发生了五三惨案,周恩来、邓颖超对此非常关心,上船时买了许多报纸在船上翻阅,船在青岛短暂停留时又买了一些。船到大连后,驻大连的日本警察指着他们桌上放的一堆报纸对他们进行盘问,邓颖超灵机一动,说:"我们先生也做股票生意,报纸上天天都有股票行情,我们不能不留意看啊。"但日本警察还是带走了周恩来,临走前,周恩来让日本警察给邓颖超安排旅馆。日本警察对周恩来进行了盘问,质问周恩来是不是姓"周",但周恩来坚称自己姓"王",并对警察的质问泰然处之,丝毫不乱,让日本警察始终无法抓住任何把柄。过了两个多小时,警察释放了周恩来。周恩来一回到旅馆,就悄悄示意邓颖超将接头证件全部销毁。再启程时,他们发现火车上已经跟了一名日本密探,于是主动和密探交谈,故意显露自己对古玩生意的精通,蒙过了密探。等他们两人到了哈尔滨,由于销毁了接头证件,所以只能等待后期到达的李立三。李立三赶到并了解到周恩来、邓颖超的经历后,连声说:"好险!好险!"[1]

---

[1] 邓颖超:《一次遇险与脱险的经过》,《人民日报》1985年8月14日。

为保障代表赴会路途上的安全，共产国际和东北党组织在哈尔滨和满洲里等地，安排了地下交通站秘密接应代表过境。1928年初，按照中央要求，中共哈尔滨县委在哈尔滨设立了秘密接待站。此外，中央还安排龚饮冰、何松亭和杨之华（瞿秋白的妻子）到哈尔滨协助接待工作。[1]从1928年4月开始，各地的六大代表，无论是通过陆上路线的，还是通过海上路线的，一般都先到哈尔滨中转。有时，秘密接待站的同志将接头地点设在一处服饰店中，自己扮成店员，随时会见前来寻求帮助的六大代表，暗号是"以一盒火柴，抽出几根一齐折断"。接到代表后，由接头人员通知杨之华等人安排食宿。在代表们通过哈尔滨前往莫斯科时，走西线（满洲里）的代表，接待站会交给他们每人一个过境的号码牌。代表到了满洲里后，会在车站附近看到两辆马车在那里等候。马车的前面挂了一个带编号的车灯，当代表手里的号码牌与车灯的编号一致时，代表们就可以把牌子交给苏联的马车夫，不必说话直接上车。然后马车会载着代表在晚上偷偷越过边境，由苏联境内接待站的同志负责安排换乘莫斯科的火车。走东线（绥芬河）的代表，在到达后，将有一个苏联铁路工人负责接头，先安排休息吃饭，到晚上再带代表过境。这一路途较长，需要翻山涉水，整整走一晚上的时间才能到达苏联境内，然后换乘火车辗转到莫斯科。哈尔滨接待站尽量安排六大代表走西线，因为西线较近，但有时来的代表较多，就得分散开走。除了中共哈尔滨县委外，共产国际交通局也在哈尔滨设立了接待站，罗章龙

---

[1] 中共黑龙江省委党史研究室编：《中共黑龙江党史大事记·新民主主义革命时期》，黑龙江人民出版社1988年版，第34页。

就是由他们接应保护的。总之，这些措施，对代表赴会起到了重要的保护作用，目前没有发现代表在赴会过程中遇险的材料记载。

（二）向忠发为何当选党的最高领导人

党的六大，不仅是在异乡召开，代表们要远赴莫斯科参会，更大的变化是党的中央委员会实现了"领导干部成分工人化"，工人出身的向忠发成为党的最高领导人。

向忠发（1880—1931），又名仲发，湖北汉川人，工人出身。中国共产党成立之初，参加党领导的武汉地区的工人运动。1922年加入中国共产党，任中共武汉区委执行委员。1926年夏秋，任中共湖北区执行委员会委员。1927年在党的五大上当选中央委员。同年，在党的八七会议上，当选为中央临时政治局委员。在六届一中全会上，当选为中央政治局主席、中央政治局常务委员会主席。

党的六大把曾为码头工人、但没有能力在中央起主导作用的向忠发选为了党的最高负责人，而事实上，在这以后一段时间内，党的实际负责人是周恩来。那么，他为什么能够当选党的最高负责人呢？

一是共产国际的影响。共产国际在总结中国革命的教训中，错误地认为中国共产党的领导机关应当工人化。大革命时期的第五届中央政治局委员绝大多数是知识分子。大革命失败后，共产国际总结经验教训，认为大革命之所以失败，是因为以陈独秀为首的中共中央违背了共产国际的指示，犯了严重的错误。而中共中央之所以犯下严重错误，一个重要原因是党的领导人都是知识分子，领导机构中的工人成分太少。他们认为工人革命是坚决的，而知识分子却脱离实际，政治立场不坚定，左右摇摆。八七会议纠正了右倾错误，紧接着又犯了"左"倾盲动错误。而这一时期临时中央负责人瞿秋白仍然是知识分子。新中央的成员李维汉、周恩来、蔡和森、张国焘、李立三等几乎都是知识分子。这又一次强化了共产国际对知识分子的偏见，认为中国革命要正确进行，必须大力提拔工人干部，实行领导机关工人化。六大期间，布哈林很看不惯像瞿秋白这样的知识分子，甚至骂其革命不坚定。周恩来说："布哈林在大会上做报告骂张国焘和瞿秋白同志，说他们是大知识分子，要让工人干部来代替他们"，"他这话在当时和以后影响都非常不好"。[1]

二是党内的认识。大革命失败后，党内也逐渐形成了一种轻视、反对知识分子的片面的倾向，把"党的无产阶级化""干部工人化"和"党的领导机关工人化"作为党的组织建设的方针。体现在六大代表人选上，就是重视工人成分，工人代表要占多数。在共计36名第六届中央委员会成员中，工人有21名，占58.3%，是历届中央领导成员中工人比例最高的一届。对此，周恩来分析指出："在'八七'会议后，就把与机会主义作斗争看成了简单的人事撤换，这种形式主义影响到后来关于领导机关的工人化，把工人干部当作偶像，对知识分子干部不分别看待。"[2]

三是向忠发被认可。1927年10月，共产国际在上海的代表得到莫斯科的指示，要求中共中央组织一个工农代表团秘密前往苏联参加十月革命十周年的大型庆祝活动。中央决定派向忠发当这个工农代表团的领导人。向忠发等人到达莫斯科后，参加了十

---

[1]《周恩来选集》上卷，人民出版社1980年版，第181、184页。
[2]《周恩来选集》上卷，人民出版社1980年版，第180页。

月革命的各种庆祝活动。向忠发在各种场合发表演讲,并着重强调"领导干部工人化",此举刚好迎合了苏联领导下的共产国际的偏好,得到了共产国际的极大信任。会议召开前,由共产国际审定的会议日程表明确指定向忠发为大会开幕式和闭幕式的主持人。当时担任共产国际执行委员会主席的苏共元老布哈林在大会上大力推介向忠发,甚至直言:"向忠发本来是一个很好的同志","向忠发同志,他不是知识分子,是个工人;不是机会主义者,是个革命者"。[1]共产国际东方部副部长米夫贯彻了上述共产国际的意见。

共产国际代表在宣读第六届中央委员候选名单时,向忠发被排在了第一位。这样,在共产国际这一带有指令性质的暗示下,向忠发被推举为中央政治局主席、中央政治局常务委员会主席,成为党的最高领导人。

---

[1] 中共中央党史研究室、中央档案馆编:《中国共产党第六次全国代表大会档案文献选编》上卷,中共党史出版社2015年版,第366、380页。

第七章

七大代表：严格的代表资格审查

时间：1945年4月23日至6月11日
地点：延安
关键词：确定毛泽东思想为党的指导思想

一、统一思想

（一）会议的主要内容

党的六大与七大两次党代会相隔17年，主要原因是党和人民军队一直处于恶劣的战争环境，党必须集中全力领导土地革命和抗日战争。战争使根据地被分割、交通不便，许多党的高级干部都在第一线战斗，很难集中起来开会。同时，全党对于重大是非问题还没有形成一致的看法。

六大以后，全党贯彻执行六大路线，恢复和重建党的组织，领导开展群众斗争，中国革命逐渐走向恢复和发展。井冈山革命根据地的创建，打开了工农武装割据的斗争新局面。1929年12月下旬，古田会议召开，中心内容就是要用无产阶级思想建设无产阶级的政党和人民军队，概括地说是"思想建党，政治建军"。1931年，九一八事变爆发，中国人民开始进入抗日战争时期。1931年11月7日至20日，中华苏维埃第一次全国代表大会在瑞金召开，中华苏维埃共和国临时中央政府宣布成立。1934年10月，第五次反"围剿"失败后，中央主力红军开始长征。1935年1月15日至17日，中共中央在遵义召开政治局扩大会议。这次会议，在最危急的关头，挽救了党，挽救了红军，挽救了中国革命。1935年10月19日，中共中央率领陕甘支队到达陕北吴起镇。至此，长征胜利结束。1935年12月，中共中央在瓦窑堡召开政治局扩大会议，明确提出了党的基本策略任务是建立广泛的抗日民族统一战线。1936年12月12日，西安事变爆发。西安事变和平解决后，国共两党开始实行第二次合作。1937年7月7日卢沟桥事变爆发后，日本开始全面侵华战争。1937年8月，党召开洛川会议，讨论制定党在抗日战争时期的方针、任务和政策，党的全面抗战路线正式形成。1938年9月至11月，党的扩大的六届六中全会在延安举行。会议正确地分析了抗日战争的形势，规定了党在抗战新阶段的任务，为实现党对抗日战争的领导进行了全面的战略规划。毛泽东作题为《论新阶段》的政治报告，提出"马克思主义中国化"的革命任务和发展道路，标志着以毛泽东为核心的中共第一代领导集体的基本格局已经形成。毛泽东后来在党的七大上说："六中全会是决定中国之命运的。"[1]

党的六届七中全会的召开和《关于若干历史问题的决议》的通过，肯定了以毛泽东为代表的正确路线，增强了全党在毛泽东思想基础上的团结，为党的七大的召开创造了充分的条件。在世界反法西斯战争和中国的抗日战争即将取得胜利的前夜，在中国

---

[1]《毛泽东文集》第3卷，人民出版社1996年版，第425页。

面临着两种前途、两种命运斗争的关键时刻，为了团结全党全国人民，争取光明的前途，彻底打败日本侵略者，建立独立、自由、民主、统一与富强的新中国，中国共产党召开了第七次全国代表大会。这次大会的主要任务是组织和保障全中国人民取得抗战的最后胜利，建立一个新民主主义的中国。

1945年4月23日至6月11日，中国共产党第七次全国代表大会在延安杨家岭中央大礼堂召开，历时50天。它是党的历史上会期最长的一次党代会，也是第一次在自己修建的房子里召开全国代表大会。

出席大会的正式代表547名，候补代表208名，共计755名，代表全国121万党员。

开幕式上，毛泽东致《两个中国之命运》的开幕词，向大会提交了《论联合政府》的书面政治报告，并就报告中的一些问题以及其他问题作了长篇口头报告。朱德作《论解放区战场》的军事报告和关于讨论军事问题的结论。刘少奇作《关于修改党章的报告》和关于讨论组织问题的结论。周恩来作《论统一战线》的重要讲话。任弼时作关于党的历史问题的报告。

大会经过深入讨论，一致通过了关于政治、军事、组织方面的报告，通过了政治决议案、军事决议案和新的党章。

大会确定了党的政治路线，即放手发动群众，壮大人民力量，在我党的领导下，打败日本侵略者，解放全国人民，建立一个新民主主义的中国。

大会制定了新民主主义国家在政治、经济、文化方面的纲领，提出了实现中国工业化的宏伟任务。大会把党在长期奋斗中形成的优良作风概括为三大作风：理论和实践相结合的作风、和人民群众紧密联系在一起的作风、自我批评的作风。

通过了新的《中国共产党党章》，这是我党独立自主制定的第一部党章。在党章发展史上第一次增加了党章的总纲部分。确定了毛泽东思想为全党的指导思想。

大会选举产生了新的中央委员会和中央领导机构。其中，中央委员44人，候补中央委员33人。随后召开的七届一中全会，选举毛泽东、朱德、刘少奇、周恩来、任弼时、陈云、康生、高岗、彭真、董必武、林伯渠、张闻天、彭德怀为中央政治局委员；选举毛泽东、朱德、刘少奇、周恩来、任弼时为中央书记处书记；选举毛泽东为中央委员会、中央政治局、中央书记处主席。选举任弼时为中央秘书长，李富春为副秘书长。这是一个具有很高威信的、能够团结全党的坚强的领导集体。

1945年6月11日，大会举行隆重的闭幕式。毛泽东致闭幕词。他说："我们开了一个很好的大会"，"我们开了一个胜利的大会，一个团结的大会"。他在闭幕词中向全党发出了鼓舞人心的号召："下定决心，不怕牺牲，排除万难，去争取胜利。"[1]毛泽东的这篇闭幕词，后经整理修改，以《愚公移山》为题，收入《毛泽东选集》第3卷，成为毛泽东思想的经典之作。

党的七大是中国共产党在新民主主义革命时期召开的最后一次全国代表大会，是第一次将中国共产党人自己创造的马克思主义中国化的思想理论体系（毛泽东思想）作为党的指导思想并写入党章的代表大会，是一次真正意义上的团结的大会、胜利的大会。当时的中央机关报《解放日报》社论说："这是中国共产党

---

[1]《毛泽东选集》第3卷，人民出版社1991年版，第1101页。

有史以来最盛大的最完满的一次全国代表大会。"[1]邓小平在回顾历史时也曾提到："一九四五年在毛泽东同志主持下召开的党的第七次全国代表大会，是建党以后民主革命时期我们党最重要的一次代表大会。"[2]

党的七大总结了中国新民主主义革命 20 多年曲折发展的历史经验，制定了正确的路线、纲领和策略，克服了党内的错误思想，使全党特别是党的高级干部对于中国民主革命的发展规律有了比较明确的认识，从而使全党在马克思列宁主义、毛泽东思想的基础上达到了空前的团结。

（二）对党代会代表及相关制度的规定

1945 年 6 月 11 日，中国共产党第七次全国代表大会通过《中国共产党党章》。党章对党代会代表和相关制度的新规定有：

> 第二十九条 党的全国代表大会，由中央委员会决定并召集之。在通常情况下，每三年召集一次。在特殊情况下，由中央委员会决定延期或提前召集。
>
> 如有代表半数党员以上之党的地方组织要求召集全国代表大会时，中央委员会必须召集之。
>
> 党的全国代表大会，必须有代表过半数的党员之代表出席时，方能认为有效。
>
> 出席全国代表大会之代表数额及选举方法，由中央决

---

[1] 中共中央党史研究室、中央档案馆编：《中国共产党第七次全国代表大会档案文献选编》，中共党史出版社 2015 年版，第 673 页。

[2]《邓小平文选》第 2 卷，人民出版社 1993 年版，第 370 页。

定之。

第三十条　党的全国代表大会的职权是：

（一）听取、讨论和批准中央委员会及中央其他机关的报告。

（二）决定和修改党的纲领与党章。

（三）决定党的基本方针和政策。

（四）选举中央委员会。

第三十一条　党的中央委员会的员额，由全国代表大会决定，并选举之。中央委员出缺，由候补中央委员依次递补之。

第三十五条　在前后两届全国代表大会期间，中央委员会得召集各地方党委代表举行党的全国代表会议若干次，讨论并决定当前的党的政策问题。

第三十六条　党的全国代表会议的代表，由各省委、边区党委及中央直属之其他各党委的全体委员会议上选举之。代表数额，由中央规定。

党的全国代表会议，须有全国半数以上的省委及边区党委的代表出席。

第三十七条　党的全国代表会议，有权撤换个别不能履行自己责任的中央委员及候补中央委员，并有权补选部分候补中央委员。但每次撤换之中央委员及候补中央委员或补选之候补中央委员的数额，均不得超过中央委员及候补中央委员总数的五分之一。

第三十八条　党的全国代表会议所通过的决议及撤换与

补选之中央委员及候补中央委员，须经中央委员会批准后，方能发生效力。

经中央委员会批准之全国代表会议的决议，一切党的组织，都必须执行。[1]

党的七大召开时，中国共产党已经成为全国范围的群众性大党，党的组织遍及全国各地。因而七大党章对党的各级组织的设立、构成、职权、任务进行了调整和充实。

发展和完善了党的民主集中制。民主集中制是我们党的组织原则，在六大党章中已经明确表述过。七大党章在此基础上，做了更为明确的理论概述："民主的集中制，即是在民主基础上的集中和在集中领导下的民主。"[2]即是说，民主集中制的集中是建立在民主基础上的，不是个人专制主义；民主是在集中领导下的民主，不是极端民主化及无政府主义。七大党章规定了民主集中制的四项基本条件：一是党的各级领导机关由选举制产生；二是党的各级领导机关向选举自己的党的组织作定期的工作报告；三是党员个人服从所属党的组织，少数服从多数，下级组织服从上级组织，部分组织统一服从中央；四是严格地遵守党纪和无条件地执行决议。党章还增加了一些扩大党内民主的规定，包括各级党的领导机关的产生原则必须是民主选举；党的政策在正式作出决定之前，党员有充分发表意见的权利等内容。

---

[1] 中共中央文献研究室、中央档案馆编：《建党以来重要文献选编（1921—1949）》第 22 册，中央文献出版社 2011 年版，第 541—543 页。

[2] 中共中央文献研究室、中央档案馆编：《建党以来重要文献选编（1921—1949）》第 22 册，中央文献出版社 2011 年版，第 538 页。

首次采用"党的全国代表大会的职权"这样规范性的表述。在具体规定党的全国代表大会职权时，用词也更加准确，表现为：将六大党章中"接受和审查中央委员会及中央审查委员会的报告"，改为"听取、讨论和批准中央委员会及中央其他机关的报告"；将"决定党纲上的问题"，改为"决定和修改党的纲领与章程"；将"决定一切政治、策略及组织等问题的决议案"，改为"决定党的基本方针和政策"；将原来规定的选举中央审查委员会删除，保留"选举中央委员会"的规定。首次明确规定了党的全国代表大会的职权，主要是撤换和补选部分中央委员及候补中央委员。对每次撤换的人数做了规定，即不得超过中央委员及候补中央委员的1/5。

党的代表大会实行的"年会制"改为"在通常情况下，每三年召集一次。在特殊情况下，由中央委员会决定延期或提前召集"。

第一次规定中央委员会实行主席制，中央委员会主席由中央委员会全体会议选举产生，同时兼任中央政治局主席和中央书记处主席。

首次规定中央委员会可以召集各地方党委代表举行若干次党的全国代表会议，讨论并决定当前党的政策问题。

二、民主选举代表

党的七大出席代表755人，正式代表547名，候补代表208名。代表全国党员121万人。

（一）中央部署代表的选举工作

1938年1月20日，党的七大准备委员会秘书处发出通知，要求各地"物色培养与训练党的优秀干部准备为出席大会代表的候选人"[1]。3月,中央政治局会议讨论了关于七大代表的问题,规定了代表的数目、不同成分、男女比例、职业分布、各个地区的比例。关于大会代表的名额,4月间任弼时向共产国际报告是500人。

关于七大代表的选举,毛泽东在六届六中全会的报告中提出:"扩大的六中全会闭幕之后,诸位同志回到各地工作,便应在努力发展党与巩固党的基础之上,依照民主的方法,适时地进行选举,使那些最优秀的最为党员群众所信托的干部与党员有机会当选为大会的代表,使七次大会能够集全党优秀代表于一堂,保证大会的成功。"[2]从这段话里可以看到涉及代表选举的几点要求:一是发展与巩固党的基础;二是按照民主的方法,适时进行选举;三是代表应是最优秀的最为党员群众所信托的干部与党员。

11月6日,六届六中全会通过的《关于召集第七次全国代表大会的决议》规定:"各地参加大会代表的名额,依各地党员的数量质量和各地在抗日战争中作用的重要性分配之。代表的产生,除了某些因环境关系不能进行民主选举的地区外,须尽可能作到用民主方法选举代表。"[3]明确了民主选举代表的基本原则。

---

[1] 中共中央党史研究室、中央档案馆编:《中国共产党第七次全国代表大会档案文献选编》,中共党史出版社2015年版,第6页。

[2] 中共中央党史研究室、中央档案馆编:《中国共产党第七次全国代表大会档案文献选编》,中共党史出版社2015年版,第15页。

[3] 中共中央党史研究室、中央档案馆编:《中国共产党第七次全国代表大会档案文献选编》,中共党史出版社2015年版,第16页。

1939年6月至7月，中央书记处先后发出两个通知，强调了代表的质量问题。6月14日的通知要求："代表质量要慎重选择政治上绝对可靠"，"真正能代表该地组织、反映该地工作的各级干部"。[1]同时，必须注意代表质量和当地党的具体情况，郑重选择，不得滥竽充数。还要提高警惕性，精密地考察人选。各地须绝对保证不让敌探、奸细、叛徒等阶级敌人、暗害分子混入。7月21日，中央通知又强调，除原来的代表质量要求外，还要"注意选举当地有信仰的党与群众领袖"[2]。

关于七大的代表成分，依照六届六中全会的决定，须尽可能求得工人占20%，妇女、青年占10%，工人成分尽可能求得其中有大城市、大产业、铁路、海员、矿山等工人参加。但同时也强调代表的质量和当地的具体情况。中央要求，除了照数选举正式代表外，还应选出1/3的候补代表，候补代表的总数为150名。遇到正式代表因工作不能出席时，候补代表可以按次递补为正式代表，未得补为正式代表之候补代表亦可出席大会，但无表决权。

（二）代表名额分配

七大代表的产生，由于会期的一再推迟，持续的时间比较长。大致可以分为1939年、1943年和1945年初等三批。

1939年，中央决定七大代表名额为600名，按照各地党员的数量、质量、环境、交通等条件分配。如：北方局20.2万名党员，分配代表74名；华中局4.67万名党员，分配代表50名；陕

---

[1] 中共中央党史研究室、中央档案馆编：《中国共产党第七次全国代表大会档案文献选编》，中共党史出版社2015年版，第18页。

[2] 中共中央党史研究室、中央档案馆编：《中国共产党第七次全国代表大会档案文献选编》，中共党史出版社2015年版，第21页。

甘宁 5.6 万余名党员，分配代表 100 名；八路军有 9 万名党员，分配代表 95 名。[1] 可见名额分配并不是和党员数量直接挂钩的。后来，中央根据各地实际情况，对代表名额进行过多次调整，到 1943 年 8 月，中央又决定增加 120 名代表名额，加上原来决定的 600 名，合计 720 名。这些增加的名额，统一按地区分配，主要分配给太行、太岳、晋察冀边区、山东、冀南、晋绥、陕甘宁等地区，没有再给部队系统分配。到 1945 年春，七大召开在即，中央又进一步统计了党员人数，刘少奇还专门为中央组织部起草了统计党员人数的电报。[2]

根据各地上报的情况，最终汇总全国党员总数为 1211186 人。[3] 根据最新的党员人数，中央又调整了七大代表的人数，代表名额总数达到了 809 人。这次名额分配不是简单的增加，而是根据各地情况有增有减，特别是部分原先选出的代表，因工作关系不能赴会参会，由于去世、代表资格审查未通过等出现空缺的，空缺名额又统筹做了调整，实际增补 246 人。[4]

经过调整后，各地代表情况如下：

中直：党员总数 7932 人，正式代表名额 33 人，候补代表名额 30 人；陕甘宁：党员总数 40000 人，正式代表名额 75 人，候补代表名额 45 人；陕西：党员总数 3079 人，正式代表名额 10

---

[1] 中共中央党史研究室、中央档案馆编：《中国共产党第七次全国代表大会档案文献选编》，中共党史出版社 2015 年版，第 17 页。

[2] 中共中央党史和文献研究院编：《刘少奇年谱》（增订本）第 2 卷，中央文献出版社 2018 年版，第 57 页。

[3] 中共中央党史研究室、中央档案馆编：《中国共产党第七次全国代表大会档案文献选编》，中共党史出版社 2015 年版，第 132 页。

[4] 中共中央文献研究室编：《任弼时年谱》，中央文献出版社 2004 年版，第 477 页。

人，候补代表名额5人；晋绥：党员总数33349人，正式代表名额37人，候补代表名额15人；晋察冀：正式代表名额95人，候补代表名额30人；晋冀鲁豫：党员总数115009人，正式代表名额65人，候补代表名额25人；总部：正式代表名额11人，候补代表名额3人；山东：党员总数213183人，正式代表名额70人，候补代表名额25人；华中：党员总数321382人，正式代表名额112人，候补代表名额36人；大后方：党员总数52033人，正式代表名额62人，候补代表名额25人。[1]

七大最终的代表人数是755人，这说明1945年春的分配名额并没有全部落实。

值得注意的是，七大代表选举确定了正式代表和候补代表之分。

（三）代表的选举产生

七大代表的产生，最初主要以选举为主，这与以往几次代表大会有所不同。根据六届六中全会通过的召集七大的决议："代表的产生，除了某些因环境关系不能进行民主选举的地区外，须尽可能作到用民主方法选举代表。""各地代表由各地省的或区的代表大会选出。八路军、新四军的代表，由师的党代表大会或支队党代表大会选出。在特殊条件下，不能召集上述代表会议时，由各地中央局或军队的政治部按照实际情况酌定办法。"[2]地方党部的选举方法由各地最高党部决定。

---

[1] 中共中央党史研究室第一研究部编：《中国共产党第七次全国代表大会研究》，上海人民出版社2006年版，第90页。

[2] 中共中央党史研究室、中央档案馆编：《中国共产党第七次全国代表大会档案文献选编》，中共党史出版社2015年版，第16页。

这些规定使得1939年前后产生的七大代表，大部分是通过召开党员大会或党代表大会选举产生的。中央直属机关的代表就是由中央直属机关代表大会选举产生。选举前，中央组织部认真进行了分析，甚至预测哪几个单位可能产生哪几名代表。最后能否当选代表，是正式的代表还是候补代表，根据票数多少决定。

通过召开党代表大会产生七大代表的有陕甘宁边区、山西、山东等地区。1939年11月，陕甘宁边区在安塞召开了中共陕甘宁边区第二次代表大会，出席会议的有170人，选举产生了陕甘宁边区出席七大的代表。时任三边分委书记的白治民、八路军留守兵团第五团政委李宗贵，都是在这次党代表大会上被选为七大代表的。[1]

有一些地区没有召开党员大会或党代表大会，而是召开党委扩大会议选举代表。陕西省委1939年8月在云阳召开扩大会议，选举贾拓夫、赵伯平等7人为七大代表。[2]

在1939年前后产生的七大代表中，民主选举产生是主要方式。

也有的七大代表由指定、简单推选等其他方式产生。在1943年和1945年期间产生的七大代表，由于时间关系，采取了简单推选或指定的方式。1943年8月，中央给北方局、太行分局等地区发电要求增补代表时，明确表示："各地名额由北局及各分局决定分配及推选，不必召集大会选举。各地代表须各区党委或地

---

[1] 中共陕西省委党史研究室编：《中国共产党陕西历史大事记（1915.2—1949.10）》，陕西人民出版社1993年版，第258页。

[2] 中共陕西省委党史研究室编：《中国共产党陕西历史大事记（1915.2—1949.10）》，陕西人民出版社1993年版，第255页。

委或部队的负责同志,但任何有政治问题的人均不得为代表。"[1]电报发出后,冀察晋的冀中分局感觉时间仓促,准备不能充分,向中央请示具体代表条件及选派要求,中央回电明确指示:"你处重选代表可以由分局从直属机关学校及北岳冀中两区就近指派,以质量好,能回去传达大会精神为主要条件。"[2]

1945年春增补的代表,增补办法则更为直接。因为七大召开在即,组织选举已不可能,中央决定:由各代表团从在延安的干部中提出候选名单,用电报报告所代表地区,由那里的党委批准为代表。比如华中局的代表,在1945年前来延安的共59人,其中16人在1944年的抢救运动中被暂时审查待定,而中央在1945年分配给华中局的代表名额为112人,缺额较大。在采取其他措施仍无法达到规定名额时,华中局代表团就采取了从在延安的华中干部中选出人选,然后提交华中局批准的做法。1945年3月16日,华中局代表团共选出28名人选,由陈毅拟电,李富春同意,电请华中局批准。华中局收到电报后于3月20日研究了关于中央七大会议问题的复电。经华中局批准,从延安选出的28名代表中,有27人出席了大会。

(四)上届中央委员会成员参选代表方式

六届六中全会后,中央委员数量达到了40多人,如果全部从中央机关部门选为代表,中央机关的代表比例就会过高。为解决这一问题,参照以往中央委员随所在区域或单位当选代表的经

---

[1]中共中央党史研究室、中央档案馆编:《中国共产党第七次全国代表大会档案文献选编》,中共党史出版社2015年版,第60页。

[2]中共中央党史研究室、中央档案馆编:《中国共产党第七次全国代表大会档案文献选编》,中共党史出版社2015年版,第61页。

验做法，七大将中央委员分配到了各个局或部队作为候选人参选代表。1939年的分配方案如下：八路军：朱德、彭德怀、毛泽东、王稼祥；南方局：周恩来、博古、凯丰、吴玉章；中原局：刘少奇、董必武；晋察冀边区：陈云、关向应；冀晋豫区：张闻天、杨尚昆；新四军：项英、邓发；东南局：王明、任弼时；山东：康生；陕西：李富春；边区：林伯渠、李维汉、张浩；冀鲁豫：陈铁铮。

各地按照中央的分配方案组织了推选。1944年8月，中央组织部部长彭真致电邓小平了解张闻天、杨尚昆的代表推选问题。邓小平随后向冀晋豫区党委联系核实，确认两人已按此前中央的要求推选完成并报告中央。这样，张闻天、杨尚昆就作为冀晋豫区七大代表中的一员，被编入太行二团参加七大活动。

中央领导人划归到地方参选，自党的七大开始，作为一种惯例被固定延续下来。

（五）代表资格审查

代表资格审查制度，从六大起已经逐步规范，成为召开党代表大会的一项基本程序和重要的组织准备。七大的代表资格审查则更为严格细致。

对七大代表的资格审查步骤如下：

一是选举时的审查。1939年代表开始选举，各地即普遍成立审查委员会，进行选前审查。审查的对象是代表提名人选或候选人。凡经审查委员会审查存在问题的，即不再入选。

二是任弼时主持的代表资格审查委员会的审查。1940年上半年，中央指定部分党和军队政治、组织部门的领导同志组成了代表资格审查委员会，由任弼时主持。代表资格审查委员会从1940

年 5 月 29 日至 1941 年 3 月 2 日，曾召开 20 多次会议，审查代表 252 名，占当时到达延安的 306 名代表的 82.4%。[1]

三是 1941 年 4 月后有关部门的审查。1941 年 4 月后，代表资格审查委员会未再继续工作，审查代表资格的职能进行了分解。地方代表主要由中央组织部审查，部队代表主要由中央军委总政治部等部门审查，总政治部成立了以胡耀邦为主任的审查委员会。

四是审查干部与"抢救运动"中的审查。延安整风运动期间审查干部的工作中，也涉及对部分七大代表的审查。审查的目的主要是从组织上清除汉奸、特务，为纯洁党的队伍、胜利召开七大做准备。

五是大规模"抢救运动"停止后的甄别审查。1944 年 10 月后，"抢救运动"基本结束，一些七大代表随之被重新复查、甄别和平反。

六是大会召开前七天的代表资格审查。七大召开在即，正式的代表资格审查委员会又组建成立，由彭真任主任。代表团负责第一步审查，并向中央报告，这也成为七大代表资格审查最正式也是最后的程序。在七大开幕式上，彭真作了《关于代表资格审查的报告》。

由于七大代表资格审查过程历经多个阶段，其间还经历了整风运动、审干工作和"抢救运动"，一轮接一轮的审查使得审查的内容非常繁多。在多重审查的前提下，对审查结果从严掌握。在代表资格审查过程中，有一些代表因为审查未通过而没有出席七大。

---

[1] 中共中央文献研究室编：《任弼时传》，中央文献出版社 2004 年版，第 547 页。

三、由各阶层构成的代表

1939年6月，中央在选举七大代表的二号通知中明确提出"工人百分之二十，妇女、青年百分之十"[1]的比例要求。这一规定具有指导性，但选举的结果与规定并不完全一致。

从代表的年龄情况看，平均年龄为36.5岁，年龄最大的69岁，最小的23岁，31岁至40岁的约占60%。这个结果比中央二号通知提出的青年占10%的要求高了许多，从而使得七大代表整体充满了活力。从代表的性别结构看，男性代表占了大多数，有700人，占92.7%，女性代表52人，占6.8%，有蔡畅、康克清、邓颖超等，女性代表的比例及人数较以往均有所增长。

从代表的职业身份看，学生、教员成分的代表占了一半以上的人数。工人（包括手工业工人、学徒和店员）占了近1/4，贫农占了近15%。由于没有像党的六大一样过分强调工人身份的党员代表，因此，工人代表比例基本符合中央的要求。由于党长期在农村建设革命根据地，农民党员数量比以往有所增多，体现在代表层面，农民代表的数量和占比远远超过以往的党代表大会。同时，由于当时处在战争环境下，军队代表占比在40%以上。

从代表党龄情况看，土地革命战争时期的党员最多，约占总人数的60%；大革命以前入党的党员约占30%；1937年全面抗战以来入党的党员最少，约占10%。全面抗战以来入党的代表少，主要与七大以1939年选举产生的代表为主体有关。

---

[1] 中共中央党史研究室、中央档案馆编：《中国共产党第七次全国代表大会档案文献选编》，中共党史出版社2015年版，第18页。

从代表的文化程度看，具有中学及以上文化程度的近60%，小学文化程度的40%多。在当时教育水平相对落后的情况下，代表的文化程度还是比较高的。

七大代表与以往代表大会的代表相比，具有更加广泛的代表性，这与代表产生方式主要以民主选举为主、与中央对代表政治素质和代表性的要求等密切相关。七大代表中，除了党政军各级领导人员外，还有许多代表不同层面群体的人员，比如来自基层军队的战斗英雄、来自各根据地的生产模范等。晋绥边区的代表刘笃庆是领导围困蒲阁寨战斗的武工队政委、特级战斗英雄，陕甘宁边区的代表刘建章是延安南区合作社模范，陕甘宁边区的代表申长林、吴满有是大生产的模范，军队代表白天是受共产党抗日精神感召而毅然离开国民党军队参加八路军的统战典型，还有少数民族代表乌兰夫，以及参加过长征的女战士、在大后方做秘密工作的同志、原东北军的爱国将领等。

参加会议的河北籍代表共有75人，约占代表总数的10%。河北籍代表之所以成为参加会议人数最多的省区代表之一，与河北作为抗日的前线，先后创建晋察冀、晋冀豫、冀鲁豫、冀鲁边、冀热辽等抗日根据地有着密切的关系。参加会议的河北籍代表中，晋察冀代表团47人，晋冀鲁豫代表团13人，中直代表团5人，山东代表团4人，陕甘宁边区代表团2人，华中代表团2人，晋绥代表团1人，大后方代表团1人。据统计，这些与会代表在新中国成立后，大部分成为党、政、军和各条战线的领导骨干，为建设新中国建立了不朽功勋。

大会还特邀了一些外籍人士参加，其中有：日本共产党代表冈野进，朝鲜独立同盟代表朴一禹，驻延安苏联情报组负责人兼塔斯社记者孙平等。日本共产党代表冈野进，原名野坂参三，于1922年创建了日本共产党；1925年当选为日共中央委员；1931—1940年为日本共产党驻共产国际的代表；1935年为共产国际执行委员会委员，成为共产国际重要领导人之一。1940年4月，冈野进从莫斯科经新疆秘密来到延安。他的身份当时还是秘密的，只有中央少数领导人知道，冈野进的到来使延安成为在华日本人反战的中心。1945年4月，冈野进作为日共代表（旁听代表）应邀出席党的七大，并在大会上发言。他在题为《建设民主的日本》的演说中，阐明了日共反对日本军国主义的坚定立场。

四、奔赴延安的"小长征"

（一）代表培训的尝试

1938年11月，党的六届六中全会通过了《关于召集第七次全国代表大会的决议》，提出"在不久的将来"召开七大。大会的中心任务是讨论坚持抗战，争取和保证抗日战争的最后胜利问题。1939年6月14日、7月21日，中央书记处两次向各地党组织发出关于如何选举七大代表的通知，并要求9月1日前选举出代表。然而，从这时起，国内形势发生变化，国民党顽固派破坏国共合作，不断搞磨擦，日军又在对根据地进行"扫荡"，召开七大的条件和环境并不具备。1941年9月中央政治局会议后，本来计划在1942年上半年召开七大，后因整风运动、大生产运动和其他工作再次推迟七大的召开。1943年8月1日，中央政治局发出《关于七大代表赴延安出席大会的指示》，决定七大改在1943年底举行，但要求代表"须于最近期间启程来延"。不久，由于中央政治局重新召开整风会议，要求党的高级干部学习党史，七大再次延期。

第七章 七大代表：严格的代表资格审查

1944年5月，整风运动进入总结阶段，全党思想空前统一。5月10日，中央书记处会议决定：立即着手进行召开七大的各方面准备工作，在7个月内开预备会议，8个月内开大会；本月内将大会报告及指定发言的提纲写出，6月上半月写成文字；预备会开1个月，正式大会一部分公开举行，并可邀请党外人士参加。5月19日，中央书记处又决定，5月21日召开六届七中全会第一次会议。一再延迟的中共七大，至此终于提上了日程。

七大从1938年启动到1945年召开，历经七年的时间。所以因七大的延期而在延安居住下来等候开会的代表，在这么长的时间应该做些什么工作，成为七大准备委员会要解决的问题。针对七大代表的实际情况（思想素质和认识水平参差不齐），中央决定对七大代表进行学习培训。

七大代表的学习和培训工作大致分为两种形式：

一是在奔赴延安途中学习。1940年8月，华中地区的41名代表到达华中局机关所在地皖东半塔集。刘少奇对他们非常重视，专门为代表们作了报告，题目是《从华北的经验看华中的工作》。刘少奇还分别送给七大代表每人一本自己写的《论共产党员的修养》，作为大家学习的理论课本。代表们边行军边学习。在山东，八路军第115师政委罗荣桓给七大代表们讲述山东抗日根据地建设、武装斗争、群众运动以及贯彻党的方针政策等方面的经验。在陕西北方局驻地，1940年1月，冀南、山东、太行、太岳的七大代表团都集中于此地。北方局的领导人彭德怀、徐懋庸分别给他们作报告，同时，北方局还组织代表们学习《联共（布）党史简明教程》。5月到9月，冀南、山东、太行、太岳的代表团一行五六十人还到晋察冀抗日根据地参观学习，听取地方负责人、军队负责人的报告、讲座等。

这些交流性质的报告和参观学习,加强了七大代表对党的政策的理解,以及对其他地区工作的认识,使他们开阔了视野,提升了理论水平。

二是参加整风学习。中央将先期到达延安的300余名七大代表安排在中央党校学习。学习的主要内容是整风运动有关材料。

1943年3月,中央党校进行了改组。少数地委以下的七大代表同地委、旅级以上干部被编为第一部,其他七大代表起初被分散编入其他各部,临近大会开始前,全部集中到了第一部。据1944年统计,在中央党校学习的七大代表为343人。

学习形式包括学习文件、深入研究、热烈讨论、参加漫谈会、听报告、出墙报、写学习笔记、参加整风学习考试等。在学习的基础上,七大代表们还联系个人实际深刻检查思想、工作,进行自我批评。在小组会上发言较好的代表,还被安排到大会上发言。随后,按照整风步骤安排,代表们开始撰写思想总结、自传,并在支部内进行报告,回答支部成员提出的问题。自传通过后,党小组会对代表的情况作审查结论,每个七大代表审查结论中一般都会有"何时被选为七大代表"的内容。这是审查结论中七大代表与普通学员有所区别的部分。自我检查、支部报告、党小组审查、党支部总结的过程,提高了七大代表的思想认识水平,使七大代表接受组织监督,改进思想和工作作风。

(二)代表从各地赶赴延安

七大代表人数众多,来自全国各地,在奔赴延安开会的过程中,需要经历国民党军队和日军的多重封锁,路途艰辛,生命安全时刻受到威胁,有的代表甚至牺牲在途中。所以,七大代表奔赴延安开会的过程被毛泽东喻为"小长征"。

七大时，代表人数远远超过了六大，虽然是在国内赴会，但由于处在抗日战争期间，国共又磨擦不断的复杂艰险的环境中，沿途的危险与困难，丝毫不亚于六大代表的赴会征程。

由于七大代表选出后，七大召开的日期一再延迟，因此，赴会问题逐渐演变成向延安集中等待开会的问题。最早派出代表到延安的是陕西省委。1939年8月31日，陕西省委致电中央请示代表团赴延安问题。中央于9月3日回复同意。随后，东南局、山东等各地的代表陆续请示赴延安问题，并开始向延安集中。代表们去延安赴会，有以下几种情况。

一是陕甘宁边区和晋绥地区的七大代表赴会。这两个地区距离延安较近，因此基本上是在根据地内部行进，路程短，危险小。

二是晋察冀和晋冀鲁豫地区的七大代表赴会。这两个地区需要通过日军的同蒲路封锁线，危险较大。其中，由晋察冀赴会的代表，需要在太原以北穿过同蒲路，但行进途中受到伏击，随后改道崞县以北。此后，穿越同蒲路封锁线又有两条主要线路：一是经过娄烦、岚县至兴县；二是经过宁武、五寨、岢岚至兴县。由晋冀鲁豫地区赴延安的代表主要是在太原以南的太谷、平遥、介休之间越过同蒲路封锁线。穿越封锁线的行程十分困难，一般要昼夜强行军150里以上。

各地先后有几百名七大代表经过这里，包括许多党政军重要领导人，如刘少奇、彭德怀、刘伯承、陈毅等。

三是由山东根据地赴延安。一般要先到冀鲁豫根据地，途中需要穿越津浦路和平汉路的两道敌人封锁线。穿越路线主要有两条：一条是从鲁南地区西部的枣庄、滕县一带由铁道游击队掩护过津浦路后再乘船过微山湖，经冀鲁豫由安阳地区过平汉路，之后逆漳河西行到达太行区。一条是由泰安一带过津浦路，经鲁西的东平、阳谷，冀南的任县、南宫，在邢台和邯郸之间越过平汉路进入太行的涉县，再到武乡。

四是由华中各根据地赴延安。主要路线是先到达山东的鲁南地区，在津浦路以东要越过陇海路封锁线，在津浦路西侧要先过津浦路进苏北，然后过陇海路。

五是大后方的代表（当时的西南地区，如云贵川等），一般是先到重庆中共南方局集合，然后再安排去延安。如川东特委选出的七大代表江浩然，1940年1月到重庆南方局报到后，化装成四行仓库职员，拿到国民党特约包车的车票，辗转才到达延安。1939年底，香港选出的5名代表和南方9省的代表会合后，跨越11个省，行程万余里才到延安。

以上是代表赴延安的主要线路。具体到个人，每位代表情况又会有所不同。即使是相同的线路，经历的艰险也不一样。1940年5月，晋察冀的七大代表团在途中遇到敌人袭击，两名七大代表牺牲。新四军和皖南地区的代表最为惨烈，他们一行24人，在到达安徽无为时，被国民党扣押后全部被杀害。

1941年初，当七大代表、华侨青年苏惠等人经过艰难险阻到达延安后，受到了毛泽东的宴请。毛泽东在询问她们奔赴延安的历程后，扳着指头说，你们过了长江、黄河，中国的主要河流、山川、铁路都让你们走过来了。我们是大长征，你们是小长征。[1]

---

[1] 全国政协文史和学习委员会编：《峥嵘岁月——华侨青年回国参加抗战回忆录》，中国文史出版社2016年版，第61—62页。

(三)党的七大代表:"人民的哲学家"艾思奇

党的七大确定以毛泽东思想为党的指导思想。毛泽东思想是马克思主义理论与中国具体革命实践相结合的产物,是马克思主义中国化的第一次历史性飞跃。在毛泽东思想的形成与完善过程中,艾思奇等理论家对马克思主义理论进行了学术梳理,对马克思主义的中国化和大众化作出了特殊的贡献。

艾思奇(1910—1966),云南腾冲人,原名李生萱,蒙古族。著名的马克思主义哲学家、教育家,为传播和发展马克思主义哲学作出了重大贡献,被称为"人民的哲学家"。1966年3月去世时,年仅56岁。

1925年至1926年,艾思奇在云南省立第一中学读书。因积极参加学生运动,被军阀通缉。1927年初到南京,不久被捕,经保释出狱。1927年春到日本求学,参加了中共东京支部组织的社会主义学习小组,阅读马列主义经典著作和黑格尔的《逻辑学》。因抗议济南惨案,1928年春回国。1930年到1931年再度赴日求学。九一八事变后,愤而弃学回国。1933年初参加中国共产党领导的社会科学家联盟,从此走上研究和宣传马克思主义哲学的道路。1934年经"社会科学家联盟"安排在《申报》流通图书馆读书指导部工作,艾思奇利用这个阵地宣传马克思主义。同年11月转《读书生活》杂志任编辑,开始写《哲学讲语》,在《读书生活》上连载,到1935年24篇《哲学讲语》集结成《大众哲学》一书。这本书在新中国成立前印行了32版,影响数以万计的读者接受马克思主义思想,走上了中国共产党领导的革命道路。

1935年10月,艾思奇加入中国共产党。1937年5月创办综合性学术杂志《认识月刊》,参加了郭沫若等发起创办的《文化战线》旬刊、《战线》五日刊的编辑工作。1937年10月到达延安，在抗日军政大学任主任教员，同时在陕北公学任教。1938年9月与何思敬一起主持由毛泽东提议成立的延安新哲学会。同年底在马列学院任教，兼任哲学研究室主任。1939年任中共中央宣传部文化工作委员会秘书长。同年，参加毛泽东组织的哲学小组，着重讨论《实践论》《矛盾论》中的问题。1940年2月任《中国文化》主编。1941年7月任马列研究院（随后改为中央研究院）中国文化思想研究室主任。1942年根据毛泽东的建议主编《马克思、恩格斯、列宁、斯大林思想方法论》，此书被列为延安整风运动的必读文件之一。1945年4月，出席党的七大。8月任《解放日报》副总编辑，1946年底任总编辑。1947年10月，在马列学院任教，开始讲授社会发展史，直到中华人民共和国成立初期。上述工作对20世纪50年代的青年知识分子确立革命的世界观和人生观起了重要作用。

1953年，艾思奇任马列学院哲学教研室主任。1955年秋，任中国科学院哲学社会科学部学部委员。1956年9月参加党的八大。1958年下放到河南，其间对"五风"（"共产风"、浮夸风、命令风、干部特殊风和对生产瞎指挥风）提出过严肃的批评。1959年底任中共中央高级党校副校长。1961年主编哲学教科书《辩证唯物主义历史唯物主义》。

艾思奇在中国最早使马克思主义哲学大众化。他把大量精力投入研究和宣传马克思主义哲学的工作，写了许多通俗生动的哲学文章。《大众哲学》一书在中国较早地创造性地全面系统传播了科学世界观的基本原理，给中国广大青年和人民群众提供了第一部比较完整的哲学教科书，促进了马克思主义哲学在中国的传播。这部著作第一次在中国把哲学从哲学家的课堂上和书本里解放出来，教育和帮助中国广大青年和人民群众树立起正确的世界观和人生观。有许多青年在《大众哲学》的启蒙教育下，走上了革命的道路，并有不少成为优秀的领导干部。

艾思奇不仅用马克思主义哲学理论教育了广大青年，也培养了包括哲学理论工作者在内的大批领导干部。为了帮助干部学哲学，艾思奇编写了《哲学研究提纲》，编辑了《哲学选辑》。在延安整整十年，艾思奇先后在抗大、陕北公学、马列学院教哲学，给进步青年和领导干部讲了许多哲学课。

作为理论工作者，艾思奇坚持真理，对于自己理论研究工作中发生的某些缺点和个别失误，不文过饰非，而是接受批评，在报刊上公开纠正。讲课和写文章，都始终坚持理论与实际相结合的原则和方法。让马克思主义哲学中国化、大众化、时代化，是他从事马克思主义哲学理论工作一直追求的目标。

时至今日，艾思奇的《大众哲学》已出版发行近90年。90年光阴，成长了一代又一代人，但是，《大众哲学》依然是初学哲学的学子们的必读书。

第八章

八大代表：无记名投票选举产生

时间：1956年9月15日至27日

地点：北京

关键词：社会主义革命基本完成和社会主义制度基本确立

一、工作重心转移

（一）会议的主要内容

党的七大后，中国社会发生了一系列深刻的变化。1949年10月1日，中华人民共和国建立；1956年上半年，全国绝大部分地区基本上完成了对生产资料私有制的社会主义改造，一个崭新的社会主义制度在中国建立起来。与此同时，第一个五年计划的许多重要指标已有确实把握提前完成。在这种形势下，为了加强执政党的建设，探索中国社会主义建设的道路，制定党在新形势下的路线、方针、政策，中共中央决定召开第八次全国代表大会。

为了准备召开党的八大和迎接大规模的经济建设，1955年底至1956年春，毛泽东、刘少奇等中央领导人进行了大量周密而系统的调查研究。先是1955年12月至1956年3月，刘少奇为准备起草八大的政治报告，分别与中央和国务院37个部门的负责人座谈。接着，1956年2月14日至4月24日，毛泽东分别听取国务院35个部委关于工业生产和经济工作的汇报。毛泽东经过充分细致的调查，逐渐形成了对中国社会主义建设有全局性、长远性指导意义的《论十大关系》的报告。《论十大关系》和一系列新方针的提出，为党的八大的召开做了重要的思想理论准备。

1956年9月，中国共产党第八次全国代表大会在北京召开。

毛泽东致开幕词，刘少奇作《中国共产党中央委员会向第八次全国代表大会的政治报告》，邓小平作《关于修改党的章程的报告》，周恩来作《关于发展国民经济第二个五年计划的建议的报告》。会上，朱德、陈云、董必武等相继作了重要发言。

大会肯定了中央从七大以来的路线是正确的，同时分析了社会主义改造基本完成以后，中国阶级关系和国内主要矛盾的变化，确定把党的工作重点转向社会主义建设。

党的八大正确分析国内形势和国内主要矛盾的变化，明确规定了党和全国人民在新形势下的主要任务。大会宣布：我国无产阶级同资产阶级之间的矛盾已经基本上解决，几千年来的阶级剥削制度的历史已经基本上结束，社会主义的社会制度在我国已经基本上建立起来。我国国内的主要矛盾已经是人民对于建立先进的工业国的要求同落后的农业国的现实之间的矛盾，已经是人民对于经济文化迅速发展的需要同当前经济文化不能满足人民需要的状况之间的矛盾；党和全国人民当前的主要任务，就是要集中力量来解决这个矛盾，把我国尽快地从落后的农业国变为先进的工业国。

党的八大坚持党中央提出的既反保守又反冒进，即在综合平衡中稳步前进的经济建设方针。

大会讨论通过了《关于政治报告的决议》《中国共产党章程》和《关于发展国民经济的第二个五年计划（1958—1962）的建议》。新的党章是中国共产党在全国执政后的第一部党章。

大会选举产生了第八届中央委员会，包括中央委员97人，候补中央委员73人。同时，根据党的事业发展的需要，八大决定中央委员会增设副主席和常委，中央书记处增设总书记和候补书记，并加强中央监察委员会的机构，设书记、副书记。

党的八大是党在全国执政后召开的第一次全国代表大会，也是一次解放思想、民主开放的大会。大会宣告了社会主义革命的基本完成和社会主义制度的基本确立，并明确提出了党在今后的根本任务。八大制定的党的路线是正确的，提出的许多新的方针和设想是富于创造精神的。八大对中国自己建设社会主义道路的探索，对于党的事业的发展有长远的重要意义。

（二）对党代会代表及相关制度的规定

1956年9月26日，中国共产党第八次全国代表大会通过《中国共产党章程》，其中对党代会代表和相关制度的新规定有：

> 第三十一条　党的全国代表大会每届任期五年。
>
> 全国代表大会的代表名额，代表的选举、改选和补选办法，由中央委员会决定。
>
> 全国代表大会会议由中央委员会每年召开一次。在特殊情形下，中央委员会可以决定延期或者提前召开。如果有三分之一的代表的要求，或者有三分之一的省一级组织的要求，中央委员会必须召开全国代表大会会议。
>
> 第三十二条　党的全国代表大会的职权是：

（一）听取和审查中央委员会和中央其他机关的报告；

（二）决定党的方针和政策；

（三）修改党章；

（四）选举中央委员会。

第三十三条　党的中央委员会任期五年。中央委员会委员和候补委员的名额，由全国代表大会决定。中央委员会委员出缺，由中央委员会候补委员依次递补。[1]

八大党章首次规定在党的全国的、省一级的和县一级的代表大会实行党代表大会常任制。八大党章规定：党的全国代表大会每届任期五年，省一级的代表大会每届任期三年，县一级的代表大会每届任期二年。这三级代表大会一律每年开会一次。党章上并未使用"常任制"的称谓，常任主要体现在党章规定的两点：一是党代表大会年会制的规定；二是代表任期制的规定，代表一任一届，中间出缺可以改选或补选。从操作层面来看，党代表大会常任制包含年会制。因为，没有年会制的制度形式，代表常任就缺乏有力的平台。不过，这里的年会制与建党初期的年会制有所不同，主要差异是一大至五大时的年会制与代表的任期制没有关联，而常任制的年会制要求与代表任职期紧密相关。

邓小平在关于修改党章的说明中对这项新规定做了说明。党代表大会常任制的有利之处在于：首先，使代表大会可以成为充分有效的最高决策机关和最高监督机关，它的效果是几年开会一

---

[1]《中国共产党第八次全国代表大会文件》，人民出版社1956年版，第107—108页。

次和每次重新选举代表的原有制度所难以达到的。其次，可以及时讨论重大决定。党的最重要的决定都可以经过代表大会讨论，党的中央、省、县委员会每年必须向它报告工作，听取它的批评，答复它的询问。最后，代表责任更重。代表由于是常任的，要向选举他们的选举单位负责，就便于经常地集中下级组织、党员群众和人民群众的意见和经验。代表在会议上，就有了更大的代表性，而且在代表大会闭会期间，也可以按照适当的方式，监督党的机关的工作。

党的八大结束后，中央先后制定了《关于党的第八次全国代表大会以后召开的地方各级党的代表大会实行常任制问题的规定》和《关于党的地方各级代表大会的代表名额和代表改选、补选问题的规定》等保障性文件，全力推动党代表大会常任制的落实。根据中央规定，党代表大会常任制的实施范围为省、市、县三级党组织，党的基层组织的代表大会不实行常任制。党的基层组织的代表大会的代表由党员群众直接选出，也就是由基层党委会或总支部委员会所属的各支部党员大会选出。而这些支部的党员数量较少，也较集中，因而容易通过召开党员大会来直接选举出席基层党代表大会的代表。同时，由于基层党委会或总支部委员会是建立在基层单位的，他们与党员群众有着密切的联系，一切活动随时可以受到党员群众的监督，党员群众的意见和要求他们也容易了解，因此，基层党代表大会的代表也就没有必要实行常任制。截至1957年，全国各省、市、自治区一级党代表大会（除西藏外）和1500个左右的县（自治县、市）都实行了常任制。

1956年11月，中央军委总政治部制定了《关于军队各级党委是否设立书记处和军队各级党代表大会如何实行常任制的规定》，规定了军队中党代表大会常任制的范围，主要包括：一是大军区一级（包括志愿军），军种一级（包括海军、空军、防空军、公安军），省军区一级，军、师、团三级。省军区、军以上党代表大会每届任期三年，师、团党代表大会每届任期二年。兵种一级除铁道兵实行党代表大会常任制外，其他各兵种（如炮兵、装甲兵、工程兵、通信兵）因隶属单位不多，可不实行党代表大会常任制，各级党委由上级指定。二是军事学院、政治学院、后勤学院、军事工程学院、总高级步兵学校的党代表大会实行常任制，每届任期二年。其余各院校不实行党代表大会常任制，但每年得召开党代表大会或党员大会一次。[1] 1963 年 1 月 21 日，总政治部又对以上规定进行了修改，发出了《关于军委各兵种实行党代表大会常任制的通知》，重新规定：兵种一级都应召开党代表大会，并实行常任制，每届任期三年。

党的八大在党代表大会制度建设方面是具有开创性贡献的。

二、无记名投票选举代表

出席党的八大的代表 1026 人，代表全国 1073 万名党员。

（一）中央部署八大代表的选举工作

中央对八大代表的选举工作非常重视，在正式选举代表前，做了许多准备工作，包括有计划地安排各省市召开新中国成立后的第一次党代表大会等。八大在确定代表选举单位、分配名额以

---

[1] 南京军区政治部组织部编：《组织工作文件汇集》第 2 辑，1980 年，第 201 页。

及选举中遇到的具体问题的解决方面形成了一整套固定做法，代表的产生过程成为此后代表选举产生的基本模式。

1955年10月，党的七届六中全会通过《关于召开党的第八次全国代表大会的决议》。《决议》规定了代表产生的基本程序及办法，主要包括：

关于选举单位划分和选举会议形式的规定。《决议》规定代表由各省级党组织、中央直属机关和中央国家机关的党组织、中国人民解放军党组织分别召开党代表大会选举，西藏地区可以召开党的代表会议。

其中，关于西藏地区，是立足于西藏党的基层组织建设和党员发展的实际而提出的。因为西藏从解放至1956年，首要任务是反对分裂活动，维护祖国统一，增强民族团结。当时，毛泽东为西藏工作制定了一条基本方针："在西藏考虑任何问题，首先要想到民族和宗教问题这两件事，一切工作必须慎重稳进。"[1]在西藏和平解放后8年之久的时间里，中央原封不动地保留了西藏的政治制度。因此，西藏地区当时并未完全建立起基层党组织体系，农村甚至几乎没有建立党组织。直到1959年11月，中共西藏工委才下发了《关于在农村中进行建党工作的指示》，提出：在民主改革运动中结合做好建党的准备工作，并在民主改革完成的基础上，紧接着经过试点，有计划、有步骤地在农村中发展新党员，建立党的组织。[2]因此，1955年时的西藏地区不具备召开

---

[1] 中共中央文献研究室、国家民族事务委员会编：《毛泽东民族工作文选》，中央文献出版社2014年版，第130页。

[2] 中共西藏自治区党史资料征集委员会编：《西藏的民主改革》，西藏人民出版社1995年版，第181页。

党代表大会的条件。

关于选举的具体方式,《决议》规定,代表的选举,一律按照党章的规定,采取无记名投票方式进行。

关于代表产生的时间,《决议》规定,最晚于1956年6月底前选出。

以《决议》为基础,党的七届六中全会又通过了《关于党的第八次全国代表大会代表名额和选举办法的规定》,对代表产生方式方法等基本问题提出了具体意见,确定了新中国成立后党的全国代表大会代表产生的基本程序和机制。《规定》主要包含了三个方面的内容:

一是明确了代表名额的计算办法。代表名额产生的比例应以正式党员的数量为基础。同时,照顾到全国各地党员分布不平衡的实际情况(老解放区党员多,新解放区党员少;农村党员多,城市党员少,而且新解放区和城市候补党员的比例大)。对代表名额的计算办法做了具体而详细的规定。具体为:

(1)每1万名党员选代表1人,不满1万人的也选代表1人(在计算党员数目的时候,可将正式党员和候补党员合并计算,并且以1955年6月底统计数字为准)。

(2)各选举单位分别增选代表4至8人,即人口在1000万以下的省和地方(青海、西藏)各增选代表4人;人口在1000万至3000万的省(辽宁、黑龙江、吉林、山西、陕西、甘肃、浙江、福建、湖北、江西、广西、云南、贵州)各增选代表6人;人口在3000万以上的省(河北、山东、江苏、安徽、河南、湖南、广东、四川)、3个直辖市(北京、天津、上海)、两个自治区(内蒙古、新疆)、人民解放军、中央直属机关和中央国家机关各增选代表 8 人。

（3）人口在 200 万以上的大城市分别另行增选代表 10 至 15 人，即北京、天津、沈阳各增选代表 10 人，上海增选代表 15 人。

（4）每一省、市代表的名额至多不得超过 70 人。

以上四点规定中，前三点是从增量角度作出的，既保证了党员人数较少的省份，如青海、西藏等有基本的代表名额，又体现了增量代表名额主要依据人口基数来确定的科学原则，这样，就解决了党员分布不平衡的问题。按照以上计算办法，《规定》进一步明确了各省、市和地区的代表分配名额，即河北 70 人，山东 70 人，江苏 63 人，辽宁 58 人，河南 53 人，四川 53 人，山西 48 人，上海 37 人，黑龙江 36 人，安徽 31 人，湖南 31 人，北京 29 人，广东 28 人，湖北 27 人，吉林 26 人，天津 25 人，陕西 24 人，江西 23 人，浙江 22 人，内蒙古 21 人，广西 20 人，云南 19 人，甘肃 17 人，贵州 17 人，福建 17 人，新疆 11 人，青海 6 人，西藏 5 人，军队 114 人，中央国家机关 13 人，党中央直属机关 10 人。总计 1024 人。

二是明确了代表的结构要求。在代表结构上，党的八大既有与以往党的全国代表大会一样的要求，如"少数民族党员、妇女党员和年青的优秀党员有适当数量"等，也有体现党员队伍发展变化的新要求，如"选举代表时，应该注意代表中包括有经济和文化部门的专门家、工业和农业劳动模范、模范工作者、武装部队中的战斗英雄等，……使八次大会的代表能够具有党在各方面活动的优秀分子"[1]。

---

[1] 南京军区政治部组织部编：《组织工作文件汇集》第 2 辑，1980 年，第 198 页。

三是对《决议》内容做了进一步补充。一方面允许每个选举单位按照其代表名额数选举 1/10 的候补代表，代表名额不足 10 人的也可以选举候补代表 1 人，而且规定候补代表在没有递补为代表的时候，不出席会议。另一方面，《决议》提出代表应于 6 月底前选出，《规定》则进一步要求应在 1956 年 4、5、6 三个月内选出。这样，各省市和地区召开会议选举代表的日程就更加明确了。

关于中央领导人参选代表问题，八大沿用七大的做法，将领导人分配到地方进行选举。这部分人员约占代表候选人总数的 1/3，其中包括毛泽东等党和国家领导人。毛泽东被分配到北京市参加选举，刘少奇被分配到上海，周恩来被分配到天津，陈云、张闻天被分配到江苏，董必武、李先念被分配到湖北，邓颖超被分配到河南等。同时，中央分配人员也是根据各地代表名额多少来权衡划分，代表名额较多的，中央分配名额也较多。山东省分配代表 70 名，其中有 35 名是中央推荐的。而像青海、贵州等地区，中央则没有分配推荐人员。

（二）代表选举工作的展开

为做好代表选举工作，中央专门要求审查干部工作加紧进行。1955 年，中央在批转中央组织部报告中指示，根据这一时期审查干部和肃反斗争的经验，1953 年 11 月《中央关于审查干部的决定》中所规定的方法已不完全适用，今后应该根据中央 1955 年 10 月 24 日《关于审查干部工作同肃反斗争结合进行的指示》执行。各级党委和各级党的组织，应抓紧审查干部的工作，对党的高级和中级干部的政治历史情况，必须于 1956 年第一季度查清楚，为 1956 年第二季度各省市的党代表大会代表选举做好准备。在党的七届六中全会上，毛泽东也曾指出，现在进行的肃反工作能够把相当多一部分有问题的干部搞清楚，在这样的基础上进行代表的选举和中央委员会的选举是有好处的。

八大代表选举的组织领导工作，中央由邓小平负责。1956年3月至5月，邓小平作为中央秘书长、中央组织部部长，多次主持召开会议讨论代表的选举问题、讨论各地报来的名单，并将意见及时反馈给各地，布置各地充分酝酿并提交党委全体会议讨论后，连同中央提名名单一同提交党代表大会进行选举。严格要求各地区对所有候选人郑重审查，对于不适当的候选人及时调换。1956年5月3日，邓小平审议了吉林省委呈报中央的《关于召开中国共产党吉林省第一次代表大会的决议》和《关于中国共产党吉林省第一次代表大会代表名额和选举办法的规定》等文件，并安排人员代表中央起草批示文件。[1]

各地开展对八大代表候选人的酝酿推荐工作。各省、市的代表候选人名单在正式选举之前，均按中央要求进行了几轮酝酿沟通。

贵州省的代表选举办法中明确规定：代表候选人名单，由各选举单位之党代表大会主席团与党委或总支提出，并将候选人的姓名、年龄、性别、民族、出身、身份、参加革命前后主要经历、主要优缺点，印成书面文件，发给全体代表酝酿讨论，充分发扬民主，广泛开展批评。代表有权批评与撤换候选人，并有权另外提出候选人。候选人经大会过半数通过方可确定为候选人，

---

[1] 吉林省档案馆编：《中国共产党吉林省委员会重要文件汇编》第7册，1983年，第1页。

但在选举时代表有权选举候选人以外之正式党员。[1]

安徽省第一次党代表大会代表们在讨论和酝酿选举出席八大代表候选人的时候,认为大会主席团提出的候选人名单存在若干缺点,于是非常坦率严肃地对某些候选人的缺点提出了意见,对不清楚的问题提出了疑问,并要求撤换个别不孚众望的候选人。其中,意见主要分为三类:(1)对候选人的经历等有若干疑问,需要候选人解释。(2)对候选人本人意见不大,但对产生候选人的基本程序和原则等存疑。比如吸收产业工人干部为市委委员会候选人,是否有"唯成分论"的嫌疑?(3)对极个别的候选人提出了尖锐的批评,并提议撤换。

大会主席团对代表审议意见进行了充分讨论,并对代表们的部分意见进行了答复:(1)针对代表们认为吸收个别优秀的产业工人干部作为代表有"唯成分论"的嫌疑,主席团认为,挑选干部的原则必须是德才兼备的标准,在培养提高的基础上逐渐提拔起来,而对非工人成分的优秀干部也是一样,但绝不能因此而轻视提拔工人干部的重要意义。有许多代表认为"不如吸收党员劳模更好些",主席团的意见是,劳模是有威信的,但还应从政治成熟的程度和能否担当起领导责任的具体条件上考虑,所以未把现有的党员劳模列入候选名单。(2)代表审议反映,名单中的个别候选人伪造工作履历当选代表,问题突出,性质严重,主席团一致通过撤换。(3)对个别候选人,代表们审议意见不同,有3个代表团对其提出很多意见并建议撤换。提意见的虽是少数,却

---

[1] 耿晓红主编:《建国后贵州省重要文献选编(1955—1957)》,贵州人民出版社2010年版,第175—177页。

属于该同志工作过的单位和对该同志情况比较了解的单位。主席团做了分析研究，认为，该同志个人主义骄傲情绪是比较突出的，但属于一般性质，还应看到该同志基本的方面是具有积极负责地为党工作等优点的。该同志对缺点和错误也正在改正，在主席团会议上又做了自我检讨，较过去有进步。因此，对该同志应严格批评，帮助其改正缺点和错误。投票结果显示，该同志以310票（票数最少的）当选。[1]

以党的七届六中全会通过的有关决议和规定为依据，各省、市和地区陆续开展八大代表选举工作。在实践过程中，各地选举代表数额严格执行了中央的分配计划，但选出代表的时间并没有按规定在6月底前完成。主要原因是，八大代表需要省级党代表大会产生，按照自下而上逐级选举出席上级党代表大会代表的程序设计，各级基层党代表大会必然要早于全国的党代表大会。为了确保各级党代表大会特别是省级党代表大会的成功召开，中央着重加强了对省级党代表大会的指导和要求。各省市在召开党代表大会前，代表选举办法等均需上报中央审批，并按照中央意见修改后执行。这样，各地在提出候选人初步名单问题上十分慎重，内部酝酿和征求中央意见的过程占用了较多的时间。

按照中央要求于1956年6月底前完成八大代表选举工作的省市、地区仅有云南、贵州、青海、西藏4个，其他大部分是在7月份选出，个别省市拖到了8月份。其中，选出代表时间最早的是西藏地区（1956年1月16日至2月3日），最晚的是北京

---

[1] 中共中央组织部办公厅编：《组织工作文件选编（1953—1954）》，1955年，第225页。

(1956年8月2日至14日)。贵州选出的代表比分配的名额少了1人,而新疆则多出了2人。

(三)代表审查

党的八大代表资格审查委员会由29人组成,主任为董必武,副主任为谭震林、刘澜涛。在八大开幕式上,董必武作了代表资格审查报告,对代表资格审查的情况作了简要介绍。具体内容如下:

根据1955年10月中国共产党第七届六中全会(扩大)《关于召开党的第八次全国代表大会的决议》和《关于党的第八次全国代表大会代表名额和选举办法的规定》,按照1955年6月底全国党员的统计数字,在全国8545916名共产党员中,共选出了代表1026名,候补代表107名。

上述代表的选举,是在31个选举单位按照不同情况进行的。各省、直辖市、自治区以及中央直属机关、中央国家机关的代表,都由这些单位的党的代表大会选出;西藏地区的代表,由西藏地区党的代表会议选出;中国人民解放军的代表,除西藏军区的代表由西藏军区党的代表会议选出外,都分别由各军区、各军种、各兵种以及总直属队党的代表大会选出;中国人民志愿军的代表,由中国人民志愿军党的代表大会选出。

在1026名代表中,因病因事不能出席这次代表大会的有17名,已经由原选举单位的候补代表如数递补,其中有西藏工委代表孙德富(时任西藏工委阿里分工委书记),因交通阻塞未及时赶到,缺乏候补代表递补,所以出席这次代表大会的代表实有1025名。

中国共产党第八次全国代表大会代表资格审查委员会,根据代表的有关材料，对其代表资格逐个地进行了审查，并确认其代表资格都是有效的。

董必武所说的党员数是1955年6月底的统计，根据邓小平在八大上所作的关于修改党章的报告统计，到1956年6月底，全国党员人数为10734384人。另外，八大代表选举单位共31个，包括28个省、直辖市、自治区和中央直属机关、中央国家机关、解放军。[1]

三、代表以党员干部为主

八大正式代表和候补代表共1133人，各地出席会议代表的具体人数是：北京市32名，天津市28名，河北省77名，山西省53名，内蒙古23名，辽宁省63名，吉林省29名，黑龙江省40名，上海市41名，山东省77名，江苏省70名，安徽省34名，浙江省25名，福建省19名，河南省59名，湖北省29名，湖南省34名，江西省25名，广东省31名，广西省22名，四川省59名，云南省21名，贵州省18名，西藏6名，陕西省27名，甘肃省19名，青海省7名，新疆14名，军队125名，中央国家机关15名，中央直属机关11名。

八大代表结构特点鲜明，其中，党员干部共935人，占82.5%，生产一线代表198人，占17.5%。八大代表中党员领导干部占主体，而生产一线代表较少，是与当时特定的历史环境和党员队伍状况有着密切关系的。新中国成立初期，党面临的执政

---

[1] 中共中央组织部、中共中央党史研究室、中央档案馆编：《中国共产党组织史资料》第9卷，中共党史出版社2000年版，第463页。

任务异常艰巨，需要提交八大会议讨论决定的议题又事关重大，因此，从开好大会的角度出发，代表具备参政议政的能力和水平是很重要的。在这种情况下，党员干部占绝大多数，是符合实际的结构安排的。在生产一线的党员中，具有较强的参政议政能力的党员较少。大部分生产一线党员文化水平较低，对国际国内形势不够了解，对国家政策缺乏足够认识，整体素质和认识水平、议事能力要远低于党员干部。

一线代表中，工人27个（包括工程技术人员），农民14个。

工人代表有：北京火车司机岳尚武，天津工人、劳动模范孙洪敏，天津钳工、工程师阎春洪，河北采煤工人李长振，陕西煤矿工人马六孩，河北水利厅工程师侯陆，吉林丰满水电站工程师赵庆夫，山东玻璃厂工程师吴云山，浙江电气公司工程师周时遐，广东水利厅工程师余仕超，辽宁船厂车间副主任赵成满，甘肃铁路技术员、副总工程师刘铁岩，辽宁车间副主任徐连贵，吉林油厂车间主任李川江，黑龙江副总工程师、副厂长宋世发，黑龙江哈飞副总机械动力师邹奎文，上海棉纺厂挡车工黄宝妹，山东煤矿工人刘其盛，江苏铣工郭绍江，安徽井下采煤工人胡长安，河南棉厂车间纱工、技术员盛婉，湖北铁路焊工管业良，陕西合作社主任蒲忠智，湖南机床厂锻工车间工场主任叶财林，云南工人李自林，陕西棉厂工人赵梦桃，新疆工人沙尔汗·沙以提。

农民代表有：河北饶阳五公村大队长耿长锁，陕西平顺县互助组李顺达，陕西农业合作社贾宝执，内蒙古合作社莫日格策，辽宁互助组、合作社刘洪达，吉林农业合作社吴凤岐，黑龙江乡支部书记于文化，山东互助组、合作社社长郭占一，江苏农业合作社社长瞿锦明，福建农业合作社社长郑依姆，河南农业合作社社长文香兰，湖南高级社社长罗德保，江西互助组组长、合作社社长李友秀，贵州合作社社长朱学远。

四、代表空前活跃

（一）民主的会风

八大代表在大会上充分建言献策、参政议政，认真行使选举权利，展现了积极、热烈、民主的良好作风。

1956年，在八大召开前的8月30日至9月12日，首先召开了13天的预备会议。出席会议的八大正式代表1018人（有8位代表尚未到达）、候补代表86人分别按照选举的地区和单位组成了中南、西北、华东、中直、东北、华北、军队等7个代表团。预备会议上，代表们审议了中央委员会准备提交代表大会的报告等材料，还对八届中央委员会的候选人名单进行了充分讨论和预选，提出了大会主席团名单和大会秘书处名单（草案）。

举办如此长时间的预备会议，体现了党中央对开好八大的高度重视。在大会发言的代表人数创历史新高。代表在大会上发言，是代表议政论政、履职尽责的一种基本形式。在党的一大至四大期间，由于代表人数较少，代表主要以面向全体代表发言为主，分组讨论发言为辅。其中面向全体代表的发言中，一大上基本是随机的、即兴的，二大、三大上则既有事先安排的发言或报告，也有即兴的讨论发言。从五大开始，代表人数增多，党代表大会的组织工作也更加完备，面向全体代表的发言开始以事先安排为主，且人员更为集中，即兴式发言开始转移到代表团内部进行。由此，代表在大会发言开始作为一种制度性安排。六大、七大对这一制度进行了丰富和发展,增加了发言人的数量,并为代表发言留出了充足的会议时间。

在八大和八大二次会议上,代表在全体会议发言的形式继续沿用。八大上共有72名代表(董必武既作报告又进行大会发言)面向全体会议进行报告或发言,另外还有45名代表提交了书面发言。八大二次会议共有117人发言,145人作书面发言,发言人数创历史新高。

在加强党内民主的总体背景下,党的八大在推进党内民主方面也有开拓性的举措。从四川代表伍精华在《回顾中共"八大"会议》一文能够感受到八大民主的会风。

> 1956年7月,在中共四川省委召开的党代表大会上,我和朱德、胡耀邦、王维舟、李井泉、廖志高等53位同志被选举为出席八大的代表。我是凉山自治州的唯一代表,也是四川省唯一彝族出身的代表。
>
> 从8月30日到9月12日,八大召开预备会议。主要讨论刘少奇代表中央委员会准备向大会作的《政治报告》(草稿)、周恩来代表中央委员会准备向大会作的《关于发展国民经济第二个五年计划建议的报告》(草稿)、邓小平同志代表中央委员会准备向大会作的《关于修改党的章程的报告》(草稿)三个重要文件。还按照大会确定的原则和步骤,酝酿提名八届中央委员和候补委员的候选人名单。会议充满了民主、团结的气氛。
>
> 记得在候选人提名的过程中,事先并没有一个现成的候选人名单发给代表,而是不限名额,由代表自由提名。毛

主席讲：中央委员会是个政治领导集体，政治上要成熟。八届中委候选人的提名只划一个杠杠，被提名的同志必须是1938年以前入党的。毛主席说：这次选"三八式"以前的。"三八式"以后的，在党和国家各条战线上都涌现出大批优秀的同志，这些同志在今后各届中委中再作安排。除此之外，没有任何条条框框。代表们讨论提名时，讲公道，讲正派，认真按照被提名者对党对人民作出的贡献来推荐。说推荐的某某人有什么战功，有什么贡献，讨论中充满了同志的友谊，充满了民主气氛。在我参加的那个小组里，有人提名阎红彦进中委。当时阎红彦说：我论资格不是不够，如果不是高岗整我，我也不是今天的我了。但是从工作出发，还是让廖志高同志（时任四川省委书记）上。这种坦诚相见、大公无私的发言，显示出会议民主、团结的气氛。八届中委和候补中委候选人名单经过半个多月在预备会中的提名，反复认真的、几上几下酝酿讨论，于9月12日第一次大会预选后确定。[1]

从伍精华的回忆里可以看出，在预备会议提名中央委员和候补中央委员候选人时，事先没有建议名单，由代表自由提名。当时毛主席建议重点考虑1938年以前入党的代表，除此之外，没有任何条条框框。讨论人选时也充满了民主气氛。从八大中央委员和候补中央委员的公布情况来看，当选人员均是按得票多少公布的。这些都体现了八大在选举安排上的民主风气，也赋予了代

---

[1] 伍精华：《回顾中共"八大"会议》，《百年潮》2004年第7期。

表参与酝酿候选人、充分行使选举权利更大的空间和更宽松的氛围。

（二）党的八大代表："最美奋斗者"赵梦桃

党的八大正确分析国内主要矛盾的变化，指出我国的主要矛盾是人民对于建立先进的工业国的要求同落后的农业国的现实之间的矛盾，是人民对于经济文化迅速发展的需要同当前经济文化不能满足人民需要的状况之间的矛盾，并提出党和全国人民的主要任务，就是要集中力量解决这个矛盾，把我国尽快地从落后的农业国变为先进的工业国。由此，全国掀起工业建设的热潮，工业战线上涌现出无数的先进人物，纺织女工赵梦桃就是其中的代表。她是全国著名劳动模范，纺织战线的骄傲与最美奋斗者。

赵梦桃1936年生，河南洛阳人。1951年，16岁的赵梦桃进入了陕西西北国棉一厂。她刚进厂时，当细纱值车工。为了掌握技术，无论开会、参观还是休养，课本总不离身，两只手从不闲着，只要有时间就苦练操作技术。

1952年5月，在学习"郝建秀工作法"活动中，赵梦桃以最优异的成绩第一个戴上了"郝建秀红围腰"。在挡车时，别人巡回一次需要3至5分钟，可赵梦桃只用2分50秒。进厂不到两年，赵梦桃就创造了千锭小时断头只有55根、皮辊花率1.89%的好成绩。赵梦桃第一个响应厂党委"扩台扩锭"的号召，看车能力从200锭扩大到600锭，生产效率提高了2倍。

1953年，赵梦桃加入中国共产党。

1952年至1959年的7年间，赵梦桃创造了月月完成生产计划、年年均衡生产的好成绩，仅节约棉花就达1200多公斤。在她的影响和带动下，"人人当先进，个个争劳模"蔚然成风。赵梦桃倡导和表现出来的"困难留己，方便让人"和"不让一个伙伴掉队"的思想品德，被陕西省概括为"梦桃精神"。她领导的小组被评为全国先进集体，赵梦桃本人也被评为全国劳动模范。

1956年，赵梦桃在参加全国先进生产者代表大会期间，观摩了同行"双手咬皮辊花"的技术表演，当即用糖葫芦杆当咬花辊反复练习，回厂第二天就把这种操作技术传授给大家。1959年，她和"赵梦桃小组"一同出席了全国群英会，成为纺织战线的一面旗帜。1956年、1959年先后在全国先进生产者代表大会和全国群英会上被授予"全国先进生产者"称号。

1956年9月，赵梦桃作为纺织工人优秀党员，被选为党的八大代表，参加了具有重大历史意义的八大盛会。会后，她对人说："现在，我才体会到要做人民勤务员这句话的意思，这话深得很，深得很！谁要能真懂了这句话，就懂得什么是共产党员了。"[1]此后，她更加严格要求自己。为了不让一个伙伴掉队，不让周围有一个小组掉队，她对自己的生产和学习有了更高的标准，不畏困难，关心同志，以一个优秀共产党员的模范行动带动着别人，帮助着别人。

1962年，西北国棉一厂为了提高棉布质量，要求细纱工序减少条干不匀的现象，以便消灭布面上的粗细节疵点。赵梦桃为此刻苦钻研技术，在吸取其他纺织能手经验的基础上，摸索出了一套科学的巡回清洁检查操作法。按这种操作法，细纱车的清洁可得100分，断头减少2/3，粗细节坏纱比过去减少70%左右，大

---

[1] 陕西省中共党史人物研究会编：《陕西近现代名人录》续集，西北大学出版社1991年版，第235页。

大充实了"郝建秀工作法"的内容,对提高棉纱条干均匀度和棉布的质量起了重要作用。同年11月底,陕西省纺织工业局总结推广了这套方法,《陕西日报》作为重要消息,在1963年1月予以报道。

就在赵梦桃忘我地全身心投入工作时,她旧病复发,住进了医院。虽然已成为身患绝症的重病号,但在卧床数月的日子里,她依然想着工厂、工人姐妹和新操作法的实施情况。为了不影响工厂的生产,她劝退了组织上派来护理她的同志。在能由护士扶持下床时,便挣扎着自己洗脸、倒水,还帮助重病人洗脚、擦澡,为护士裁剪"油纱布",帮助护士做输液准备、打扫病房和爬上窗台擦窗子。护士和病友劝她休息,她总是说:"我能动,就要干!"

1963年4月27日,陕西省人民委员会在咸阳召开表彰赵梦桃及赵梦桃小组先进事迹大会,宣布授予赵梦桃"优秀的共产党员、模范的共产党员、先进工人的典范"光荣称号。人们把最美好的诗句献给这位被誉为"纺织战线的骄傲"的普通青年女工。赵梦桃成为青年学习的榜样,她的事迹感染和激励着无数青年。

会后不久,即同年6月23日,这位把自己的青春年华全部献给祖国社会主义建设的细纱女工,不幸过早地被病魔夺去了生命,时年仅28岁。

同年,陕西省人民委员会决定把她所在的小组命名为"赵梦桃小组"。

2009年9月,赵梦桃被评为"100位新中国成立以来感动中国人物"之一。

2019年9月,赵梦桃被评选为"最美奋斗者"。

第九章

九大代表：秘密进京与"新鲜血液"

时间：1969年4月1日至24日
地点：北京
关键词："无产阶级专政下继续革命"

一、准备打仗

（一）会议的主要内容

党的八大到九大的13年间，党内"左"倾思想不断滋长，阶级斗争扩大化日益严重。九大是在"文化大革命"开始后的第三个年头召开的。当时，全国党的各级组织基本处于瘫痪状态，绝大多数党员还没有恢复党的组织生活，相当多的八届中央委员仍处于被审查、被监禁的状况。尽管距离八大党章规定的召开时间（每五年召开一次党的全国代表大会）已经过去了好几年的时间，但从当时党内、国内各方面条件来看，召开一次全国代表大会的条件还是不成熟的。

1968年10月召开的党的八届十二中全会，为九大的召开做了直接准备。1969年3月9日至27日，九大预备会在北京召开。毛泽东在预备会上提出九大的任务是总结经验，落实政策，准备打仗。这成为九大的指导思想。

1969年4月1日，中国共产党第九次全国代表大会在北京开幕。

毛泽东在开幕式上讲话。林彪代表中央作政治报告。这篇由张春桥、姚文元主持起草的报告的基本思想，就是阐述"无产阶级专政下继续革命的理论"，并被说成是毛泽东思想的最新发展。"无产阶级专政下继续革命的理论"一语，在特定历史背景下有它的特定含义。它是毛泽东关于社会主义阶段阶级斗争的"左"倾错误观点发展到"文化大革命"时期的总概括，也是"文化大革命"总的指导思想。这个理论认定在整个社会主义历史阶段始终存在着阶级斗争，在任何情况下都要以阶级斗争为中心，这是"我党在整个社会主义历史阶段的基本路线"；社会上两个阶级、两条道路的斗争必然反映到党内，党内走资本主义道路的当权派就是资产阶级在党内的代表人物。无产阶级专政下继续革命理论最重要的内容是要开展"文化大革命"；它的核心在于认为无产阶级夺取政权之后，还要继续一个阶级推翻另一个阶级的"大革命"。这个理论违背了马列主义、毛泽东思想的基本原理，脱离甚至歪曲了社会主义改造后中国的实际，在理论和实践上都是错误的。

大会通过的党章，把"无产阶级专政下继续革命的理论"写进总纲，而没有提及发展生产力和社会主义现代化建设，取消了有关党员权利的规定。党章把林彪"是毛泽东同志的亲密战友和接班人"写入总纲。这种完全违反党的根本原则的做法，在党的历史上从未有过。

备战也是九大的重要议题。九大开幕前夕的3月间，发生了苏联军队多次侵入我国黑龙江省珍宝岛地区的边境武装冲突事件。九大的政治报告对战争到来的可能性做了异常紧迫的估计，写上了准备早打、大打、打核战争的内容。后来，兴起了全国性的战备工作高潮。

这次大会选举了170名中央委员和109名候补中央委员。被选入的原八届中央委员和候补中央委员仅占原八届中央委员会总人数的29%。

党的九大自始至终为"左"倾思潮和个人崇拜的狂热气氛所笼罩。这次大会使"文化大革命"的理论和实践进一步系统化、合法化，提高了林彪、江青等人在党中央的地位。它在思想上、政治上、组织上的指导方针都是错误的。

（二）对党代会代表及相关制度的规定

1969年4月14日，中国共产党第九次全国代表大会通过《中国共产党章程》，其中对党代会代表及相关制度的新规定有：

> 第五条：党的组织原则是民主集中制。
> 党的各级领导机关由民主协商、选举产生。
> 全党必须服从统一的纪律：个人服从组织，少数服从多数，下级服从上级，全党服从中央。
> 党的各级领导机关要定期向代表大会或党员大会报告工作，经常听取党内外群众的意见，接受监督。党员有权向党的组织和各级领导人提出批评和建议。党员对于党组织的决议、指示，如果有不同的意见，允许保留，并有权越级直至向中央和中央主席报告。要造成一个又有集中又有民主，又有纪律又有自由，又有统一意志又有个人心情舒畅、生动活泼的政治局面。

无产阶级专政的国家权力机关,人民解放军,和共产主义青年团、工人、贫下中农、红卫兵及其他革命群众组织,都必须接受党的领导。

第六条:党的最高领导机关,是全国代表大会和它产生的中央委员会。地方、军队和各部门党的领导机关,是同级的党代表大会或党员大会和它产生的党的委员会。党的各级代表大会由各级党的委员会召开。

地方、军队党代表大会的召开和党委员会的人选,都必须经上级组织批准。

第七条:党的各级委员会,根据一元化领导、密切联系群众和精简的原则,设立办事机构,或者派出自己的代表机关。

第八条:党的全国代表大会,每五年举行一次。在特殊情况下,可以提前或延期举行。

第九条:党的中央委员会全体会议产生中央政治局、中央政治局的常务委员会、中央委员会主席、副主席。

党的中央委员会全体会议由中央政治局召开。

中央政治局和它的常务委员会在中央委员会全体会议闭会期间,行使中央委员会的职权。

在主席、副主席和中央政治局常务委员会领导下,设立若干必要的精干的机构,统一处理党、政、军的日常工作。

第十条:党的地方县以上、人民解放军团以上的代表大会,每三年举行一次。在特殊情况下,可以提前或延期举行。

地方和军队各级党的委员会,产生常务委员会和书记、副书记。[1]

九大党章对八大党章的内容做了重大修改，集中反映了"文化大革命"对党的政治建设、思想建设、组织建设的严重破坏。

党章高度"瘦身"。有关代表的产生办法、代表大会的职责等内容，均被从党章中删除。规定"党的全国代表大会，每五年举行一次"，但代表不再实行常任制，从制度上取消了党代表大会常任制的规定。取消了党的全国代表大会和地方代表大会的职权，使党的领导机构形同虚设。"党的各级领导机关由民主协商、选举产生"，改变了党长期以来坚持的选举制度，"协商"不再是一个基础条件，而成为"合规合法"的领导机关产生的方式。删除了八大党章中关于党的各级领导机关必须经常听取下级组织和党员的意见，党的下级组织必须向上级组织报告和请示工作，党的各级组织实行集体领导和个人分工相结合的原则等重要内容。突出强调了军队党组织建设的问题，将"党的地方和军队中的组织"作为一章，这种体例一直沿用到党的十一大。取消了党的监察委员会。党代表大会和代表问题的制度建设与探索基本中断。

更为严重的是，党章将党的性质做了不科学的表述。规定："中国共产党是无产阶级的政党"，"中国共产党是由无产阶级先进分子所组成，领导无产阶级和革命群众对于阶级敌人进行战斗的朝气蓬勃的先锋队组织"[2]。这样的界定显然是不正确的。七

---

[1]《中国共产党第九次全国代表大会文件汇编》，人民出版社1969年版，第66—68页。

[2]《中国共产党第九次全国代表大会文件汇编》，人民出版社1969年版，第61页。

大、八大党章根据我国国内社会阶级关系的变化和特点,用"工人阶级"取代了"无产阶级"的提法,已经对国内的主要矛盾做了正确的表述。九大党章重新使用无产阶级的提法,是一种思想认识上的倒退。把中国共产党定性为是一个对阶级敌人进行战斗的组织,把阶级斗争强调到"纲领"的高度,是一种历史的倒退。九大党章的上述表述后来被概况为"五十字建党纲领"。实践证明,这是既不符合党的发展状况,也不利于党的建设的。将"林彪同志是毛泽东同志的亲密战友和接班人"写入党章,严重违背了宪法原则、民主集中制原则和集体领导原则。

党的"根本大法"脱离常规,党的制度体系必然被破坏。而"文化大革命"对党内各项生活准则的践踏,使整个中国社会陷入混乱。九大对党章的诸多重要内容和规定的修改与删除,对后来在党内产生的藐视党纪国法和党章虚无主义,都产生了直接的消极影响。

二、协商指定代表

党的九大出席代表1512人,代表党员2200万人。

(一)九大代表的确定

党的九大距离八大有13年的时间,距离八大二次会议也有近11年的时间。这期间,八大确定的党代表大会常任制没有得到贯彻执行。而在九大召开前,整个中国社会正处于"以阶级斗争为纲"的时代里。

关于九大代表产生的指导思想,1967年9月19日,毛泽东在武昌东湖客舍同杨成武、张春桥、余立金、汪东兴谈到九大组织问题时指出:中央委员会要选些新鲜血液,代表里要有新鲜血液。9月20日，毛泽东又谈到了如何推选九大代表的问题，他说："代表嘛，工、农、兵、学、商都选。左派为主，要有中间派，也要有右派，但不是反革命，没有他们的代表不行。"[1]这是他对理想中的九大代表结构的详细论述，其中，职业结构的要求与八大代表基本一致，无本质区别。但"左""中""右"的划分及结构，则是当时特定历史背景下对推选什么样的代表的特定要求。

根据毛泽东针对九大召开要做些调查的指示，1967年10月21日，中共中央、中央文革委员会发出了《关于征询对"九大"问题意见的通知》，面向全国征求意见，而且这个通知将姚文元10月11日的一份初步调查报告（同时也是写给毛泽东的信）作为附件一同印发供各地（直至连队党支部和地方相应党组织）参考。

姚文元在信中提到，按照主席指示在上海进行了调研，召开了革委、红卫兵、工厂和学校造反派党员、军队人员参加的四个座谈会。关于代表产生问题，参加座谈会人员的意见主要有三点：第一，多数认为不需要从下而上选举产生。理由是经过一年"文化大革命"，各种人的政治面貌，好人、坏人，看得更清楚了，比以前任何时候都清楚，代表可以各方协商产生。第二，关于代表结构的问题，红卫兵希望多一些工人和红卫兵代表列席大会，最好能吸收一批工人和红卫兵入党。第三，关于个别重大人物是否应当选为九大代表的问题。姚文元点出了王明、刘少奇、邓小

---

[1] 中共中央文献研究室编：《毛泽东年谱（1949—1976）》第6卷，中央文献出版社2013年版，第126页。

平、陶铸以及"彭罗陆杨",参会人员有的表示应一概不选,理由是:王明已经是苏联人了,还能选个苏修特务?叛徒都不能选,这是一条大原则。刘少奇是"叛徒",要进一步批臭,清除出去。也有人提出其他意见,比如认为:恐怕毛主席还是要保留几个反面教员的,那就听毛主席的话,希望不要太多,并且先要批透。[1]

姚文元的调查结果,实际是对毛泽东关于代表产生指导思想的"具体实践"。信中提出的三点建议,符合毛泽东在日常谈话中流露出来的关于九大代表产生的指导思想。

1967年11月5日,毛泽东提到要重新整党、建党,党要吸收新鲜血液,要把工人、贫农、红卫兵中的积极分子吸收入党。毛泽东还打了个比方:"一个人……呼出二氧化碳,吸进新鲜氧气,这就是吐故纳新。一个无产阶级的党也要吐故纳新,才能朝气蓬勃。"[2]

"吐故纳新"与之前提出的"新鲜血液"遥相呼应,体现了毛泽东要从根本上变革党员结构的指导思想。根据毛泽东的指示,1967年12月2日,中共中央和中央文革小组印发了整党意见,随后又成立康生、张春桥、谢富治负责的整党建党领导小组,并在全国范围内开展整党、建党工作。

这次整党建党的指导思想是"文化大革命"的错误理论,因此,在实践过程中,大批党员干部被当作"叛徒""走资派"而禁止参加党的组织生活,同时却吸收了一大批造反派分子入党,

---

[1] 中国人民解放军国防大学党史党建政工教研室编:《中共党史教学参考资料》第25册,1988年版,第598—599页。

[2] 中共中央文献研究室编:《毛泽东年谱(1949—1976)》第6卷,中央文献出版社2013年版,第138页。

使党员成分变得严重不纯,这也间接影响到九大代表的推选。而直接使九大代表推选工作与建党、整党后的党员队伍相关联的是1968年底的八届十二中全会。这次会议作出的《关于九次代表大会代表产生的决定》,明确规定九大代表产生的指导思想以毛泽东提出并于1967年10月27日写进中共中央、中央文革《关于已经成立了革命委员会的单位恢复党的组织生活的批示》中的"五十字建党纲领"(即"党组织应是无产阶级先进分子所组成,应能领导阶级和群众对于阶级敌人进行战斗的朝气蓬勃的先锋队组织"[1])为准。

(二)代表名额与产生办法

1. 代表名额强调中小知识分子

党的九大的筹备工作是由周恩来具体负责的。在八届十二中全会期间,1968年10月21日,毛泽东召集周恩来等开会,讨论九大的代表名额等问题。10月22日,中央文革碰头会开会研究了贯彻落实毛泽东指示的具体方案。23日,周恩来给毛泽东送去了《中共八届扩大的十二中全会关于九次代表大会代表产生的决定(草案)》,并在送审报告中说:"根据前天主席指示,中央文革碰头会于昨(二十二日)夜将天津市原定四十名代表名额减为三十名,多出十名代表名额加在中央直属数字中,以便全国知名的高级知识分子党员代表均由中央直属名额中出,而地方则注意中小知识分子,如赤脚医生、民办小学教员、红卫兵中党员代表。"[2]

---

[1] 中共中央文献研究室编:《毛泽东年谱(1949—1976)》第6卷,中央文献出版社2013年版,第136页。

[2] 中共中央文献研究室编:《毛泽东年谱(1949—1976)》第6卷,中央文献出版社2013年版,第208—209页。

根据以上内容可以推定，在 10 月 21 日前，名额分配方案草案已经研究确定。10 月 21 日，毛泽东召集周恩来等开会讨论代表名额时，提出了增加全国知名高级知识分子代表的意见，同时对地方的中小知识分子代表也提出了建议。根据毛泽东的意见，调整后的方案减少了个别省份的代表名额数，对增加高级知识分子、中小知识分子代表等提出了指导意见，其中明确要求代表结构中要有赤脚医生、民办小学教员、红卫兵党员。

2. 代表产生方式为"民主协商"

1968 年 10 月，八届十二中全会讨论通过的《关于九次代表大会代表产生的决定》中规定代表产生的原则是充分民主协商，高度集中。这改变了八大无记名投票的民主选举方式，采用指定代表的方法。这很大程度上与当时的客观现实有关。当时，除台湾省外，全国其他地区都成立了革命委员会，党委瘫痪，组织生活不正常，通过组织各级党代表大会选举九大代表已不可能。因此，代表推选工作是由各地革委会组织进行的。比如，湖南省于 1968 年 11 月 12 日至 25 日召开省、地（市）、县革委会的党员代表大会，协商产生了华国锋等 36 名湖南省九大代表。[1]

3. 中央与地方沟通，由中央定夺

1969 年 3 月 7 日下午，毛泽东召集中央文革碰头会成员开会讨论九大准备工作时说，地方参加九大的代表，可以先找参加九大的地方负责人来谈一下情况，有些问题要同他们商量一下，如毛远新不当代表，就没有通知毛远新所在单位。毛泽东以反对毛

---

[1] 中共湖南省委党史研究室编：《中国共产党湖南历史大事记（1919.5—2012.11）》，中共党史出版社 2013 年版，第 277 页。

远新当九大代表为例,指出了中央与地方就代表问题沟通不够的问题。当晚,周恩来等就将拟召集的100多位参加九大的地方负责人名单送毛泽东审阅,并提出第二天安排飞机接人进京的计划。[1]3月9日,会议如期举行,集中讨论了部分地区提出的调换某些九大代表的方案,批准了各地提出的九大代表名单。

4. 毛泽东、周恩来提议九大代表人选

(1)解放部分被打倒的老干部,让他们作为代表参加九大

在九大召开之前,特别是1966年以来,许多老干部已经被打倒,其中的一部分定性相对较轻的干部,在九大代表推荐产生的过程中,迎来了解脱或恢复工作的机会。这项工作从1967年左右开始,一直持续到九大召开时。

九大的筹备工作以周恩来为主,实行分工负责制,其中代表推选工作,也是周恩来为主负责。1967年7月18日晚上,毛泽东在武昌东湖客舍召集周恩来、谢富治等开会时,就对周恩来说:明年……九大,把老同志都解脱出来,许多老同志都要当代表,当中央委员。并举了邓小平、乌兰夫、贺龙等人的名字。[2]

1968年10月31日,毛泽东在八届十二中全会闭幕会上的讲话中谈到"二月逆流"事件和老干部问题时说:"对党内一些老同志要一批、二保、三看。"所谓"批"很显然,即错误要批评。所谓"保",就是帮助老干部。所谓"看",就是看他们以后的情况,改不改正。毛泽东甚至说:"我的意见,改了也可以,不改

---

[1]中共中央文献研究室编:《毛泽东年谱(1949—1976)》第6卷,中央文献出版社2013年版,第232页。

[2]中共中央文献研究室编:《毛泽东年谱(1949—1976)》第6卷,中央文献出版社2013年版,第101—103页。

也可以,强迫人家改,我就不那么赞成。至于有一些老同志,将来还可能工作嘛。"毛泽东举了谭启龙、江渭清、杨勇、廖汉生、邓华等5个人的例子,来说明自己指的老同志,"是各地方已经打倒了的",对这些人,"也许几年之后,大家的气消了,让他们做点工作"。在对待犯"错误"的同志问题上,毛泽东一直坚持惩前毖后、治病救人的方针和态度,对待部分老干部也是如此。他说:"犯错误的人,要允许人家改正错误。而要允许他改错误,就需要一个时间,甚至于要多少年。"因此,毛泽东专门提出让"二月逆流"的老干部参加九大,担任九大代表。他说:"比如九大代表,这个二月逆流的同志们如果不参加呀,我看就是个缺点。所以还是推荐在各地方把他们选举为代表。一个党的代表大会,有各种不同意见,我看是好事。"[1]

1969年1月,中央直属机关召开产生九大代表的协商会议。会议认为陈云不符合九大代表条件,将是否确定其为代表交毛泽东决定。最终,陈云经毛泽东同意成为九大代表。

周恩来在具体筹备九大期间,也千方百计推荐老干部担任九大代表,曾先后致信新疆和云南,提议王恩茂和陈康应当选九大代表。甚至在会议召开前一天,周恩来还向毛泽东建议增加老干部徐海东为解放军的九大代表,毛泽东批示同意。

在九大会议期间,毛泽东、周恩来还专门安排老干部代表董必武、朱德、陈云、陈毅等为主席团成员并在主席台就座。而且在九大全体会议期间,一直安排老同志坐在前头。不仅如此,在

---

[1] 中共中央文献研究室编:《毛泽东年谱(1949—1976)》第6卷,中央文献出版社2013年版,第210—211页。

选举中央委员会委员时,毛泽东专门召集九大秘书处和各大组部分召集人会议,提出要把朱德等老干部选进中央委员会。

(2)推举科学家代表

九大之前,毛泽东、周恩来对部分科学家代表采取了保护措施。以李四光为例,当时地质部曾有人提出打倒李四光,1968年12月5日,周恩来在国务院内部会议明确表态:李四光同志是个好同志,你们有的人还要打倒他,应该向李四光同志学习。李四光同志是一面旗帜,是辛亥革命的老同志,入党晚了一些,政治上不是动动摇摇的,对社会主义建设作出了很大贡献。你们要学习他,他如果当选为九大代表,是你们地质部的光荣。[1]

1969年2月7日下午,毛泽东谈到一些自然科学家能否当九大代表时说:"总是要相信一条,资产阶级个别人物可以背叛他们自己的阶级,跟着无产阶级走,不然,马克思、恩格斯、列宁都不能相信了。"

周恩来也当即表态:朱光亚、钱学森表现都还好。[2]

在毛泽东、周恩来的力保下,李四光、朱光亚、钱学森等当选九大代表。在九大上,李四光被选为中央委员,钱学森和朱光亚被选为中央候补委员。在党的全国代表大会历史上,这是第一次选举自然科学家担任中央委员会委员。

---

[1] 中共中央文献研究室编:《周恩来年谱(1949—1976)》下卷,中央文献出版社1997年版,第268页;马胜云等编著:《李四光年谱》,地质出版社1999年版,第335页。

[2] 中共中央文献研究室编:《毛泽东年谱(1949—1976)》第6卷,中央文献出版社2013年版,第228—229页;中共中央文献研究室编:《周恩来年谱(1949—1976)》下卷,中央文献出版社1997年版,第279页。

（3）提出或反对个别九大代表建议人选

1969年2月上旬，毛泽东在审阅部分八届中央委员和中央候补委员中被提名和未被提名做九大代表的名单时专门批示："陈奇涵同志似宜考虑。"[1]陈奇涵当时担任最高人民法院副院长，毛泽东曾称赞他为赣南农民运动的一面旗帜。在毛泽东的力荐下，八届中央候补委员陈奇涵最终作为九大代表参加会议，并被选为九届中央委员。

1969年1月中旬，毛泽东在圈阅周恩来报送的国务院秘书厅信访室编印的《人民来信摘报》时批示，"李讷、毛远新二人不宜为代表"[2]，反对亲属担任九大代表。

在毛泽东批示后，李讷仍然被推荐为九大代表。毛泽东在审查上报的九大代表名单时，再次把李讷的名字圈去，并指定从警卫部队补选一名代表为"替补"。结果，中央警卫团中队的副区队长耿文喜被补选为九大代表。

5. 临时确定的代表

九大代表不是通过选举产生的。各地经过民主协商，用推举和指定的方式，根据分配的名额和代表的条件确定代表人选，所以代表的产生过程相对简单。有些地方早早完成了代表的选定工作，但也有的地方直到九大开会前才匆匆确定了代表。如1969年2月九大召开前，上级把一个参加九大的代表名额分配到北满钢铁厂，条件是：一、必须是生产一线的工人；二、必须有七年

---

[1]中共中央文献研究室编：《毛泽东年谱（1949—1976）》第6卷，中央文献出版社2013年版，第228页。

[2]中共中央文献研究室编：《毛泽东年谱（1949—1976）》第6卷，中央文献出版社2013年版，第226页。

以上党龄。那时，厂里的老党员要么被打倒，要么靠边站，而厂革委会中意的人选要么不是党员，要么党龄不到七年。在生产一线（司炉工）且有11年党龄的王白旦就成了全厂唯一符合条件的人选。于是工人王白旦择日启程，随黑龙江代表团进京参会。而后，在中央委员选举时，因与毛泽东主席一样全票当选（唯一一个。——笔者注）中央委员而一下子成为"名人"。

6. 对八届中央领导人员担任九大代表事宜进行了分类处理

鉴于"文化大革命"期间中央许多领导同志被批判，在酝酿中央领导人员如何参加九大以及如何担任九大代表的问题上，负责代表推荐工作的周恩来颇费心思。1968年12月，周恩来起草了"中央参加九大作代表的名单和预拟名单"呈报毛泽东，将中央领导人员分为三类：第一类是已经经过八届十二中全会协商一致通过的名单，包括毛泽东、林彪、周恩来、陈伯达、康生、江青、张春桥、姚文元、谢富治、黄永胜、吴法宪、叶群、汪东兴、温玉成共14人；第二类是第八届中央委员、中央候补委员预拟提出作为九大代表的名单，包括朱德、董必武、蔡畅、邓颖超、滕代远、邓子恢、胡耀邦、范文澜、李富春、李先念、王震、曾山、刘伯承、徐向前、聂荣臻、叶剑英、陈毅、赛福鼎·艾则孜等39人；第三类是第八届中央委员、中央候补委员需经讨论提出并请示毛泽东主席、林彪副主席批准才能拟做代表的名单，包括陈云、张鼎丞、方毅、杨勇、谭启龙等5人。[1]

---

[1] 中共中央文献研究室编：《周恩来年谱（1949—1976）》（下），中央文献出版社2007年版，第273页。

（三）代表培训与秘密入京

1. 分省组织代表的培训

1969年2月初，中共中央、中央文革要求各地革委会等立即将本地区九大代表集中起来座谈和讨论九大的准备工作。这种座谈会类似于代表培训。各地基本在省会城市进行全封闭式的学习。

2. 未成立代表资格审查委员会

代表资格审查制度是代表制度的重要内容。党代表大会召开前成立代表资格审查委员会对代表进行审查，是无产阶级政党召开代表大会的普遍做法，但党的九大没有成立代表资格审查委员会，也没有报告代表资格审查情况。

3. 代表秘密进京和开会

九大召开前期，适逢珍宝岛事件发生。在中苏关系恶化多年的背景下，边境冲突迅速升级为备战状态，苏联随后调集军队在中苏、中蒙边境驻扎，形势严峻。为了防止苏联借九大召开之机突然袭击，也为了防止国内的"阶级敌人"趁机阴谋破坏，九大采取了极为严格的保密措施。代表们进京都是秘密的，而且是以参加学习班的名义分批进行，进京时并不知道九大召开的具体时间，进京后才接到正式会议通知。所有代表都在宾馆待命，并接到了"五不准"的通知：不准写信、不准会客、不准外出、不准打电话、不准透露会议情况。甚至代表所住房间的电话也撤了，临街的窗户不得打开，晚上须拉上窗帘等，以防"阶级敌人"察觉。会议召开时，为了防止代表们一起涌向人民大会堂引起游客或媒体关注，代表被要求乘坐汽车赴会，而且代表的乘车地点、汽车运行线路等，都是精心设计好的，目的是避免引起注意。

三、代表以工农兵为主

"出席这次大会的代表共1512人。其中,有我们党的老一辈的无产阶级革命家,也有大量的在文化大革命中涌现出来的党员中的先进分子。来自工矿企业的产业工人党员代表,来自人民公社的贫下中农党员代表,来自各条战线的女共产党员代表,数量之多,是我们党历次代表大会所从来没有过的。在无产阶级文化大革命中作出卓越贡献的人民解放军的党员代表中,有身经百战的红军老战士,也有在保卫祖国边疆的战斗中立了功的新战士。红卫兵中的党员代表是头一次参加党的代表大会。"[1]这是当时《人民日报》对九大代表的报道。

从出席大会的代表来看,党的九大代表构成特点比较突出。受当时历史环境和政治形势的影响,九大代表中存在造反派、红卫兵等特色群体人物,而大部分老干部由于受到批判,除了中央明确要求参加的,多数老干部无缘成为九大代表。另外,代表中也广泛存在着"文化大革命"开始后涌现出的普通党员先进典型,其中个别先进典型具有鲜明的时代特色,是特殊时代造就的"时代名人"。比如,江苏省九大代表、太仓县农民顾阿桃,虽然不识字,却能背诵许多毛主席语录和老三篇(即毛泽东的三篇著作:《为人民服务》《纪念白求恩》《愚公移山》。——笔者注),被树立为"用毛泽东思想武装头脑的新型农民",在"文化大革命"中成为不脱产的江苏省革委会常委、地区县的领导成员。这

---

[1]《中国共产党第九次全国代表大会主席团秘书处新闻公报》,《人民日报》1969年4月2日。

类时代造就的"名人"代表,也赋予了九大代表群体鲜明的结构特点。

还有一些红卫兵代表。比如,"文化大革命"初期的风云人物聂元梓等。

九大代表中有科学家代表,如著名的科学家、"两弹一星"功勋钱学森、周光召和朱光亚等。

代表中还有中小知识分子的代表。上海市崇明县向化公社赤脚医生龚丽琰作为赤脚医生代表参加了大会。天津的邢燕子作为知识青年典型代表参加了党的九大。

代表中人数较多的是各条战线的劳动模范,如"铁人"王进喜、带领大寨改变落后面貌的陈永贵、纺织女工吴桂贤等。

四、共产党人的本色

(一)中国骄傲之一:"两弹一星"

九大的代表中有钱学森、周光召、朱光亚等一批"两弹一星"功勋。这与我国20世纪五六十年代独立自主研制"两弹一星"的重要决策和所取得的重要成就息息相关。

20世纪50年代中期,党中央根据我国所处的国际形势,作出了独立自主研制"两弹一星"的战略决策。大批优秀的科技工作者,包括许多在国外已经有了杰出成就的科学家,怀着对祖国的热爱,响应国家的召唤,义无反顾地投身到这一神圣而伟大的事业中来。

23位"两弹一星"元勋是投身"两弹一星"研制工作先进群体的杰出代表。他们中的许多人,如钱学森、郭永怀等当时都在国外学有所成,拥有优越的科研和生活条件,但为了投身新中国的建设事业，冲破重重障碍和阻力，毅然回到祖国。也有很多人像于敏一样，为了研制"两弹一星"，隐姓埋名几十年，连家人都不了解他们具体从事的工作。

1955年，钱学森克服重重阻力和困难回到祖国。回国后，钱学森受命组建中国第一个火箭、导弹研究机构——国防部第五研究院并担任首任院长，主持完成了"喷气和火箭技术的建立"规划，参与了近程导弹、中近程导弹和中国第一颗人造地球卫星的研制等。

为了研制"两弹一星"，钱学森主持了相关课程的培训班。培训班的学员中，许多人后来都成为中国航天的领军人物，推动了"两弹一星"和中国航天事业的进步。钱学森还数次写信给同门师弟郭永怀，呼唤他尽快回国。郭永怀归国后，迅速投身于"两弹一星"的建设。1968年12月5日，郭永怀在完成第一次热核弹头试验准备工作返回北京时，因飞机着陆失事不幸遇难。当人们从机身残骸中找到郭永怀时，发现他同警卫员紧紧抱在一起，胸前保护着完好无损的装有绝密实验资料的公文包。

像钱学森、郭永怀、于敏这样的科学家还有很多……所有参与"两弹一星"研制的科研人员都把自己的一切献给了这项伟大的事业。

"两弹一星"的研制是在新中国一穷二白的基础上开始的。科学家和广大研制人员自力更生，发愤图强，依靠自己的力量，用较少的投入和较短的时间，突破了原子弹、导弹和人造地球卫星等尖端技术。1964年10月16日，我国第一颗原子弹爆炸成功；1966年10月27日，我国第一颗装有核弹头的地地导弹飞行爆炸成功；1967年6月17日，我国第一颗氢弹空爆试验成功爆炸；1970年4月24日，我国用长征一号运载火箭成功发射第一颗人造卫星东方红一号。从第一颗原子弹爆炸到第一颗氢弹试验成功，美国用了7年多，而中国仅用了2年8个月。这些白手起家的科学家，创造了令世界瞩目的科技奇迹和令中国人骄傲的伟大成就。"两弹一星"的研制成功，为新中国筑起了安全屏障，也为新中国的科技发展打下牢固根基。

1999年9月18日，在庆祝中华人民共和国成立50周年之际，党中央、国务院、中央军委决定，对为研制"两弹一星"作出突出贡献的23位科技专家予以表彰，并授予于敏、王大珩、王希季、朱光亚、孙家栋、任新民、吴自良、陈芳允、陈能宽、杨嘉墀、周光召、钱学森、屠守锷、黄纬禄、程开甲、彭桓武"两弹一星功勋奖章"，追授王淦昌、邓稼先、赵九章、姚桐斌、钱骥、钱三强、郭永怀"两弹一星功勋奖章"。

2019年9月25日，在中华人民共和国成立70周年之际，"两弹一星"先进群体又荣获"最美奋斗者集体"荣誉称号。

"两弹一星"功勋们把自己全部的热血和青春，奉献给了祖国的火箭、导弹和航天事业。在为"两弹一星"这个伟大事业奋斗的过程中，体现和铸就了"热爱祖国、无私奉献，自力更生、艰苦奋斗，大力协同、勇于登攀"的"两弹一星"精神。这一精神成为中华民族的宝贵精神财富，激励着一代又一代科研工作者攻坚克难，奋力推进我国科学技术的发展。

历史在不断前行，但历史永远不会忘记这些共和国的功勋们。

这些功勋者中的钱三强、钱学森、周光召、朱光亚、邓稼先等都先后被选举为党代会的代表：

钱三强：中国共产党第八、十二次全国代表大会代表；

钱学森：中国共产党第九至十五次全国代表大会代表；

周光召：中国共产党第九至十四次全国代表大会代表；

朱光亚：中国共产党第九至十四次全国代表大会代表；

邓稼先：中国共产党第十二次全国代表大会代表；

……

他们是杰出的科学家，也是优秀的共产党员！

（二）改变国家落后面貌的奋斗者

王进喜（1923—1970），甘肃玉门人，全国著名劳动模范。因用自己身体制伏井喷而家喻户晓，被称为"铁人"。

王进喜15岁进入玉门石油公司当工人，新中国成立后历任玉门石油管理局钻井队队长、大庆油田1205钻井队队长、大庆油田钻井指挥部副指挥。1950年春，王进喜通过考试成为新中国第一代钻井工人。1956年4月，王进喜加入中国共产党。入党不久，王进喜担任了贝乌5队队长，带领贝乌5队在石油工业部组织的以优质快速钻井为中心的劳动竞赛中，提出了"月上千，年上万，祁连山上立标杆"的口号，创出了月进尺5009.3米的全国钻井最高纪录。1958年10月，王进喜到新疆克拉玛依参加石油工业部召开的现场会。贝乌5队被命名为"钢铁钻井队"，王进喜被誉为"钻井闯将"。

1959年9月，王进喜出席甘肃省劳模会，被选为新中国成立10周年国庆观礼代表和全国工交群英会代表，被授予"全国先进生产者"称号。在北京看到大街上的公共汽车车顶上背个大气包，他问别人才知道，因为没有汽油，烧的煤气。这话像锥子一样刺痛了王进喜。作为石油工人，王进喜感到了肩上的责任。

1960年春，我国石油战线传来喜讯——发现大庆油田，一场规模空前的石油大会战随即在大庆展开。王进喜从西北的玉门油田率领1205钻井队赶来，加入了这场石油大会战。一到大庆，摆在王进喜面前的是许多想象不到的困难：没有公路，车辆不足，吃和住都成问题。钻机到了，吊车不够用，几十吨的设备怎么从车上卸下来？面对困难，王进喜说出了那句铿锵有力的话："有条件要上，没有条件创造条件也要上。"他们用滚杠加撬杠，靠双手和肩膀，奋战三天三夜，最终让38米高、22吨重的井架矗立于荒原。这就是会战史上著名的"人拉肩扛运钻机"。要开钻了，可水管还没有接通。王进喜振臂一呼，带领工人到附近水泡子里破冰取水，硬是用脸盆水桶，一盆盆、一桶桶地往井场端了50吨水。王进喜带领全队以"宁可少活20年，拼命也要拿下大油田"的顽强意志和冲天干劲，苦干五天五夜，打出了大庆第一口喷油井。在随后的10个月里，王进喜率领1205钻井队和1202钻井队，在极端困苦的情况下，克服重重困难，双双达到了年进尺10万米的奇迹。其间，王进喜身患重病也顾不上去医院，几百斤重的钻杆砸伤了他的腿，他拄着双拐继续指挥。一天，突然出现井喷，当时没有压井用的重晶粉，王进喜当即决定用水泥代替。成袋的水泥倒入泥浆池却搅拌不开，王进喜就甩掉拐杖，奋不顾身地跳进齐腰深的泥浆池，用身体搅拌。井喷终于被制伏，可王进喜累得站不起来了。房东大娘心疼地说："王队长你可真是铁人啊！""铁人"的名字就是这样传开的。

大庆石油会战取得的成绩和王进喜的"铁人"精神，得到了毛泽东主席的高度评价。1964年1月25日,《人民日报》以一版头条通栏刊出毛泽东的号召:"工业学大庆",并亲自接见王进喜。"工业学大庆"活动对于振奋中国人民自力更生、奋发图强的精神,推进社会主义建设事业,起到了巨大的作用。王进喜身上体现出来的"铁人精神",激励了一代代的石油工人。

"宁可少活20年,拼命也要拿下大油田"的王进喜,把自己的一生毫无保留地献给了祖国的石油事业。他不仅是工人阶级的先锋战士、共产党人的楷模,更是个为国家分忧解难、为民族争光争气、顶天立地的英雄。

王进喜是共产党人实干兴邦、埋头苦干的楷模和榜样。

1970年4月,王进喜被确诊为胃癌晚期。11月病逝,终年47岁。

2009年9月,王进喜当选"100位新中国成立以来感动中国人物"之一。

2019年9月25日,王进喜被评为"最美奋斗者"。

第十章

十大代表：首次有了台湾代表团

时间：1973年8月24日至28日

地点：北京

关键词：解放老干部

一、调整政策

（一）会议的主要内容

党的十大是在粉碎林彪反革命集团以后，比党章规定时间提前一年召开的。

九一三事件发生后，毛泽东在周恩来的协助下，采取一系列措施，解决与这一事件有关的各种重要问题。周恩来主持中央日常工作，全国各方面形势有了一定的好转。这样，十大的召开具备了一定的条件。1973年5月20日至31日，中共中央召开工作会议，为十大做准备。会上宣布，根据毛泽东的提议，中央政治局决定王洪文到中央工作，并同华国锋、吴德一起列席政治局会议。会议决定成立党章修改小组，由小组提出党章修改草案。根据毛泽东、周恩来的意见，宣布解放谭震林、李井泉等13名老干部。8月20日，中央政治局通过决议，批准中央专案组《关于林彪反党集团反革命罪行的审查报告》，永远开除林彪、叶群、黄永胜、吴法宪、李作鹏、邱会作等人的党籍。

1973年8月,中国共产党第十次全国代表大会在北京召开。会议与九大相隔时间不足5年,属于提前召开。会议开了5天,是党的全国代表大会历史上会期最短的一次会议。

毛泽东主持召开党的十大第一次全体会议。大会通过的由张春桥等主持起草的政治报告,仍然肯定九大的政治路线和组织路线都是正确的,仍号召全党"坚持无产阶级专政下的继续革命",坚持"无产阶级文化大革命"。报告还把"天下大乱,达到天下大治,过七八年又来一次"认定为"客观规律"。对于林彪集团,报告认为林彪在我们党内不是经营了十几年,而是几十年;断言林彪集团的垮台"并不是党内两条路线斗争的结束",这样的斗争"还会出现十次、二十次、三十次"。报告把批判林彪的"极右实质"列为首要任务,要求重视上层建筑领域包括各个文化领域的阶级斗争。[1] 在这样的"左"倾错误方针指导下,只能使"文化大革命"愈拖愈久,破坏性的后果愈来愈严重。

会议通过《关于修改党章的报告》《中国共产党章程》等。

大会选举中央委员195人,候补中央委员124人。一些在"文化大革命"中备受打击迫害、被排斥在九届中央委员会之外的久经考验的领导干部,如邓小平、王稼祥、谭震林、乌兰夫、李井泉、廖承志等被选为中央委员。虽然江青集团的骨干分子更多地被选进党的中央委员会,但一些老干部得以重新进入中央委员会,在一定程度上反映了批判极左思潮、落实干部政策的

---

[1] 中共中央文献研究室编:《毛泽东传》第6卷,中央文献出版社2011年版,第2627页。

成果。

从总的方面看，在极左思潮再次抬头的背景下，党的十大不论是在思想路线、政治路线还是在组织路线上，都继承了党的九大的"左"的错误。

（二）对党代会代表及相关制度的规定

1973年8月28日，中国共产党第十次全国代表大会通过《中国共产党章程》，其中对党代会代表及相关制度的新规定有：

> 第五条：党的组织原则是民主集中制。
> 党的各级领导机关应根据无产阶级革命事业接班人的条件和老、中、青三结合的原则，由民主协商、选举产生。
> ············
>
> 第七条：国家机关，人民解放军和民兵，工会、贫下中农协会、妇女联合会，共产主义青年团、红卫兵、红小兵及其他革命群众组织，都必须接受党的一元化领导。
> 在国家机关和人民团体中，可设立党的委员会或党组。
> 第八条：党的全国代表大会，每五年举行一次。在特殊情况下，可以提前或延期举行。[1]

十大党章共六章十二条。删去了"五十字建党纲领"，只规定中国共产党是无产阶级政党，是无产阶级的先锋队，强化了

---

[1]《中国共产党第十次全国代表大会文件汇编》，人民出版社1973年版，第62、64页。

"文化大革命"和"无产阶级专政下继续革命"的理论。

十大党章关于党组织原则的规定和九大党章基本一致。值得注意的是明确提出了"老、中、青三结合的原则",这可以看作是中央调整干部政策和解放部分老干部的信号。

二、"民主协商"产生代表

党的十大出席代表1249人,代表党员2800万人。

(一)十大代表的条件规定

按照九大通过的党章,党的十大应该在九大召开五年后的1974年举行。但鉴于1971年九一三事件的突然发生,急需修改九大通过的写有林彪是"毛泽东同志的亲密战友和接班人"的党章,急需调整中央政治局和中央委员会的成员,九一三事件也需要由党的全国代表大会作出正式结论,以便于清除林彪集团的危害,统一思想,团结全党。这样,毛泽东和中共中央决定提前召开十大。

十大筹备过程中仍然受到了"左"的思想影响,在代表产生的指导思想、方法程序等诸多方面与九大类似。

党的十大的筹备工作没有经过党的中央委员会全体会议讨论,而是在1973年5月举行的中央工作会议上商定的,筹备时间十分仓促。十大代表不是由省级党的代表大会或代表会议选举产生,而是由党委扩大会议"协商"选举产生的。

1973年5月20日至31日,中共中央召开以筹备党的十大为主题的工作会议。5月20日晚,中央工作会议在人民大会堂举行全体会议。周恩来就这次会议的任务和议程作了报告。会议宣布,根据毛泽东的提议,中央政治局决定王洪文从上海调到中央、王洪文、华国锋、吴德列席中央政治局会议并参加相应的工作。5月21日起，会议分为华北、东北、华东、中南、西南、西北、中央直属机关、国家机关、军委直属单位九个大组进行讨论。

会议讨论了《中共中央关于党的第十次全国代表大会代表产生的决定》。《决定》提出产生代表的指导思想是以毛主席提出的中国共产党"应是无产阶级先进分子所组成，应能领导无产阶级和革命群众对于阶级敌人进行斗争的朝气蓬勃的先锋队组织"为依据。

关于党的十大代表的产生条件，《决定》规定了三条：一、所有代表都必须是中国共产党党员。二、坚决贯彻执行毛主席的无产阶级革命路线，在"无产阶级文化大革命"中，特别是在"第十次路线斗争"中经过考验锻炼表现良好的，联系群众，为群众信任的；也要包括一部分犯了错误，做了检讨愿意改正，并取得群众谅解的。三、本人历史清楚。

这三个条件中，第一条和第三条是例行规定，第二条强调在"文化大革命"和"第十次路线斗争中经过考验锻炼表现良好的"，指的是在"文化大革命"时期出现的"新生力量"，而"一部分犯了错误，做了检讨愿意改正，并取得群众谅解的"，指的是那些在"文化大革命"中受到冲击和批斗的老干部。上述条件的规定，虽然排除了林彪集团的成员和追随林彪犯了严重错误的人，但在"文化大革命"中靠造反起家的造反派仍然可以作为"新生力量"成为党代会的代表。

党的全国代表大会是党的最高领导机关，具有审查中央委员会工作、修改党章、选举中央委员会、决定重大问题的权力。党代会的召开是一项极其严肃的政治任务。因此，需要由党的中央委员会召开全体会议商讨筹备工作,进行认真准备,精心组织。大会代表应由省、自治区、直辖市党委召开代表大会或代表会议,经过充分酝酿、严格审查、民主选举产生。十大以党的工作会议代替中央全会商讨筹备事宜,以省、自治区、直辖市党委扩大会议代替党的地方代表大会选举代表,甚至规定各地代表在所在地召开预备会议时,一律以办学习班的名义秘密进行。

(二)确定代表名额

1. 关于代表名额的分配和相关比例

《中共中央关于党的第十次全国代表大会代表产生的决定》中确定了各省、市、地区的代表名额,具体分配名额情况为:北京50名,天津29名,河北49名,山西23名,内蒙古21名,辽宁53名,吉林26名,黑龙江38名,陕西25名,甘肃25名,宁夏8名,青海13名,新疆19名,上海60名,山东50名,江苏37名,安徽32名,浙江25名,江西30名,福建21名,河南41名,湖北36名,湖南37名,广东42名,广西22名,四川52名,贵州16名,云南17名,西藏9名,台湾2名。以上各省、市、地区共计908名。再加上解放军190名,中央党政机关78名,中央政治局和在京中央委员、中央候补委员50名,留给中央党政军机关的机动数14名,总计1240名(实际产生1249名)。

关于代表的名额和分配比例,要求工农兵和其他劳动人民中的党员代表应占绝大多数。其中,产业工人的党员代表应占总数的30%左右;贫下中农的党员代表占总数的25%左右;解放军的党员代表占总数的16%左右;其他劳动人民的党员代表占总数的5%左右;革命知识分子的代表占总数的5%左右;革命干部的党员代表占总数的 19% 左右。

另外，要求代表中的女党员应占总数的 15% 至 20%。其中，女性代表在产业工人、贫下中农和其他劳动人民的代表应占 20% 以上；在解放军、革命干部和知识分子的代表应不少于 5% 至 10%。民族结构方面，要求少数民族代表应占 5% 至 10%。要求工人、贫下中农和其他劳动人民的代表中，中青年应占 80%；军队、干部、知识分子代表中，中青年应占 60%。青年至中年的年龄界限指的是 18 岁至 55 岁。

值得关注的是规定了"革命的知识分子"代表名额。《中共中央关于党的第十次全国代表大会代表产生的决定》规定：十大代表中，"革命的知识分子"代表名额占总数的 5% 左右。虽然对知识分子做了一定限定，但与九大相比，将知识分子党员群体纳入代表推选的范围，这是有积极意义的。

2. 毛泽东提议代表名额要减少

根据资料显示，出席党的十大的代表为 1249 人，比九大减少了 263 人，但十大召开时的党员却比九大召开时增加了 600 多万。减少代表名额的意见是毛泽东提出的。1973 年 5 月 21 日，周恩来等根据毛泽东关于出席党的十大代表人数应较九大少一些的提议，形成了十大代表产生的决定草案并致信毛泽东。根据信的内容看，毛泽东的建议是将代表总人数从九大 1500 人减为 1200 人，但中央政治局多次讨论，认为有些困难，最后在 1200 人的建议基础上增加了 49 人。

为此，周恩来向毛泽东解释：在九届中央委员和中央候补委员共 279 人中，有 223 人均拟继续推选为十大代表，因此为进一步压缩代表名额增加了困难。毛泽东圈阅了此信，并未提出反对意见。[1]

3. 周恩来提议党的十大要有台湾省籍的代表

十大代表中，首次探索了酝酿、选举台湾省籍代表的基本路径，选出了两名台湾省籍的代表林丽韫、蔡啸。他们的出现，创造了台湾省籍代表参加党的全国代表大会新的历史。

十大台湾省籍代表林丽韫是台湾台中人，6岁时随家人迁居日本神户。1952年回国，入北京大学学习，1963年入党，在中央对外联络部工作。据林丽韫回忆，1973年，中央调查部的负责人罗青长曾对她说：应该有台湾同胞自己的代表参加党代会，这是周总理向毛主席提议决定的。根据中央指示，中央组织部成立了一个遴选台湾省籍代表的筹备组。筹备组在北京组织召开了台湾省籍党员代表会议，选出了出席党的十大的两名台湾省籍党员代表。这两名台湾省籍代表在大会上，被选为中央委员。

周恩来是组织筹备党的十大的负责人，他在自己组织、参加的最后一次党的全国代表大会中，为党的全国代表大会代表的地域拼图补上了台湾省籍代表这重要一块，进一步完善了代表的地域结构。更重要的是，这一举措赋予了代表群体祖国统一的象征性意义，彰显了卓越的政治家的视野和智慧。

（三）代表的产生方法

关于代表产生的方法，会议确定通过充分协商，选举产生。其步骤是：

一、召开省、市、自治区党委全体会议，经过充分民主协

---

[1] 中共中央文献研究室编：《周恩来年谱（1949—1976）》下卷，中央文献出版社1997年版，第594页。

商，提出代表候选人名单；

二、将拟定的代表候选人，分别征求其所在单位、地区党内外群众的意见；

三、在省、市、自治区党委扩大会议上选举产生正式代表，于1973年6月底以前报请中央审批。

由于十大的准备工作十分仓促，从5月中央工作会议决定筹备到8月召开，前后不过3个月时间。所以，在代表产生过程中，没有设立代表资格审查委员会对代表进行严格的政治审查。十大代表都是经过民主协商由党委扩大会议选举产生的。

在大会召开前，根据中央通知要求，各地代表按所在地区、单位分为34个组，于1973年8月12日至19日分别就地举行预备会议，讨论十大文件草稿，为十大做好准备。中央规定，预备会议一律以办学习班的名义秘密进行。这实际上是将九大的代表集合培训与大会的预备会议内容合并进行了。代表提前开始履行审议职责。

三、代表由劳动人民和革命军人、革命干部、革命知识分子构成

"大会正式开幕这一天，来自我们伟大社会主义祖国五湖四海的大会代表，通过高悬着马克思、恩格斯、列宁、斯大林巨幅画像的大厅，进入了庄严的会场。他们之中，有的是产业工人党员代表，有的是贫下中农党员代表，有的是来自祖国边疆、警惕地守卫在国防前哨的人民解放军党员代表，还有的是革命干部、革命知识分子和其他劳动人民的党员代表。工农兵党员代表占总数的百分之六十七。妇女党员代表占百分之二十以上。汉族以外各

兄弟民族党员代表，也占有一定比例。有待解放的祖国神圣领土——台湾省在全国各地的党员所选出的代表，是第一次参加党的全国代表大会。代表们带着全国二千八百万党员的委托，各族亿万人民的心愿，同自己的伟大领袖毛主席一起，团结、紧张、严肃、活泼地进行了工作。"[1]这是《人民日报》对当时代表情况的报道。

十大代表的突出特点有以下几点：一是工农兵和其他劳动人民党员代表占了绝大多数，将近70%。二是妇女党员代表占20%以上。三是中青年代表占60%。四是台湾代表第一次参加了党的全国代表大会。

来自一线的普通党员代表都是在各个岗位上作出贡献的共产党员中的优秀分子，如来自福建省尤溪县里上乡后墓坑村（今西滨镇七里村后墓坑自然村）的妇女耕山队队长罗春俤。罗春俤和她所带领的"林海娘子军"在1963年至1979年，共造林3400多亩，育林2万多亩，为国家生产木材1万多立方米，还生产一批松脂、山苍子油等林副产品。1979年，在罗春俤的带动下，尤溪县有社办、队办妇女耕山队247个，耕山队员达7700人。耕山队多次受到省、地、县的表彰，从尤溪走向了全国。为了培育典型、宣传典型，鼓励全国妇女界学习罗春俤和谢坑妇女耕山队艰苦创业、战天斗地的精神，经福建省委推荐并报中共中央批准，罗春俤光荣当选党的九大代表。会间，周恩来总理还亲切地招呼罗春俤，关心她的生产生活情况。在大会就中央委员、中央候补委员投票后，周总理叮嘱会议秘书处，安排罗春俤做监票

---

[1]《中国共产党第十次全国代表大会新闻公报》（1973年8月29日），《人民日报》1973年8月30日。

人,见证新一届中共中央领导班子的产生。罗春俤当选为党的九大中央候补委员。1973年8月,罗春俤继续当选党的十大中央候补委员。而罗春俤本人就是一个勤勤恳恳、踏踏实实、本本分分的普通劳动妇女、共产党员,将自己的一生奉献给了"植树造林,绿化祖国"的造林事业。

像罗春俤这样的十大代表有很多。他们在那个特殊历史时期依旧保持着共产党员的本色,洋溢着无私奉献的英雄主义气息。

四、毛泽东最后一次出席党代会

(一)毛泽东最后一次出席党的全国代表大会

党的十大召开的时候,毛泽东已经80岁,健康状况远不能同过去相比。尽管身体已经很虚弱,但还是以极大的毅力处理国家大事。

毛泽东出席了党的十大并主持了开幕式。

毛泽东宣布开会后,周恩来先问:"主席讲几句不讲?"毛泽东没有讲,请周恩来作报告和请王洪文讲话。

当周恩来读到报告中的"时代没有变,列宁主义的基本原则没有过时,仍然是我们今天指导思想的理论基础"时,毛泽东插话:"哎,不错。"当周恩来读到"应当强调指出:有不少党委,埋头日常的具体的小事,而不注意大事,这是非常危险的"时,毛泽东说:"对。"

周恩来、王洪文讲完后,毛泽东宣布:"报告完毕,今天就到此为止,散会!"

然而,毛泽东宣布散会后,自己却没有站起来。因为十大召开的这段时间,他身体不太好,主要是腿不行,走路走得不稳当。毛泽东努力想让自己能够支撑着站起来，但是做不到了。台上台下长时间地鼓掌欢呼，持续了十分钟之久。周恩来见此，打手势要大家赶快退场，代表们还是不肯离去。毛泽东只得向代表们说："你们不走，我也不好走。"周恩来也对代表们说："毛主席要目送大家退场。"于是，毛泽东的脸上浮现出笑容。代表们依依不舍地面向毛主席后退着。等到代表们全部退场后，在周恩来的陪伴下，毛泽东才离开会场。

鉴于身体情况，毛泽东事先声明，他将不出席党的十届一中全会。这以后，毛泽东不再参加中央委员会的全体会议。[1]

（二）十大代表的参会经历

欧阳新竹是党的十大代表，身份是山村民办女教师。1964年，欧阳新竹初中毕业成为一名山区民办教师。她任教的学校叫荆竹瑶族公社鱼晒小学，是湖南省蓝山县最偏远的学校，距离荆竹瑶族公社有40多里不通车的山路，往返一趟要走整整一天，上一趟县城则要走三天三夜。由于工作出色，1966年欧阳新竹被评为零陵地区（今湖南永州）学习毛主席著作标兵；1969年至1971年连续三年当选为湖南省教育标兵；1972年被保送成为一名工农兵大学生；1973年，被推举为党的十大代表。

对于参加十大的经历和感受，欧阳新竹回忆道：

> 1973年8月，我接到参加党的十大的通知，当时兴奋得整夜失眠。上北京见毛泽东主席，是那个时代多少人的梦

---

[1] 中共中央文献研究室编：《毛泽东传》第6卷，中央文献出版社2011年版，第2632—2633页。

想啊！这样的殊荣落在我的头上，我是做梦也没想到。同去的有地区领队地委书记邓有志，还有一名道县的农民代表。我们3人在零陵会合之后乘火车去长沙。到了长沙，湖南省代表团37名代表都入住蓉园宾馆（当时是湖南接待国家领导人的地方），省委书记张平化是湖南省代表团领队。

8月22日下午5点，湖南代表一行37人登上了飞机，7点15分到达北京。看着夜幕下灯火辉煌的城市，我的心怦怦直跳，心情就如自己在当天的日记中写到的那样："我从边远的山区来到了祖国的首都——北京，来到了我们伟大领袖毛主席的身边，这是我一生中最大的幸福！"

我们下榻在京西宾馆。只有中央直属部委、西藏、新疆、湖南代表团才能入住这里，也算是对毛主席家乡人民的一种特殊礼遇吧。我们的伙食很简单，四菜一汤，都是普通的家常菜肴，像豆角炒肉、茄子炒肉，再加一个蔬菜和一个汤，有时会有夜宵。每个代表包括领队的省委书记张平化都要交伙食费，工资高的交8毛钱一天，工资低的交5毛钱一天。也有茅台酒供应，要自己掏钱买，1块钱一杯，10块钱一瓶，很少有代表买。

8月24日晚上7点15分，我们乘上了可以直达人民大会堂的地铁，7点24分到达人民大会堂参加十大开幕式。后来，我在文件中得知这届代表中，工农兵党员占总数的67%，妇女党员占了20%以上，我们是代表着全国2800万党员来北京开会的。

9点45分大会开始了，开幕式是由已是80高龄的毛主席主持的。当毛主席出现在主席台时，全场欢声雷动，代表们长时间热烈鼓掌,高呼:"伟大领袖毛主席万岁!万万岁!"毛主席亲切地向代表们挥手致意。看到日思夜想的毛主席,我激动得热泪盈眶。当时在主席台上就座的还有刘伯承、朱德、许世友、华国锋等党和国家领导人。刘伯承元帅因为年老体弱,坐在轮椅上由服务人员推上台,还有专人在旁边服侍,不过没过多久,他就中途退场了。

毛主席宣布大会开幕,请周总理作报告。

王洪文代表中国共产党中央委员会作《关于修改党章的报告》。王洪文是作为毛主席的接班人培养的,决定让王洪文作这报告,主要是为了表明"文化大革命"的连续性。

最让我感动的是,散会时周总理向大会宣布:"请代表们先走,主席目送大家退场。"但是代表们坚持要让主席先走,然后才离开。代表们全体起立,这样僵持了十几分钟,最后代表们为了表示对主席的尊重,都不愿背朝主席离去,就面朝主席,一步步退出会场。

8月28日,周总理主持了闭幕式。当时采取了无记名投票的方式选出了中国共产党第十届中央委员会委员。我印象最深的是,选举会上毛主席没有出席,委托王洪文替他投一票,所以王洪文代表毛主席在投票箱里投下了第一票,然后代表们才在各自的投票区投票。

十大会议期间每位代表发了一个红色塑料壳的公文夹、两张毛主席的彩色相片、一张王洪文和周恩来的相片。除此之外,没有其他任何纪念品,甚至连合影也没有一张。[1]

---

[1] 欧阳新竹口述、杨锦芳整理:《山村民办女教师 两届中共党代表》,《文史博览》2011年11月。

（三）台湾籍代表林丽韫

党的十大最亮丽的风景应该是台湾代表团的出现，而林丽韫便是其形象大使。在十大上林丽韫以台湾同胞的身份当选为中央委员，颇为世人所瞩目。

林丽韫，1933年3月出生于台湾台中。1936年，她随家人来到台北。1940年春侨居日本神户市。1952年，自日本到中国大陆。1963年，加入中国共产党。第四至第九届全国人大常委会委员，第六、第七届全国人大华侨委员会委员，第七、第八届全国人大华侨委员会副主任委员，第十至第十五届中央委员。

1952年，年仅19岁的林丽韫几经周折只身回到祖国大陆，进入北京大学生物系读书。一年后，林丽韫被抽调到中共中央对外联络部成为一名日文翻译，开始了长达20年的中日民间友好交流工作。

自1954年底至1976年周恩来逝世，林丽韫任周恩来总理的日语翻译22年。她还担任毛泽东、周恩来的日文翻译，全程参与1972年中日建交的谈判。

这20年间，林丽韫先后为毛泽东、刘少奇、周恩来、朱德、邓小平、彭真、陈毅、郭沫若、廖承志等党和国家领导人担任日语翻译。当时，在英语方面，党的高层翻译官有唐闻生、章含之、王海容，法语方面有齐宗华和罗旭，而日语方面则首推林丽韫。

1973年，林丽韫作为两名台湾籍代表之一，参加了党的十大，并当选为中央委员。1975年，她又作为13名台湾籍代表之一，第一次以台湾省代表的身份参加了第四届全国人民代表大会，并当选全国人大常委会委员。

1978年底，党的十一届三中全会召开，中国进入改革开放新时期。1979年元旦，全国人大常委会发表《告台湾同胞书》。同年12月，中央对台工作领导小组恢复工作。邓颖超任组长，廖承志任常务副组长。当时，邓颖超和廖承志的想法是：要在台胞和祖国大陆之间建立一个民间的纽带，通过定居大陆的台湾同胞，起到桥梁和沟通作用。他们想到要成立一个民间组织来做这项工作。于是，成立台湾同胞联谊会就成为中央对台工作总方针中的重要一环。这个重任落到了林丽韫身上。1980年11月，浙江省在全国率先成立了省级台湾同胞联谊会。紧接着福建、北京也相继成立了台联。在全国台联筹备期间，邓颖超希望林丽韫担任全国台联筹备工作负责人，林丽韫也担起了这副重担。

1981年12月22日至28日，全国台湾同胞第一次代表大会在北京召开。台湾各族同胞的爱国民众团体——中华全国台湾同胞联谊会也在北京成立。林丽韫由筹备组组长正式当选为会长。以后她连选连任，共3届9年，工作卓有成效，把台联真正办成"台胞之家"。

在祖国大陆的台湾同胞从来就同祖国的命运息息相关。全国台联成立之初的头等大事就是落实台胞政策。为了给各地台胞落实政策，林丽韫经常带队远赴新疆、海南等地，检查政策落实情况。从1981年到1991年，全国台联在林丽韫的主持下，为国内的3.8万名台胞做了大量有益的工作：落实党对台胞的政策，充分维护他们的合法权益；为受冤屈、遭错误批判的台胞平反；为他们办实事，解决实际困难；安排台胞离退休后的生活；开展联谊活动，为岛内台胞回大陆探亲、旅游，两岸文化学术交流及台胞在大陆投资，提供方便，牵线搭桥……

1991年，林丽韫出任全国人大华侨委员会的副主任委员。此后，她所接触的服务对象不仅仅是台胞了，所有关于海外侨胞及归侨的工作她都要关心、过问。与此同时，林丽韫还兼中国侨联顾问、全国台联顾问、海峡两岸关系协会顾问、国务院侨办海外交流协会的常务理事等职务。

从1983年起，林丽韫便带团出访美国、加拿大、日本、巴西等国家。在这些国家里，她的足迹几乎踏遍了每一处有台胞聚集的地方，建立起了一条海外台胞与祖国大陆双向沟通的大通道。林丽韫借助全国台联这个平台，用一颗真挚的心，换回了海外及岛内台胞隔绝多年的心，温暖了大陆台胞曾经受伤的心。全国台联从成立的第一天起，就和林丽韫的名字联系在了一起。

1991年5月，第四次全国台湾同胞代表会议在京召开。张克辉当选为会长，林丽韫成为顾问。

从一张白纸，空手起家创下台联会；从筹建到决定离开，10年的时间转眼过去了。从回国到中日建交，到当选中央委员，林丽韫的青年时代是在中央领导身边度过的，她的盛年则献给了祖国的统一大业。

1999年，林丽韫自幼时离开台湾后第一次回到台湾家乡，回到了台中清水镇。在家乡，林丽韫受到了热烈的欢迎。此后她曾多次返回台湾。

林丽韫说："我是台湾女，更是中国女。"此话于她而言，恰如其分。

第十一章

十一大代表：对代表结构进行调整

时间：1977年8月12日至18日
地点：北京
关键词：建设社会主义现代化强国

一、宣告"文化大革命"结束

（一）会议的主要内容

粉碎"四人帮"后，广大干部群众强烈要求纠正"文化大革命"的错误理论和实践，拨乱反正，彻底扭转十年内乱造成的严重局面。

1977年3月召开的中央工作会议通过了关于提前召开党的十一大的决定。

在全国局势逐步稳定的基础上，1977年7月16日至21日，党的十届三中全会在北京召开。会议首先通过追认华国锋为中共中央主席、中共中央军委主席的决定；通过《关于王洪文、张春桥、江青、姚文元反党集团的决议》，决定开除王、张、江、姚的党籍，撤销他们的党内外一切职务。会议决定恢复"反击右倾翻案风"时邓小平被撤销的职务，即中共中央委员、中央政治局委员、中央政治局常委、中共中央副主席、中共中央军委副主席、国务院副总理、中国人民解放军总参谋长。

邓小平在会上作了复出后的第一次正式讲话。邓小平强调："要对毛泽东思想有一个完整的准确的认识，要善于学习、掌握和运用毛泽东思想的体系来指导我们各项工作。只有这样，才不至于割裂、歪曲毛泽东思想，损害毛泽东思想。""毛泽东同志倡导的作风，群众路线和实事求是这两条是最根本的东西"，"对我们党的现状来说，我个人觉得，群众路线和实事求是特别重要"。[1]

鉴于党的十大以来国内形势的重大变化，十届三中全会批准3月中央工作会议关于提前召开党的十一大的决定，并为大会的召开做了必要的准备。全会一致通过党的十一次全国代表大会议程，讨论并基本通过第十届中央委员会的政治报告、关于修改党的章程的报告和党章修改草案，决定在1977年下半年的适当时间召开党的第十一次全国代表大会。

中国共产党第十一次全国代表大会于1977年8月12日至18日在北京举行。出席大会的代表1510人，代表全国3500多万名党员。华国锋代表党中央作政治报告，提出这次大会担负的重大的历史责任，分析了面临的国际、国内形势，提出了党在当时和此后一个时期内的八项任务：第一，一定要把揭批"四人帮"的伟大斗争进行到底；第二，一定要搞好整党整风，加强党的建设；第三，一定要把党的各级领导班子整顿好、建设好；第四，一定要抓革命促生产，把国民经济搞上去；第五，一定要搞好文化教育领域的革命，大力发展社会主义的文化教育事业；第六，一

---

[1] 中共中央文献研究室编：《邓小平年谱（1975—1997）》（上），中央文献出版社2004年版，第162—163页。

定要强化人民的国家机器；第七，一定要发扬民主，健全民主集中制；第八，一定要贯彻执行统筹兼顾、全面安排的方针。叶剑英在会上作关于修改党章的报告，就以下八个方面做了重要说明：关于高举和捍卫毛主席的伟大旗帜；关于党的性质和指导思想；关于党在整个社会主义历史阶段的基本纲领和党的基本任务；关于"三要三不要"的基本原则；关于党的民主集中制；关于党的干部路线；关于保持和发扬党的优良传统和优良作风；关于对党员和党的基层组织的要求。党章恢复了八大关于把中国建设成四个现代化的社会主义强国的提法。在内容上与九大、十大党章相比做了较多的修改。但是，由于仍然肯定十大的政治路线和组织路线是正确的，十一大党章没能清除"左"倾错误的影响，继续沿用了"文化大革命"的错误理论、政策和口号。

邓小平在致闭幕词时指出，我们一定要恢复和发扬毛主席为我们党树立的群众路线、实事求是、批评与自我批评、谦虚谨慎、戒骄戒躁、艰苦奋斗等优良传统和作风，全心全意为中国人民和世界人民服务；我们一定要恢复和发扬民主集中制的优良传统和作风，在全党、全军、全国努力造成一个又有集中又有民主，又有纪律又有自由，又有统一意志，又有个人心情舒畅、生动活泼，那样一种政治局面。会议还提出，在适当的时候召开第五届全国人民代表大会，召开中国人民政治协商会议第五届全国委员会第一次会议。

大会选举了新的中央委员会委员201人，候补中央委员132人。大会新产生的中央委员会选举华国锋为主席，选举叶剑英、邓小平、李先念、汪东兴为副主席。

大会总结同"四人帮"的斗争，宣告历时十年的"文化大革命"结束，重申在20世纪内把我国建设成为社会主义现代化强国的根本任务。由于当时历史条件的限制，大会没有从根本上着手纠正"文化大革命"的错误，未能完成从理论和党的指导方针上拨乱反正的任务。

（二）对党代会代表及相关制度的规定

1977年8月18日，中国共产党第十一次全国代表大会通过《中国共产党章程》，其中对党代会代表和相关制度的新规定有：

> 第九条：党的各级代表大会和各级委员会都应当按照无产阶级革命事业接班人的五项条件和老、中、青三结合的原则，经过民主协商，由无记名投票选举产生。

> 第十一条：党的各级委员会实行集体领导和个人分工负责相结合的原则。要依靠集体的政治经验和集体的智慧，一切重要问题都由集体决定，同时使个人发挥应有的作用。……

第十二条：党的各级委员会要定期向代表大会或党员大会报告工作，经常听取党内外群众的意见，接受监督。

党员有权对党的各级组织和各级领导工作人员提出批评和建议，并有权越级直至向中央委员会和中央委员会主席提出申诉。决不允许任何人压制批评和打击报复。压制批评和打击报复的人，应当受到查究和处分。

党员对于党组织的决议、指示，如有不同的意见，允许保留，并有权在党的会议上提出讨论，有权越级直至向中央委员会和中央委员会主席报告，但在行动上必须坚决执行。

第十三条：党的中央委员会，地方县和县以上、军队团和团以上各级党的委员会，都设立纪律检查委员会。

各级纪律检查委员会由同级党的委员会选举产生，并在同级党委的领导下，加强对党员的纪律教育，负责检查党员和党员干部执行纪律的情况，同各种违反党的纪律的行为作斗争。

第十四条：国家机关，人民解放军及民兵，工会、共产主义青年团、贫下中农协会、妇女联合会和其他革命群众组织，都必须接受党的绝对领导。

在国家机关和人民团体中，应设立党组。中央一级国家机关和人民团体的党组成员由党中央指定。地方各级国家机关和人民团体的党组成员由相当的党委指定。[1]

十一大党章是党从"文化大革命"的错误、混乱中开始转向正确和秩序的一部党章。党章包括五章十九条，在结构上恢复了七大党章将总纲和各章分开阐述的做法。从内容上看，十一大党章在总结党的建设历史经验的基础上，作出了一些正确的规定。

在总纲中，重提"四个现代化"目标，即在20世纪末党要领导全国各族人民把我国建设成为农业、工业、国防和科学技术现代化的社会主义强国。在党的指导思想上基本恢复八大的提法，即中国共产党的指导思想和理论基础是马克思主义、列宁主义、毛泽东思想。党坚持反对修正主义，反对教条主义和经验主

---

[1]《中国共产党第十一次全国代表大会文件汇编》，人民出版社1977年版，第90、91—92页。

义。党坚持辩证唯物主义和历史唯物主义的世界观。在总纲中增写了民主集中制组织原则的内容,恢复八大党章关于"在民主基础上的集中和在集中指导下的民主"的提法,强调要充分发扬党内民主,发挥全体党员和党的各级组织的积极性和创造性。同时,也强调要严格遵守党的纪律,维护党的集中统一。在党内同志关系上,要实行"知无不言,言无不尽","言者无罪,闻者足戒"的原则。要通过批评或者斗争,分辨是非,达到新的团结。并"要努力造成一个既有集中又有民主,又有纪律又有自由,又有统一意志,又有个人心情舒畅、生动活泼的政治局面"。

首次在党章中规定了坚持"任人唯贤"、反对"任人唯亲"的干部路线,提出要培养和造就千百万无产阶级革命事业的接班人,用整段篇幅阐述了党的三大作风,要求全党必须保持和发扬群众路线、实事求是的优良传统,保持和发扬理论联系实际、密切联系群众、批评和自我批评的作风,保持和发扬谦虚谨慎、不骄不躁、艰苦奋斗的作风,防止党员,特别是党的领导干部利用职权谋求特权。在县以上各级党的委员会,重新增设党的各级纪律检查委员会。

在党代会和代表方面,十一大党章的一个明显的变化是"党的各级代表大会和各级委员会"代替了十大的"党的各级领导机关",代表产生的方式修改为"经过民主协商,由无记名投票选举产生",增加了"无记名投票"。

尽管十一大党章还存在着一些重大缺陷,如没有纠正"文化大革命"的错误理论,继续使用"无产阶级专政下继续革命"的提法等。但是,上述一些规定,对后来党的建设产生的积极作用还是应该肯定的。

二、协商选举代表

党的十一大出席代表 1510 人,代表 3500 多万名党员。

(一)确定代表条件

1977 年 3 月 21 日,中共中央印发中央工作会议通过的《中共中央关于召开党的第十一次全国代表大会的决定》。《决定》明确了代表产生的指导思想和代表条件。从内容看,仍然延续九大、十大的指导思想,提出要坚决以阶级斗争为纲,坚持无产阶级专政下的继续革命,要坚决遵循毛泽东关于党组织应是"领导无产阶级和革命群众对于阶级敌人进行战斗的朝气蓬勃的先锋队组织"的"教导",强调"中国共产党是毛主席亲自缔造和培育的党",要继承毛主席的遗志,高高举起和坚决捍卫毛主席的伟大旗帜。在代表条件中,明确要求代表必须符合"毛主席规定的接班人五项条件",[1] 坚决贯彻执行毛主席的无产阶级革命路线。这些要求,与九大、十大没有根本上的差别,这是当时党的政治路线、思想路线仍未实现拨乱反正的现实反映。

但同时,由于"文化大革命"实际上已经结束了。这样,反映在代表选定条件中,明确提出要推荐那些坚决反对"四人帮"反革命集团,在"文化大革命"中,特别是在粉碎"四人帮"的

---

[1] 1964 年 7 月 14 日,《人民日报》刊登的《关于赫鲁晓夫的假共产主义及其在世界历史上的教训》一文中,毛泽东提出了关于无产阶级革命事业接班人的五项基本条件。主要内容是:1.必须是真正的马克思列宁主义者;2.必须是全心全意为中国和世界的绝大多数人服务的革命者;3.必须是能够团结绝大多数人一道工作的无产阶级政治家;4.必须是党的民主集中制的模范执行者;5.必须谦虚谨慎、戒骄戒躁,富于自我批评精神,勇于改正自己工作中的缺点和错误。

斗争中，经过锻炼考验，表现好的，真正为多数群众所拥护所信任的党员。这使选举产生的党代会代表在很大程度上避免了在"文化大革命"中"造反起家"的人入选。

（二）代表名额

关于代表名额，中央也进行了较为细致的分配和规定。根据十大代表名额的1249名，按大约20%的比例进行了增加调整，达到1500名。

各地区具体名额如下：北京62名，天津35名，河北59名，山西28名，内蒙古25名，辽宁62名，吉林31名，黑龙江48名，陕西30名，甘肃30名，宁夏12名，青海16名，新疆24名，上海62名，山东60名，江苏45名，安徽38名，浙江30名，江西36名，福建25名，河南50名，湖北43名，湖南44名，广东50名，广西26名，四川63名，贵州20名，云南21名，西藏11名，台湾4名。以上各省市地区共计1090名。解放军228名（包括十届中央委员、中央候补委员），中央党政机关94名，中央政治局和在京中央委员、候补中央委员70名，另外，还有留给中央党、政、军机关的机动数18名。

分配方案的名额与实际选出的代表数并不一致，在协商选举中，根据需要中央政治局确定增加了10名代表，最终推选产生的十一大代表是1510名，比分配名额多了10名。

（三）代表的产生

党的十一大代表的协商选举工作是根据1977年3月21日《中共中央关于召开党的第十一次全国代表大会的决定》精神进行的。汪东兴在代表审查报告中讲：这些代表是经过各地区、各单位党组织严格按照党的民主集中制原则，认真贯彻群众路线，经过反复酝酿协商和广泛征求党内外群众意见后，正式选举产生的。

关于代表的产生方法，由于筹备时间短，无法开展充分的酝酿环节，也无法组织召开地方党代表大会进行选举。因此，十一大代表选举沿用十大代表的民主协商选举的方式。但要求选举代表要结合深入揭批"四人帮"的斗争和整党整风精神进行。代表产生的程序简化为三步：

第一步，召开省、市、自治区党委会、党委扩大会或常委扩大会（扩大会的范围和人数自定），经过充分民主协商，提出代表候选人名单。

第二步，将拟定的代表候选人，分别征求其所在单位党内外群众的意见，也可以在本地区党内外群众中征求意见。

第三步，在省、市、自治区党委扩大会议上，选举产生正式代表，报中央审批。关于代表选出的时间，要求在1977年6月中旬以前，各地将代表名单报到中央。

因此，在十届三中全会前，代表推选工作已经基本结束了。

1977年8月11日，党的十一大预备会议在北京召开。会议用了1天的时间，全面审查十一大的准备情况。会议由华国锋主持。应到会代表是1510名，刘伯承等8名同志因事因病未能出席，实到会人数为1502名，叶剑英、邓小平、李先念等党和国家领导人出席了会议。华国锋在会议上报告了党的十一大的准备情况，说明了大会主席团及秘书处的设立、各代表的组成及大会议程等事宜。

华国锋在讲话中说，党的十一大就要开幕了，今天先开个预备会议。我们党的这次代表大会，是在我们的伟大领袖毛主席逝世以后，在取得了粉碎王、张、江、姚反革命集团的伟大胜利的形势下提前召开的，这次大会担负着重大的历史使命。他在讲话中谈了预备会议所要解决的几个问题：

（1）关于第十一次全国代表大会的准备情况。自从3月中央决定提前召开党的十一大，下发了《中共中央关于召开党的第十一次全国代表大会的决定》之后，各级党委都认真地向全党同志做了传达动员，紧张地进行了准备工作，主要是选举出席十一大的代表。5个月来，全党全军各条战线进一步开展揭批江青反革命集团的伟大斗争，清查了和江青反革命集团反党阴谋活动有牵连的人和事。在此基础上，各省、市、自治区、人民解放军和中央党政机关，都按照《决定》的规定，召开了党委、党的核心小组的扩大会议，正式选举产生了出席十一大的代表。7月中旬召开的十届三中全会，讨论并通过了关于人事和组织方面的三个决议，基本通过了中央委员会的政治报告、关于修改党章的报告和党章修改草案，为十一大的召开做了准备。

（2）关于十一大主席团、大会秘书处和代表团的组成。党的全国代表大会是党的最高权力机关，大会主席团领导大会的进行。因此，大会主席团选举得如何，对大会的胜利召开有着重要作用，选举主席团是一项极为严肃的事情。华国锋向全体代表通报了经过中央政治局讨论提出的由223人组成的大会主席团名单，其中主席团主席1名、副主席4名、秘书长1名。

（3）关于大会的议程和开法。党的十届三中全会通过的议程，就是十一大的议程。大会预计开7天，十一届一中全会开1天，加上预备会议1天，一共9天。

会议上代表们对政治局提出的主席团人员组成名单，主席团主席、副主席，大会秘书长进行了表决，通过了223人的主席团名单；选举华国锋为主席团主席，选举叶剑英、邓小平、李先念、汪东兴为副主席；选举汪东兴兼大会秘书长。预备会议对十一大的议程也进行了表决，通过了中共十届三中全会提出的三项议程：中央委员会的政治报告；修改中国共产党章程和关于修改党的章程的报告；选举中央委员会。

当日下午5时，十一大主席团举行第一次会议。华国锋主持会议。叶剑英、邓小平、李先念、汪东兴等出席。主席团成员到会221名，通过了十一大的会议日程。

三、代表为各条战线的标兵

中共中央在确定代表名额的时候，对代表的职业结构做了明确的规定。要求产业工人党员代表占30%左右，贫下中农党员代表占25%左右，解放军党员代表占16%左右，其他劳动人民中的党员代表占5%左右；革命知识分子党员代表占5%左右，革命干部党员代表（包括中央政治局同志和在中央、地方党政机关工作的中央委员和中央候补委员）占19%左右。性别结构方面，要求女性代表总体占15%到20%，其中，女性代表在产业工人、贫下中农和其他劳动人民的代表中应占20%以上，在解放军、革命干部和革命知识分子的代表中，应不少于5%到10%。民族结构方面，要求少数民族代表占5%到10%。年龄结构方面，要求代表中的老年、中年、青年要有适当比例（青年和中年，一般指的是18岁至55岁）。在产业工人、贫下中农和其他劳动人民的代表中，中年和青年代表应占80%以上；解放军、革命干部和革命知识分子的代表中，中年和青年代表应占60%左右。

根据中共中央的规定,各地区、各单位党组织严格按照党的民主集中制原则,认真贯彻群众路线,经过反复酝酿、协商和广泛征求党内外群众的意见后,正式选举产生了出席这次大会的代表共 1510 名,代表着全党 3500 多万党员。选举产生的十一大代表中,包括从建党时期到"文革"结束后经过考验的老中青优秀党员,多数代表是各条战线的劳动模范、先进工作者、战斗英雄、工业学大庆和农业学大寨的先进标兵。代表中工农兵和其他劳动人民占 72.4%,革命知识分子占 6.7%,革命干部占 20.9%;女党员代表占 19%,少数民族代表占 9.3%,中青年代表占 73.8%,台湾省籍的党员也选出了自己的代表。

这其中,工人代表中有时称"一团火"的张秉贵。张秉贵是王府井百货大楼的售货员。1955 年,被誉为"新中国第一店"的北京百货大楼在王府井开业,已经 36 岁的张秉贵由于有丰富的经验被破格录取,从此开启了 30 多年的柜台生涯。从接待顾客的语言、眼神、表情,到取货、称重、包装的动作姿态,张秉贵不断钻研改进每一个细节,将人们眼中简单的售货行为升华成为一门服务的艺术。凭借优质的服务和精湛的售货技艺,张秉贵柜台服务被人们誉为"燕京第九景"。30 多年时间里,张秉贵接待顾客近 400 万人次,没有跟顾客红过一次脸,吵过一次嘴,没有怠慢过任何一个人,始终像一团火一样温暖着每一个顾客。

农民代表中有新中国第一代劳模、"赤脚书记"陈双田。陈双田曾八次被毛泽东接见。陈双田是新中国成立后,率领广大群众建设社会主义新农村的典型代表。20 世纪五六十年代,陈双田的名字可谓家喻户晓。从办互助组、合作社直到新时期推行家庭联产承包责任制,陈双田坚信,老百姓吃饱饭是硬道理。1975 年

10月，陈双田被任命为中共金华县委副书记，其间仍然兼任村党支部书记。他认为，地位变了，本色不能变。他不习惯坐办公室，他的办公室就在田间，办公用品仍然是锄头和扁担。村里哪里有问题他就身背挎包满头大汗地出现在哪里，一边帮着锄地，一边了解情况，从不忘劳动本色，被老百姓亲切地称为"赤脚书记"。

四、聂荣臻"上书"

（一）聂荣臻的书面发言

1977年8月12日，党的十一大在北京正式开幕，这是粉碎"四人帮"后党的第一次全国代表大会。华国锋代表中央委员会作政治报告。代表们进行分组讨论。一些代表对"四人帮"的罪恶进行了揭露和批判，有的代表提出批判"四人帮"的谬论、清查其帮派体系、肃清其流毒影响还是艰巨的任务。有的代表围绕政治报告提出了一些意见和建议。其中，聂荣臻向大会提交了近7000字的关于恢复和发扬党的优良作风的书面发言，[1]对大会及后来的政治导向产生了很大的影响。

邓小平在党的十届三中全会上的闭幕词，给聂荣臻留下了深刻印象。会后，聂荣臻又与邓小平谈论过这个问题，他完全同意邓小平的讲话精神。所以，他在党的十一大上提交了这篇书面发言。

聂荣臻在书面发言中说：要搞好党风，"最重要的是恢复和发扬毛主席为我们党树立的实事求是、群众路线和民主集中制的

---

[1] 聂荣臻：《恢复和发扬党的优良作风》，《人民日报》1977年9月5日。

优良传统和作风"。这三个问题是毛泽东思想体系中根本性的问题，也是林彪、"四人帮"一伙在思想理论领域里破坏最为严重的三个问题。

关于实事求是，他认为，这是毛泽东总结了反对"左"倾、右倾错误长期斗争经验的结晶，并且写成《实践论》《矛盾论》，从哲学的高度说明这是党的思想理论基础。实事求是，要求一切从实际出发，反对把马列主义、毛泽东思想当作教条。他说，毛泽东坚决反对把马克思列宁主义当作教条，反对把他的学说说成是"顶峰""绝对权威"。要搞好实事求是，就要搞好调查研究，不能满足于一般号召，满足于"找几条语录作这些号召的根据"。实事求是，又要求"说老实话，办老实事，做老实人"，反对报喜不报忧。

关于群众路线，他说，这与实事求是是密切联系着的。客观事物极为丰富，矛盾复杂，只有依靠广大群众的实践和智慧，才能认识客观世界，找到解决问题的办法。所以，处理事情，我们要提倡群言，反对一言堂，不能单靠少数领导，而是要依靠集体的智慧。

关于民主集中制，他认为，只有真正做到"在广泛民主基础上的集中和高度集中指导下的民主相结合"，才能像毛泽东所要求的那样，在全国造成生动活泼的政治局面。这就要求各级领导干部特别是主要领导干部要严于解剖自己，具有自知之明。发扬民主，要真正做到不抓辫子、不戴帽子、不打棍子的"三不主义"，彻底关闭"铁公司""子公司"，还有一个专门给人穿小鞋的"鞋子公司"。

聂荣臻的书面发言，不仅在大会上产生了很大的反响，也引起了各方面的高度重视。会后，经中共中央批准，从9月5日起，《人民日报》《红旗》等许多报刊，以《恢复和发扬党的优良传统》为题陆续刊载聂荣臻的这篇书面发言。

这篇文章对思想理论战线上的拨乱反正产生了良好的影响。

（二）党的十一大代表："扎根农村"的邢燕子

邢燕子是中华人民共和国最早树立的知识青年建设社会主义新农村的典型。她在初中毕业后放弃了在大城市就业的机会，回到家乡带领"燕子突击队"，为改变家乡落后面貌战天斗地，奉献着自己的青春和热血。

因为在改变家乡落后面貌中的突出贡献，邢燕子曾5次见到毛泽东，13次见到周恩来。曾先后担任大队党支部副书记、县委副书记、天津市委副书记、天津市政协副主席等职，先后当选第三届至第五届全国人大代表、党的九大至十三大代表、第十届至第十二届中央委员。

2009年9月，被评为"100位新中国成立以来感动中国人物"之一。

2019年9月，被授予"最美奋斗者"称号。

邢燕子1941年出生于天津，从小跟爷爷在农村老家长大，父亲是天津市一家工厂的副厂长。1958年，中学毕业后，邢燕子没有回父母所在的天津市区当工人，也没有选择继续读书，而是回到家乡宝坻县大中庄乡司家庄村务农。邢燕子希望家乡能尽快改变经济文化落后的面貌。邢燕子的想法很单纯："农村青年都应该为建设社会主义新农村贡献自己的力量，听党的话，不是空洞的口号，要看实际行动。农业这么重要，党需要自己留在农村，无论在什么情况下都应该留在农村"，"做祖国第一代有文化的农民"。在司家庄,她和农民打成一片,并组织了一个"突击队",带领大家一起奋战。1960年的时候,郭沫若写了一首《邢燕子歌》,"突击队"正式叫"邢燕子突击队"。

1960年10月,邢燕子与另外两个全国回乡知青的典型——全国农业劳动模范徐建春、吕根泽互相下战书,进行建设新农村的友谊竞赛,全国各地农村知青纷纷响应他们的号召。在当时严重饥荒已蔓延到全国的关头,邢燕子他们发起的劳动竞赛活动,稳定了广大农村青年的情绪,鼓舞了他们"大办农业,大种粮食"的士气。

此后,《河北日报》以《邢燕子大办农业范例》套红标题报道了邢燕子的事迹。1960年,《人民日报》发表长篇通讯《邢燕子发愤图强建设农村》,介绍了邢燕子的先进事迹。全国各大报纸、电台和《中国青年》《中国妇女》纷纷报道。此后,邢燕子成为上山下乡的知青典型和全国家喻户晓的人物,被称为毛泽东时代的好姑娘,成为影响一代人的青年标兵。

1961年,邢燕子嫁给了村里的生产小队长王学芝,以此表明自己永远扎根农村的决心。1964年6月,邢燕子被选为共青团九大代表。同年12月,她又参加了第三届全国人大,被选为大会主席团成员。12月26日恰是毛泽东寿辰,邢燕子被邀请参加毛泽东的家宴。一起参加的还有陈永贵、王进喜、钱学森、董加耕等人。

1969年4月,邢燕子经县、地、省党代会选举,成为党的九大代表。此后,直到党的十三大,她五次成为党代会代表。

邢燕子除了开会时作为代表参与讨论、发表意见外,绝大多数时间仍然是在最基层的农村生活。邢燕子不拿工资,仍在村里记工分，与社员的报酬一样，拿的只是队里女劳动力的平均分。养猪、起猪粪、打猪草，这些活儿都照样干。虽然她是个市委副书记（不带薪），但生活依然十分拮据，甚至经常和丈夫到大洼里为家里拾柴火。

1981年，邢燕子来到天津市北辰区一家知青农场担任农场党支部副书记。在这里，邢燕子依然是劳动者的榜样。上班时间邢燕子挑着大桶撒肥，帮小卖部售货员售货，一天工作十四五个小时。哪里需要她，她就去哪里。

1984年，邢燕子当选为北辰区人大常委会副主任。为了履行好人大代表职责，邢燕子经常深入基层单位，征求大家的意见和建议。

1994年夏，北运河遭到洪水袭击，防护堤需要加固。领导考虑到邢燕子的年纪和资历，不准备安排她参加劳动。但邢燕子再次用共产党员的标准要求自己，她主动参加劳动，坚决不搞特殊化。

邢燕子退休后，依然在社区中发挥着党员的模范带头作用，交纳特殊党费，捐助灾区群众，帮助困难群众解决问题，作报告、讲传统、弘扬革命精神……军营、学校、工矿企业等很多地方都能看到她的身影。

"只要身体允许，我愿意为我们的祖国贡献出我的最后一份余热。"这是邢燕子说的话，也是她一生奋斗的写照。

第十二章
十二大代表:"雏凤清于老凤声"

时间:1982年9月1日至11日
地点:北京
关键词:建设有中国特色的社会主义

一、开创社会主义现代化建设新局面

(一)会议的主要内容

党的十一届三中全会后三年多时间里,拨乱反正全面展开,解决历史遗留问题有步骤进行,社会主义民主法制建设走上正轨,党和国家领导体制改革稳步展开;实行改革开放、调整国民经济取得成效,各项事业蓬勃发展。党和国家充满希望、充满活力地踏上了建设有中国特色的社会主义的伟大征程。这就为党的十二大召开奠定了重要基础。

1982年9月,中国共产党第十二次全国代表大会在北京召开。

这次大会的使命是:通过对过去六年历史性胜利的总结,为进一步肃清"文化大革命"遗留的消极影响,全面开创社会主义现代化建设新局面,确定继续前进的正确道路、战略步骤和方针政策。

邓小平致开幕词。在开幕词中，邓小平明确提出了"建设有中国特色的社会主义"的重大命题，回答了进入改革开放新时期后中国走什么样的道路这一全社会最为关心的重大问题，成为指引新时期改革开放和社会主义现代化建设的旗帜。

大会审议通过了题为《全面开创社会主义现代化建设的新局面》的报告，通过新修订的《中国共产党章程》，批准了中央纪律检查委员会的工作报告。按照新党章的规定，选举新的中央委员会、中央顾问委员会和中央纪律检查委员会。叶剑英、陈云就干部队伍新老合作和交替问题讲了话。

大会提出党在新时期的总任务是：团结全国各族人民，自力更生，艰苦奋斗，逐步实现工业、农业、国防和科学技术现代化，把我国建设成为高度文明、高度民主的社会主义国家。围绕这个总任务，大会对开创社会主义现代化建设新局面作出全面部署。大会把继续推进经济建设作为全面开创新局面的首要任务，确定从1981年到20世纪末的20年，我国经济建设总的奋斗目标，是在不断提高经济效益的前提下，力争使全国工农业年总产值翻两番，即由1980年的7100亿元增加到2000年的2.8万亿元左右，使人民生活达到小康水平。大会还提出了改革经济、政治体制的任务，要求抓紧制订改革的总体方案和实施步骤，继续改革、完善党和国家领导体制与政治体制。

这次大会的一个显著特点是，在提出经济建设目标的同时，提出要努力建设高度的社会主义精神文明和高度的社会主义民主的战略方针。大会指出，建设社会主义的物质文明和精神文明，都要靠继续发展社会主义民主来保证和支持。建设高度的社会主义民主，是我们的根本目标和根本任务之一。社会主义民主的建设必须同社会主义法制的建设紧密结合起来，使社会主义民主制度化、法律化。这些思想和任务的提出，表明党对社会主义的认识不断深化。

大会提出了"把党建设成为领导社会主义现代化事业的坚强核心"的目标及党的建设的任务，制定了新党章。新党章清除了党的十一大党章中"左"的错误，对党的性质和指导思想，对我国社会主要矛盾和党的总任务，对党在国家生活中如何正确地发挥领导作用，都做了符合新的形势的规定。对党员和党的干部在思想上、政治上和组织上提出了比过去历次党章都要严格的要求。针对党内实际存在的思想不纯、作风不纯和组织不纯的问题，大会严肃指出，党风问题是关系到执政党生死存亡的问题，确定从1983年下半年开始，对党的作风和党的组织进行一次全面整顿。

大会选举产生了由委员210人、候补委员138人组成的中央委员会，由委员172人组成的中央顾问委员会和由委员132人组成的中央纪律检查委员会。在大会选出的348名中央委员、候补中央委员中，新当选的有211人，占总数的61%，年龄在60岁以下的有171人，具有大专学历以上的有122人，年龄最小的只有39岁。对一批年富力强的同志走上中央领导岗位和其他领导岗位，叶剑英用唐代诗人李商隐"雏凤清于老凤声"的诗句，表达对新同志的厚望。

党的第十二次全国代表大会的召开，标志着党成功地实现了具有重大历史意义的伟大转变。党的十二大明确提出建设有中国特色的社会主义的重大命题和"小康"战略目标。改革开放由此全面展开，社会主义现代化建设出现新的局面。

党的十二大是进入改革开放新时期后，党召开的第一次全国代表大会。自这次大会起，按照党章规定，党的全国代表大会每五年召开一次，实现了制度化。

（二）对党代会代表及相关制度的规定

1982年9月6日，中国共产党第十二次全国代表大会通过《中国共产党章程》，其中对党代会代表及相关制度的新规定有：

第十条　党是根据自己的纲领和章程，按照民主集中制组织起来的统一整体。它在高度民主的基础上实行高度的集中。党的民主集中制的基本原则是：

（一）党员个人服从党的组织，少数服从多数，下级组织服从上级组织，全党各个组织和全体党员服从党的全国代表大会和中央委员会。

（二）党的各级领导机关，除它们派出的代表机关和在非党组织中的党组外，都由选举产生。

（三）党的最高领导机关，是党的全国代表大会和它所产生的中央委员会。党的地方各级领导机关，是党的地方各级代表大会和它们所产生的委员会。党的各级委员会向同级的代表大会负责并报告工作。

…………

第十一条　党的各级代表大会的代表和委员会的产生，要体现选举人的意志。选举采用无记名投票的方式。候选人名单要由党组织和选举人充分酝酿讨论。可以经过预选产生候选人名单，然后进行正式选举。也可以不经过预选，采用候选人数多于应选人数的办法进行选举。选举人有了解候选人的情况、要求改变候选人、不选任何一个候选人和另选他人的权利。任何组织和个人不得以任何方式强迫选举人选举或不选举某个人。

党的地方各级代表大会的选举，如果发生违反党章的情况，上一级党的委员会在调查核实后，应作出选举无效和采取相应措施的决定，并报再上一级党的委员会审查批准，正式宣布执行。

第十二条　党的县级和县级以上委员会在必要时可以召集代表会议，讨论和决定需要及时解决的重大问题。代表会议代表的名额和产生办法，由召集代表会议的委员会决定。

第十八条　党的全国代表大会每五年举行一次，由中央委员会召集。中央委员会认为有必要，或者有三分之一以上的省一级组织提出要求，全国代表大会可以提前举行；如无非常情况，不得延期举行。

全国代表大会代表的名额和选举办法，由中央委员会决定。

第十九条　党的全国代表大会的职权是：

（一）听取和审查中央委员会的报告；

（二）听取和审查中央顾问委员会、中央纪律检查委员会的报告；

（三）讨论并决定党的重大问题；

（四）修改党的章程；

（五）选举中央委员会；

（六）选举中央顾问委员会和中央纪律检查委员会。

第二十条　党的中央委员会每届任期五年。全国代表大会如提前或延期举行，它的任期相应地改变。中央委员会委员和候补委员必须有五年以上的党龄。中央委员会委员和候补委员的名额，由全国代表大会决定。中央委员会委员出缺，由中央委员会候补委员按照得票多少依次递补。

中央委员会全体会议由中央政治局召集，每年至少举行一次。

在全国代表大会闭会期间，中央委员会执行全国代表大会的决议，领导党的全部工作，对外代表中国共产党。[1]

十二大党章对十一大党章做了多方面的、带有根本意义的修改、充实和完善，清除了十一大党章中的"左"倾错误，继承和发展了党的七大和八大党章的优点，是党章发展史上继七大、八大党章之后又一个里程碑，标志着党的建设步入真正意义上的执政党建设轨道。

十二大党章对党员和党的干部在思想上、政治上和组织上的要求比以前历次党章的规定都更加严格。党章规定了党员必须履行的八项义务，其中过去党章中没有的内容是：党员不得假公济私，损公利私；自觉遵守党的纪律和国家的法律；坚决反对派性，反对一切派别组织和小集团活动，反对阳奉阴违的两面派行为和一切阴谋诡计；勇于揭露和纠正工作中的缺点、错误，支持好人好事，反对坏人坏事；等等。这对增强党员的责任感，维

---

[1]《中国共产党第十二次全国代表大会文件汇编》，人民出版社1982年版，第104—109页。

护党的团结统一,十分有益。党章专门增加了"党的干部"一章,规定了党的干部必须具备的六个基本条件:要有一定的马克思列宁主义、毛泽东思想的理论政策水平;正确执行党的路线、方针和政策;有强烈的革命事业心和政治责任感,有胜任领导工作的组织能力、文化水平和专业知识;具有民主作风,自觉接受党和群众的批评监督;正确运用自己的职权,同任何滥用职权、谋求私利的行为作斗争。这些规定对加强党的干部队伍建设意义重大。

在党的组织制度方面,基于对历史的经验教训的总结,十二大党章强调党的各级组织都必须严格遵守民主集中制和集体领导的原则。规定党的各级代表大会的代表和委员由无记名投票的方式选举产生,强调维护选举人的权利,体现选举人的意志。规定了可以提前召开党代会的条件:中央委员会认为有必要,或者有1/3以上的省一级组织提出要求,全国代表大会可以提前举行,强调:如无非常情况,不得延期举行。对全国代表大会的职权做了明确的规定。

在中央和地方组织的体制方面,十二大党章做了许多新的规定。如规定党中央不设主席,只设总书记。中央委员会总书记负责召集中央政治局会议和中央政治局常务委员会会议,并主持中央书记处的工作。规定在中央和省、自治区、直辖市设立顾问委员会,作为"中央委员会的政治上的助手和参谋"。规定了顾问委员会委员的条件、产生办法和任期等,以充分发挥许多富有政治经验的老同志的作用。这是党的干部队伍新老交替阶段的一项重要举措。

十二大党章把加强党的纪律放在重要位置,对党员规定了严格的纪律,体现在党的纪律面前人人平等的原则,提高了各级纪律检查委员会在党内政治生活中的地位。

二、以无记名投票的方式差额选举代表

党的十二大正式代表1545人,候补代表145人,代表党员3900多万名。

(一)中央部署代表的选举工作

1980年2月29日党的十一届五中全会通过的《关于召开党的第十二次全国代表大会的决议》规定,党的第十二次全国代表大会的代表名额为1600名。各选举单位代表名额的分配,参照党员人数,以及经济、文化、科学技术发展状况和少数民族情况确定。

中央政治局各同志,部分在京的中央委员、候补中央委员和在党内有声望的老同志,分配到有关单位选举,其代表名额包括在有关单位的代表数之内。

各选举单位按代表人数1/10的比例选举候补代表,以备递补代表缺额。

出席党的第十二次全国代表大会的代表,由各省、市、自治区,中央直属机关,中央国家机关,解放军各总部、军兵种、大军区,分别召开党的代表大会或代表会议,经过充分酝酿,采取差额选举办法,以无记名投票方式选举产生。

代表中应包括:为四个现代化作出贡献的经济、科学技术、文化教育、卫生等方面的专家,在全国有影响的劳动模范和战斗英雄。少数民族和妇女党员,应有适当的比例。

出席党的十二大的代表,应于1980年11月底选出。

1980年4月23日，中央政治局会议通过《关于十二大代表选举工作的几点意见》。根据十一届五中全会决议的精神，对有关代表选举的若干问题，提出以下意见：

一、党代表大会或代表会议，必须自始至终地坚持民主集中制的原则。出席十二大的代表，都要经过充分酝酿，采取差额选举的办法，以无记名投票方式选举产生。各省、市、自治区党委要加强领导，开好县、市、州的党代表大会或代表会议。同时，做好省、市、自治区党代表大会或代表会议的各项准备工作，经过充分酝酿，提出出席十二大代表候选人的预备名单。

十二大代表候选人预备名单产生的办法是：首先由省委常委提出代表分配方案，然后召开党委扩大会议，自上而下、自下而上反复酝酿，并在逐个考察了解、征求本单位党内外群众意见的基础上，由省委确定代表候选人预备名单，报告中央。代表候选人预备名单，只由领导掌握。由代表大会或代表会议采取无记名投票方式，正式选举产生代表。整个选举工作，要充分体现多数代表的意志。

代表的产生，采取差额选举的办法。差额选举的具体形式有两种：一是正式选举时提出的代表候选人的人数，多于当选人的1/5左右；二是在正式选举之前进行预选，预选时的代表候选人人数多于当选人，经过预选确定的代表候选人名单与当选人数相等，提交代表大会或代表会议正式选举。各选举单位采用哪种差额选举形式，可由代表大会或代表会议按照多数代表的意见确定。

各省、市、自治区的党代表大会或代表会议，要在11月底以前开完，选出出席全国代表大会的代表。

二、中央直属机关、中央国家机关的代表名额，在5月份，经过充分酝酿分配到各部委。6月份，各部委提出十二大代表候选人初步名单，由中央和国家机关临时党委平衡汇总，报中央书记处审定。少数在党内有资望的老同志需要选为代表的，经中央书记处批准后，可分配到有关选举单位选举。中央直属机关和中央国家机关的党代表大会，要在11月底前开完，选出出席党的全国代表大会的代表。

三、十一届中央委员、候补中央委员哪些人做十二大代表候选人，哪些人不做代表候选人，中央书记处责成中央组织部同有关单位共同研究，提出意见。经中央书记处讨论，提请中央政治局审核后，通知有关选举单位。

四、各省、市、自治区以及中央直属机关、中央国家机关和解放军出席十二大代表候选人预备名单，在8月底以前，自中央组织部汇总，提出调整意见，向中央书记处报告。经原则同意后，各选举党委即可召开党代表大会或代表会议选举。

五、军队代表的选举，由总政治部根据五中全会决议的精神，拟订具体办法，报中央军委批准后执行。

六、台湾省代表，在北京召开台湾省籍党员代表会议选举产生。这项工作由蔡啸、林丽韫同志负责，具体工作由中央组织部协助。

七、20名机动名额，在最后汇总全国代表候选人预备名单时，经过平衡，全部分配下去。

八、五中全会关于召开党的十二大的决议规定，各方面的代表应占"适当的比例"。决议草案的说明中要求，妇女代表占代表总数的15%左右，55岁以下的代表力争做到不少于2/5。为了

使这次代表大会的代表具有广泛的代表性,对代表在其他方面的比例,提出如下意见:

在代表中,全国著名的劳动模范和战斗英雄可占 6% 左右;科技、文化、教育、卫生、体育等各种专业人员可占 15% 左右;少数民族代表不少于 5%。这些意见,供各单位在选举代表时掌握。

为进一步做好十二大召开的准备工作,1982 年 8 月 6 日,十一届七中全会召开。此前政治局召开了 6 天的预备会议,对七中全会议题做了充分讨论。全会决定 1982 年 9 月 11 日召开党的第十二次全国代表大会,并向全党全国人民公开宣布,恢复了党的八大时把党的代表大会召开时间公之于众的传统。

(二)代表的产生程序和方式

从党的十二大起,代表产生的程序基本固定,虽然没有形成成文法规,但在每次选出代表的通知文件中,均明确列出,且基本程序始终保持一致,实际上已具有了制度性的安排。主要包括五个步骤:

第一步,召开中共中央全体会议,研究决定召开党的全国代表大会,发出关于召开党的全国代表大会的决议。在决议中,对代表的基本条件、结构比例、选举单位等作出规定。这些规定,是选举代表的基本原则和基本要求。

第二步,中央全会结束后,中央委员会根据中央全会的决议要求,对代表选举工作作出具体布置,印发代表选举工作通知,对代表条件、选举单位、各选举单位分配的代表名额以及一些特殊情况进行明确界定,作为中央指导各选举单位酝酿选举代表的具体办法。

第三步,各选举单位按照中央指导办法,经过酝酿讨论,形成代表候选人初步人选名单,报中央审核。具体审核部门一般为中央组织部。中央组织部根据中央精神,对各地区的代表候选人初步人选名单进行初步审核,其中包括征求纪委、监察机关等有关部门的意见,然后将审核意见反馈到各选举单位。

第四步,各选举单位对代表候选人初步人选进行组织考察,随后在规定时间内组织召开党代表大会或党代表会议选举代表。

第五步,选举产生的代表,在党的全国代表大会召开时,需要经过代表资格审查委员会审查。审查通过的,才能作为正式代表。

由于党的基层组织、党员人数以及党所处的社会历史环境不同,历次党的全国代表大会代表的产生办法都会有所不同。

差额选举方式在十二大代表选举中正式启用。中央在部署十二大代表选举工作时明确提出,代表的产生要采取差额选举的办法,差额应多于当选人数的1/5。差额选举可采取直接差额选举和差额预选两种方式。在实际操作中,十二大代表的选举多是采取直接差额选举的方式。1982年4月13日至19日,北京市召开党代表会议,从66名代表候选人中选举了50人为十二大正式代表,选举5人为十二大候补代表。[1]1981年1月10日,西藏自治区党代表会议差额选出西藏出席十二大的正式代表15人,候补代表2人。[2]1981年12月9日至13日,山西省党代表会议采用无

---

[1] 中共北京市委党史研究室编:《中国共产党北京市重要会议概要》,中央文献出版社2006年版,第148—149页。

[2] 中共西藏自治区委员会党史研究室编:《中国共产党西藏历史大事记(1949—2004)》第1卷,中共党史出版社2005年版,第347页。

记名投票和差额选举办法，选举宋任穷、霍士廉等30人为十二大代表，选举闵源、刘清泉、王克文3人为候补代表。[1]

（三）代表的产生

1980年4月，中央政治局会议通过《关于十二大代表选举工作的几点意见》，除规定代表产生方式、程序、时间外，还对各方面代表应占比例，包括性别、年龄和专业比例及民族等提出了具体要求；政治局会议还作出了《关于丧失工作能力的老同志不当十二大代表和中央委员候选人的决定》。这是废除干部职务终身制和逐步更新领导班子的一个重要步骤。5月18日和19日，胡耀邦就代表选举工作指出：要选出真正合格的党代表，就要充分酝酿，真正征得广大党员的同意，不要少数人"圈定"；名单不要保密，要公开提到党员中去酝酿讨论，不要怕变动。

十二大筹备时，由于同时进行着揭批"三种人"等清理"文化大革命"遗留问题的工作，为慎重起见，代表产生总体是自下而上，反复酝酿，最后以无记名投票方式差额选举产生。

党的十二大代表选举时，共划分33个选举单位，包括30个省、市、自治区（含台湾省），中央直属机关、中央国家机关和人民解放军。30个省、自治区、直辖市具体包括22个省、5个自治区、3个直辖市。22个省为：安徽、福建、甘肃、广东、贵州、河北、河南、黑龙江、湖北、湖南、吉林、江苏、江西、辽宁、青海、山东、山西、陕西、四川、云南、浙江、台湾；5个自治区为：广西、宁夏、西藏、新疆、内蒙古；3个直辖市为：

---

[1] 中共吕梁地委党史研究室编：《中国共产党山西省吕梁地区历史纪事（1971.4—1997.10）》，中共党史出版社2004年版，第217页。

北京、上海、天津。这些选举单位，除中共中央直属机关、中央国家机关、基建工程兵召开党代表大会，国防工办召开党员大会选举外，其他单位都是召开党代表会议选举的。

改革开放新时期以来，党的全国代表大会的代表人数一般分为三个层次：一是最初的分配名额数；二是选举的正式代表数；三是出席的实际代表数（含特邀代表）。这三个数特别是第一和第三个数是不一致的。

截至1981年底，全国共有党员39651212人，其中预备党员1043831人[1]。代表分配名额1600人，实际选出正式代表1600人，候补代表166人；出席会议的正式代表1545人，候补代表145人，没有特邀代表。

根据十一届五中全会的决定，十二大代表分配名额1600人，并按照代表总数的1/10选举候补代表。这1600个名额，按照中央确定的基本原则分配到选举单位，但不是一次性分配下去。首批分配结束后，保留了20名机动名额。这20名机动名额，在汇总全国代表候选人预备名单的环节，经过平衡又全部分配下去。这样，虽然初次分配时只分配了1580个名额，但最终全国选出的正式代表仍是1600名，候补代表166名。由于代表选出后至大会召开期间，有10名代表逝世，另有经原选举单位撤销的正式代表7名、候补代表3名，出缺的正式代表达到了17名，因此由候补代表递补了14名，另外补选了3名。因此，实有候补代表149名。出席大会的正式代表1545名。至于出席大会的代

---

[1]《中国共产党第十二次全国代表大会文件汇编》，人民出版社1982年版，第178页。

表人数与应到人数不一致,是因为有的代表请假(有事或生病),未能出席会议。

经过两年多的工作,到1982年7月底,出席党的十二大的代表和候补代表的选举工作结束。各级党组织十分重视十二大代表的选举工作。各省、市、自治区(包括台湾省)、中央直属机关、中央国家机关和人民解放军各总部、各部队的党组织,分别召开了党员代表大会或代表会议进行了选举。选举过程中认真贯彻了民主集中制的原则,充分地发扬了民主。代表候选人是经过几上几下的酝酿,并且采取了差额选举、无记名投票的选举方法,基本上体现了选举人的意志。有的地方还把酝酿十二大代表候选人与选拔优秀中青年干部结合起来,注意发掘人才,把政治上强、有专长、年富力强的优秀中青年干部选为十二大代表。

(四)代表资格审查

从十二大起,代表资格审查制度恢复正规,每一届大会继续设立代表资格审查委员会。代表资格审查委员会负责审查代表资格,并向大会作代表资格审查报告。

代表资格审查委员会的主任一般由负责组织或纪委工作的中央领导担任,如果主任不分管组织工作,那么副主任中则有一名组织部部长参与。

十二大代表资格审查委员会的主任是宋任穷,副主任是程子华、甘渭汉,委员是马文瑞、王从吾、王恩茂、王鹤寿、冯文彬、任仲夷、李昌、李锐、李丰平、李启明、宋一平、杨易辰、杨静仁、陈丕显、陈伟达、陈野苹、苏毅然、洪学智、胡立教、段君毅、高扬、郭峰、康克清(女)、韩光、蒋南翔、谭启龙等26人。十二大的代表资格审查委员会成员,多为德高望重的党内老同志,许多人具有组织工作经历,有的还担任中顾委委员。

十二大代表资格审查委员会重点审查的内容包括:

1. 审查各选举单位选举代表的过程。一是审查选举过程是否充分发扬了民主,是否严格坚持了民主集中制原则,广泛听取各方面的意见。二是审查选举过程中,代表候选人的提出是否是在党员酝酿提名的基础上进行的。三是审查选举过程中,选举单位是否严格把关,是否对代表的政治、思想、业绩和廉洁自律等进行了认真考察,是否征求了纪检、监察机关等的意见,是否对群众来信反映的问题进行了认真调查,作出了结论。四是审查选举的具体方式,是否采用无记名投票、差额选举的办法。

2. 审查代表的资格及整体结构。一是审查代表的先进性,审查代表是否是各选举单位的优秀分子,在政治素质、个人威望、工作贡献、联系群众等方面是否较为突出。二是审查代表的广泛性,代表群体是否涵盖了建党初期、北伐战争时期、土地革命战争时期、抗日战争时期、解放战争时期,以及新中国成立以后各个时期入党的党员。另外,一些筹备初期中央提出的关于妇女、民族、年龄、职业等的指导性比例要求是否落到了实处。

3. 对代表选举中遇到的特殊情况提出处理意见。在十二大代表选举过程中,个别老干部诚恳地要求不参加代表选举。代表资格审查委员会对此给予了高度肯定,称赞他们这种精神"体现了老同志以党的事业为重的共产主义胸怀"[1]。这一肯定在大会

---

[1]《中国共产党第十二次全国代表大会文件汇编》,人民出版社1982年版,第180页。

上面向全体代表宣布，起到了很好的示范作用。十二大代表选举期间，一些代表的资格受到了代表选举单位以外的党员和组织的质疑和检举，个别问题直到会议召开时也尚未查清。为了不影响会议召开，也为了对信访举报者有所交代，代表资格审查委员会在代表资格审查报告中，专门针对这样的问题提出处理建议：（1）对于有这种情况的代表，由于对他们的指控不是由原选举单位正式提出的，也由于没有足够的时间审查对他们的指控是否属实，代表资格审查委员会仍然认为他们的代表资格有效。（2）对有异议的个别代表，由原选举单位在大会后继续进行审查。如果经过进一步审查，证明代表确有不符合中央关于选举代表规定的情况，或者其他不适宜担任代表的情况，由原选举单位决定撤销其代表资格，并报告中央。[1]这一处理建议在提交预备会议代表表决后，便有了一定效力，成为处理类似问题的重要依据。

党的十二大代表资格审查委员会，将代表资格的审查结果向大会作了报告。报告认为，各选举单位十二大代表、候补代表的选举符合中央关于选举十二大代表的有关规定，代表资格有效。

三、年轻干部和知识分子代表增多

党的十二大代表最明显的特点是年轻代表和知识分子代表的增多。

（一）代表的新老交替

"文化大革命"结束后，特别是党的十一届三中全会前后，

---

[1] 杨永良主编：《中国共产党重要会议决策历程》（下），湖北辞书出版社2003年版，第1100页。

伴随着平反冤假错案工作的开展，一大批老干部得到平反，重新走上领导岗位。但同时，干部队伍的老化问题也十分突出。在老干部复出和年轻干部缺乏的双重影响下，干部队伍出现了青黄不接的现象。以国家机关30多个单位主要领导干部的年龄构成为例：1980年平均年龄是63岁，其中，55岁以下的只占9%，66岁以上的占40%多；1965年时平均年龄是55岁，其中，55岁以下的占70%，66岁以上的只占5.7%。伴随着改革开放的推进，需要大批年富力强、具有专业文化知识的领导干部。干部队伍的新老交替问题，成为党中央面临的一个急需解决的重要问题。

解决这个问题，首先从党的十二大代表选举开始。

1980年4月23日，中共中央政治局召开会议，通过了《关于十二大代表选举工作的几点意见》，其中规定55岁以下的代表，力争做到不少于2/5。这次会议还作出了《关于丧失工作能力的老同志不当十二大代表和中央委员候选人的决定》，规定年事已高、丧失工作能力和生活自理能力的老同志，不当党的十二大代表和中央委员候选人。

这是平反冤假错案、落实老干部待遇工作开展以来，第一次从党和国家事业发展的大局出发，针对部分老干部作出的退出一定政治活动的决定。而十二大代表的政治身份，在这样一个历史节点上，也历史性地承担了推动领导干部新老交替工作的政治使命，显得更加意义深远。以此为突破口，中央开始着手建立和完善领导干部离退休制度，逐渐形成了推动领导干部新老交替的一系列制度保障。

党的十二大，从代表的产生到新的中央领导机构的选举，是在全党范围内实现新老合作和交替的一个重要步骤。在酝酿选举代表过程中，各地都有许多老同志以党的事业为重，诚恳地向组织上要求不要提名他们为十二大代表的候选人，把名额让给符合要求的中青年干部。

刘伯承和蔡畅两位老同志作出了表率。刘伯承是中华人民共和国元帅，是党的七届到十一届中央委员、八届到十一届中央政治局委员，第二至第五届全国人大常委会副委员长，1966年1月起任中共中央军委副主席。1982年，由于年龄和健康原因，他主动要求辞去党、政、军的领导职务。蔡畅是中国共产党早期领导人之一，中国妇女运动的领袖，是党的七届至十一届中央委员，第四届至第五届全国人大常委会副委员长。1982年，她主动辞去担任的领导职务。

1982年8月6日，党的十一届七中全会讨论并通过了分别给他们的致敬信。信中回顾了他们在中国革命和建设中的丰功伟绩，高度评价了他们作为无产阶级革命家的优秀品质，表示党要在他们的高尚品德激励下，领导全国人民为全面开创社会主义现代化建设的新局面而努力奋斗。

对于提拔和使用年轻干部，邓小平在一次军委座谈会上说，提拔中青年干部有没有人，有没有标准呢？就60年代的（主要是60年代的）大学毕业生。说到这里，邓小平举了个例子。在湖北视察时，年轻干部王兆国给他留下了深刻印象。他说：我到第二汽车制造厂发现的那个副厂长，是"文化大革命"前一两年毕业的，他是不赞成"文化大革命"的，他在"文化大革命"开始以后是受打击的。像这样的人，是不是人才呢？他现在已到大厂副厂长这样的岗位，再加以培养，进进党校，或者放到另外的工作岗位再锻炼一下,为什么不可以?[1]在十二大上,王兆国是大会列席代表。像王兆国这样年纪的人,作为出席十二大的正式代表或列席代表,并非个例。

党的十二大顺利实现了干部的新老交替,这既表现了老一辈革命家高度的责任感和宽广胸怀,又体现了全党的共同意志。据统计,在大会选出的348名中央委员、候补中央委员中,新当选的有211人,约占总数的61%;年龄在60岁以下的有171人,约占49.1%。其中,55岁(含)以下的112人,约占32.2%;50岁以下的49人,约占14.1%。第十二届中央委员会只保留了16位年龄在71岁以上的老同志,他们都是德高望重、在国内外享有很高声望的老一辈无产阶级革命家,如邓小平、叶剑英、陈云、李先念、徐向前、聂荣臻、彭真、邓颖超等。一大批德才兼备、年富力强、具备专业知识的中青年干部参加了党中央的领导工作。

(二)代表中年轻干部和知识分子增多

"革命化、知识化、年轻化、专业化"是中央在改革开放初期为适应社会主义现代化建设需要和当时代表队伍的实际状况提出的代表队伍建设方针。在党的十二大代表的选举中,这一方针得到了一定的体现。

十二大代表的选举,中共中央没有给出明确的结构比例要求,指导性意见是:领导干部85%左右,生产一线代表15%左右,先进典型6%左右,55岁以下占比40%以上。妇女代表占比15%左右,少数民族代表要有适当的比例。实际选举结果是妇

---

[1]《邓小平文选》第2卷,人民出版社1994年版,第386页。

代表占14%，我国55个少数民族中有38个民族的146名优秀党员被选为代表。在代表中也有少数在"文革"以来犯过错误，但在长期革命斗争中为党作过贡献的同志。绝大多数是在各地区、各个方面、各民族中比较有威望、有贡献、能够联系群众的优秀分子，保证了代表的先进性与广泛性。

十二大代表中，青年代表近40%，各方面专业人员、专家占有相当比重。

十二大代表增加了知识分子、各方面专家的比重，反映了开创新局面的历史特点。钱学森、邓稼先、周扬、于光远、朱穆之、胡绳等一大批知识分子当选十二大代表，很多人成为中央委员或候补中央委员。十二大有这么多知识分子代表参加，是党的知识分子政策和尊重知识、尊重人才政策的具体体现。知识分子队伍的扩大、地位的提高，是改革开放新时期的一个重要政策，是中华民族走向伟大复兴的必然要求。

出席十二大的著名科学家钱学森说，报告中提出四个现代化的关键是科学技术的现代化。听了报告后，非常兴奋，更增强了信心。有些人对我国科学技术能不能较快地发展抱有疑虑。这是不必要的。我很同意聂荣臻同志的看法：中国的知识分子不蠢，中国的科学技术人员也不蠢。中国科技人员的勤奋努力，是世界同行们公认的。我们前进的动力是热爱自己的祖国，热爱社会主义，不甘心落在人家的后面。有了这几条，我们在党的领导下艰苦奋斗，夜以继日，努力工作，就不怕不出成果。钱学森说，我1955年回到祖国，27年来形成一个总的看法：不管什么样的科学技术难题都难不住我们。我们有社会主义的优越性，能够组织力量，集思广益，领导与群众相结合，发扬科学技术民主，所谓难题就解决了。原子弹、氢弹、卫星、导弹，不是都研制出来了吗？靠谁呢，靠我们自己。当然，总的说来，我们毕竟起步晚，队伍比人家小，应该承认落后。但是，这种落后状况，是可以改变的，我们也正在迅速地改变着。钱学森说，要更快地发展科学技术，机构体制、组织管理等方面都还有些问题需要解决。及时解决这些问题，我们的科技工作步子是会迈得更大一些的。让我们高兴的是，现在党中央重视了这些问题，正在着手解决这些问题。只要这样做下去，可以预期，我国科学技术的大发展就是指日可待的。我们科技人员可以向党保证，决不辜负党和全国人民的期望。[1]

中国文联主席周扬说：这几年，报章杂志对知识分子有不少议论，诸如知识分子的现状，发挥知识分子的作用，对知识分子的安排等等。关键还是要制定一系列保护人才、有利于人才成长的政策和措施。首先要对知识分子现状有正确的估计。国家制定了《中华人民共和国学位条例》，今年给一批研究生授了博士、硕士学位，这在我国历史上还是破天荒第一次。我想，学位制不仅是学术制度的一个变革，也是干部制度的一个变革。用什么来衡量干部、选拔人才？德才兼备是一个总的要求，你还得有一个具体的标准。以往也谈德才兼备，有的人实际上以资历为主。学位就是衡量学识。选拔干部不能凭资格，更不能凭关系，而要凭学识。德是最重要的，就是革命化，所以排在干部队伍四化的首位，年轻化指年龄，知识化和专业化呢，就是讲的学识、经验、智慧和才能。三中全会以来，党中央在为知识分子正名，平

---

[1]《我国科技事业必将迅速发展》，《人民日报》1982年9月4日。

反冤假错案，吸收知识分子入党，提拔优秀分子到领导岗位，评定和晋升业务职称，建立学位制，改善生活待遇和工作条件等方面，做了大量工作。这是大家有目共睹的。目前，对待知识分子的"左"的思想影响仍然存在。还要继续花力气，做工作，清除这种影响。时代在变化，不让它变是不可能的。对知识分子的思想和工作，我们只能加以引导，真正做到循循善诱，使之符合党的基本原则和社会主义发展的需要。十二大有这么多知识分子代表参加，也是新的气象。知识分子队伍的扩大，地位的提高，是一个民族兴旺发达的象征，我是很高兴的。这也标志着我们党的事业大有希望。[1]

四、全民偶像：中国女排

在党的十二大上，有几位来自一个团队的代表格外惹人注目。他们是中国女排。这支16人的团队竟然有4人当选党的十二大代表——教练袁伟民和运动员孙晋芳、周小兰、郎平。当年郎平只有21岁，是十二大最年轻的代表。

中国女排是一代又一代中国人记忆中拼搏精神的象征。

1976年，37岁的袁伟民出任中国女排主教练。当时中国女排在世界上默默无闻。袁伟民上任后想邀请日本队来访。日本排协说，那就派二队去吧，二队的水平就够了。故此，袁伟民担任主教练后提出的第一个奋斗目标并不是夺取世界冠军，也不是夺取亚洲冠军，而是"赶超日本"。

---

[1] 丛林中、孟晓云：《教育人才政策——访十二大代表周扬》，《人民日报》1982年9月3日。

5年后的1981年,袁伟民带领的中国女排以亚洲冠军的身份,参加了在日本举行的第三届女子世界杯排球赛。比赛采用单循环制,经过7轮28场激烈较量,中国队以7战全胜的成绩首次夺得世界杯冠军。袁伟民获最佳教练奖,孙晋芳获最佳运动员奖、最佳二传手奖、优秀运动员奖,郎平获优秀运动员奖。

中国女排首夺世界冠军,举国上下心潮澎湃,亿万人民热泪盈眶。

1982年世界女排锦标赛在秘鲁举行。中国女排在小组预赛中以0:3输给了美国队。当时的规则是预赛的成绩要带入后面的赛事。中国女排当时唯一能做的事情,就是在后面的6场比赛中全部都以3:0获胜,寄希望于最终能以小分的优势重新获得争夺冠军的资格。奇迹真的发生了!中国女排在后面的6场比赛中,场场均以3:0获胜。算局分的话,竟然是18:0。中国女排不仅首次获得世界锦标赛的冠军,而且以6个3:0的强势展示了超一流的实力,宣示了排球界一个新的世界霸主的到来。

在那个国门刚刚打开、改革开放大幕初启、中国奋力追赶世界的时代,中国女排以无畏、拼搏的精神跨上巅峰,向世界证明了"中国人能行"。女排精神如同一面旗帜,让世人看到中国的集体主义、爱国精神、自强意志能达到怎样的高度,能创造怎样的奇迹。一时间,各行各业掀起了学习女排精神、发扬女排精神的热潮,"团结起来,振兴中华"的口号响彻中华大地。

中国女排继续顽强拼搏,为国争光。1984年洛杉矶奥运会,小组赛上中国队以1:3输给了美国队。而决赛里,中国女排以3:0击败美国队(东道主),第一次站在了奥运会的最高领奖台。之后,中国女排再接再厉,不屈不挠,克服重重困难,夺得

1985年世界杯冠军和1986年第十届世界女排锦标赛冠军,完美地诠释了顽强拼搏、团结奋斗、无私奉献、为国争光的中华体育精神。

女排精神成为民族精神和时代精神的重要象征。其具体表现为:扎扎实实,勤学苦练,无所畏惧,顽强拼搏,同甘共苦,团结战斗,刻苦钻研,勇攀高峰。她们在世界排球赛中,凭着顽强战斗、勇敢拼搏的精神,五次蝉联世界冠军。这种精神,给予全国人民巨大的鼓舞。国务院以及国家体委、共青团中央、全国青联、全国学联和全国妇联号召全国人民向女排学习。从此,女排精神广为传颂,家喻户晓,极大地激发了中国人的自豪、自尊和自信。

"广大人民群众对中国女排的喜爱,不仅是因为你们夺得了冠军,更重要的是你们在赛场上展现了祖国至上、团结协作、顽强拼搏、永不言败的精神面貌。女排精神代表着一个时代的精神,喊出了为中华崛起而拼搏的时代最强音。平凡孕育着伟大。你们天天坚持训练,咬牙克服伤病,默默承受挫折,特别在低谷时仍有一批人默默工作、不计回报。正是因为有这么一批人,才有了中国女排今天的成绩。"[1]这是2019年9月,中共中央总书记、国家主席、中央军委主席习近平专门邀请刚刚获得2019年女排世界杯冠军的中国女排队员、教练员代表,参加庆祝中华人民共和国成立70周年招待会时的讲话。

从1981年到2019年,中国女排先后10次在世界女排三大赛上夺得冠军。每一次的夺冠历程不尽相同,有五连冠时代的

---

[1] 朱基钗、王晔:《习近平会见中国女排代表》,《人民日报》2019年10月1日。

水到渠成，有雅典奥运会上的惊天逆转，也有像2019年这样的"十全十美"。在不到40年的时间里，十夺世界冠军，在世界体坛都不多见。

40年来，中国女排有成功登顶的辉煌，也有跌入低谷的挫折，但她们胜不骄、败不馁，始终葆有不服输的拼劲、打不垮的韧劲，所形成的女排精神成为中华民族宝贵的精神财富。2021年9月，党中央批准了中央宣传部梳理的第一批纳入中国共产党人精神谱系的伟大精神，女排精神（祖国至上、团结协作、顽强拼搏、永不言败）被纳入。它与井冈山精神、长征精神、延安精神、南泥湾精神以及新中国成立后形成的种种革命精神一脉相承，共同构筑了实现中华民族伟大复兴的强大精神支柱。

中国女排五连冠群体（指1981年至1986年间中国女子排球队在世界杯、世界锦标赛和奥运会上五次蝉联世界冠军，成为世界排球史上第一支连续五次夺冠的队伍）2009年当选"100位新中国成立以来感动中国人物"之一；2019年，被评为"最美奋斗者"集体。

第十三章
十三大代表：走向年轻化

时间：1987年10月25日至11月1日
地点：北京
关键词："一个中心，两个基本点"

一、社会主义初级阶段理论

（一）会议的主要内容

改革开放的实践，中国特色社会主义事业的不断推进，迫切需要党在深刻分析基本国情、总结实践经验的基础上，对什么是社会主义、怎样建设社会主义，以及我国改革开放和社会主义现代化建设的基本路线从理论和实践上作出进一步明确的回答。

党的十三大的中心任务是坚持和发展党的十一届三中全会以来的路线，加快和深化改革，进一步确定经济建设、经济体制改革和政治体制改革的大政方针，确定在改革开放中加强党的建设的基本方针。

1987年10月，中国共产党第十三次全国代表大会在北京召开。

大会审议通过了题为《沿着有中国特色的社会主义道路前进》的报告和《中国共产党章程部分条文修正案》，批准了中央顾问委员会和中央纪律检查委员会的工作报告。

大会的突出贡献是系统阐述了社会主义初级阶段的理论，明确概括了党在社会主义初级阶段的基本路线和方针政策。

大会第一次对社会主义初级阶段的科学内涵做了系统阐述，指出这个论断包括两层含义：第一，我国社会已经是社会主义社会；第二，我国的社会主义社会还处在初级阶段。从这一新的认识出发，大会把党在社会主义初级阶段的基本路线概括为：领导和团结全国各族人民，以经济建设为中心，坚持四项基本原则，坚持改革开放，自力更生，艰苦创业，为把我国建设成为富强、民主、文明的社会主义现代化国家而奋斗。概括起来说，它的主要内容就是"一个中心，两个基本点"，即以经济建设为中心，坚持四项基本原则，坚持改革开放。

大会对加快和深化改革作出全面部署。关于经济体制改革，大会对党的十二届三中全会提出的公有制基础上的有计划的商品经济体制做了进一步阐述，指出，社会主义有计划商品经济的体制，应该是计划与市场内在统一的体制。新的经济运行机制，总体上来说应当是国家调节市场，市场引导企业。大会提出，要围绕转变企业经营机制这个中心环节，分阶段地进行计划、投资、物资、财政、金融、外贸等方面体制的配套改革，逐步建立起有计划商品经济新体制的基本框架。

关于政治体制改革，大会指出，经济体制改革的展开和深入，对政治体制改革提出了愈益迫切的要求。政治体制改革的近期目标，是建立有利于提高效率、增强活力和调动各方面的积极性的领导体制；长远目标是建立高度民主、法制完备、富有效率、充满活力的社会主义政治体制。

大会确定了"三步走"的发展战略。第一步，实现国民生产总值比 1980 年翻一番，解决人民的温饱问题。第二步，到 20 世纪末，使国民生产总值再增长一倍，人民生活达到小康水平。第三步，到 21 世纪中叶，人均国民生产总值达到中等发达国家水平，人民生活比较富裕，基本实现现代化。然后，在这个基础上，继续前进。

大会首次以差额选举方式选举产生了由委员 175 人、候补委员 110 人组成的中央委员会，由委员 200 人组成的中央顾问委员会和由委员 69 人组成的中央纪律检查委员会。

党的十三大明确提出党在社会主义初级阶段的基本路线，确定今后经济建设、经济体制改革和政治体制改革的基本方针，确定在改革、开放中加强党的建设的基本方针，并在总结丰富实践经验的基础上进行创造性的理论概括，是一次全面加快改革、开放的大会。

（二）对党代会代表及相关制度的规定

1987 年 11 月 1 日，中国共产党第十三次全国代表大会通过《中国共产党章程部分条文修正案》，其中对党代会代表及相关制度的新规定有：

（一）第十一条第一段中"可以经过预选产生候选人名单，然后进行正式选举。也可以不经过预选，采用候选人数多于应选人数的办法进行选举。"改为："可以直接采用候选人数多于应选人数的差额选举办法进行正式选举。也可以先采用差额选举办法进行预选，产生候选人名单，然后进行正式选举。"

（二）第十六条第一段"党组织讨论决定问题，必须执行少数服从多数的原则。对于少数人的不同意见，应当认真考虑。如对重要问题发生争论，双方人数接近，除了在紧急情况下必须按多数意见执行外，应当暂缓作出决定，进一步调查研究，交换意见，下次再议。如仍不能作出决定，应将争论情况向上级组织报告，请求裁决。"改为："党组织讨论决定问题，必须执行少数服从多数的原则。决定重要问题，要进行表决。对于少数人的不同意见，应当认真考虑。如对重要问题发生争论，双方人数接近，除了在紧急情况下必须按多数意见执行外，应当暂缓作出决定，进一步调查研究，交换意见，下次再表决；在特殊情况下，也可将争论情况向上级组织报告，请求裁决。"

（三）第十九条末增加一段："党的全国代表会议的职权是：讨论和决定重大问题；调整和增选中央委员会、中央顾问委员会和中央纪律检查委员会的部分成员。调整和增选中央委员及候补中央委员的数额，不得超过党的全国代表大会选出的中央委员及候补中央委员各自总数的五分之一。"[1]

党的十三大通过的十二届中央委员会提出的《中国共产党章程部分条文修正案》，没有对总纲部分进行修改，只是对部分条文进行了修改。修改后的党章条文在党代会代表选举及相关制度建设方面，具有以下特点：

---

[1]《中国共产党第十三次全国代表大会文件汇编》，人民出版社1987年版，第81—82页。

一是实行差额选举的制度。《修正案》明确规定：可以直接采用候选人数多于应选人数的差额选举办法进行正式选举；也可以先采用差额选举办法进行预选，产生候选人名单，然后进行正式选举。这是首次在党章中明确规定必须实行差额选举，以更充分地保证选举人有选择的余地，更好地尊重选举人的意志。相对于过去长期实行的等额选举来说，这是对党内选举制度进一步改革和完善的具体表现。

二是更加重视发展党内民主。《修正案》完善了党内讨论和决定重要问题的办法和程序，突出了党组织讨论决定问题必须执行少数服从多数的原则，增加了党内决定重大问题进行表决的内容。这是发展党内民主，改变党内存在的独断专行的不良作风，正确贯彻执行民主集中制原则的体现。

三是《修正案》进一步扩大了作为党的最高领导机关的党的全国代表大会的职权，有利于改变过去长期存在的那种把党的权力集中于少数人手中，而忽视党的全国代表大会的作用的现象。这也是改善党的领导方式，发展党内民主的重要措施之一。

《修正案》对中央领导机构的设置（中央书记处）和组成成员（中央军事委员会组成人员、中央纪律检查委员会第一书记）的产生办法进行了调整，使之更有利于对党的各项工作的领导和对党的工作的监督。

修正后的条文体现了民主选举的精神。

二、差额选举代表

党的十三大正式代表1936人，特邀代表61人，代表4600多万名党员。

(一）中央部署代表的选举工作

1986年9月28日，党的十二届六中全会通过《关于召开党的第十三次全国代表大会的决议》，决定中国共产党第十三次全国代表大会于1987年10月在北京召开。确定党的第十三次全国代表大会的代表名额为1950名，由各省、自治区、直辖市，中央直属机关、中央国家机关，解放军各总部、军兵种、大军区，分别召开党的代表大会或代表会议，按照中央分配给各选举单位的名额和党章规定的选举办法产生。代表的构成要具有广泛性。少数民族党员和妇女党员应有适当比例。特别要注意选举一定数量在社会主义现代化建设和各项改革中成绩卓著的中青年党员。

党代会的代表是共产党员中的优秀分子。改革开放以来，对代表先进性的内涵要求在不断丰富中。中央对代表先进性的认识和要求不断深化，明确代表的先进性首先应该是政治上的先进性。因此，在中央关于召开十三大的决议中，提出代表应是坚决贯彻执行党的十一届三中全会以来的路线、方针、政策的党员，是能密切联系群众的同志。前者强调代表在政治方面的先进性，后者强调代表在作风方面的先进性。

1986年11月，中共中央发出了《关于党的十三大代表选举工作的通知》。1987年2月，中共中央又发出了《关于做好党的十三大代表选举工作的补充通知》，提出代表候选人预备名单应多于分配代表名额的20%以上。全国33个选举单位，根据上述决议和两个通知的精神，经过半年多的时间，代表选举工作全部完成。经过无记名投票差额选举，选出党的十三大代表1936人。代表都是由各省、自治区、直辖市，中央直属机关、中央国家机关和人民解放军分别召开党代表会议或党代表大会选出的。台湾省籍党员代表是由台湾省籍党员代表会议选出的。

各选举单位在选举工作中，认真贯彻民主集中制原则，注意发扬党内民主，尊重党员的民主权利和选举人的意志。大多数单位的代表候选人是由下而上提名，逐级推选出来的，广泛听取了广大党员的意见。全部代表都是经过无记名投票、差额选举产生的。整个选举工作进行顺利。

从党的十三大开始，随着各项工作逐渐步入正轨，党的全国代表大会的筹备工作也更加规范。中央在设计十三大代表选举时，开始精确到两个时间节点：一是预备人选名单审核节点，要求十三大代表预备人选名单于1987年3月底以前报送中央组织部，经中央审查原则同意后，由选举单位召开会议选举。二是正式代表审批时间节点，要求选出的代表，在1987年6月底以前报中央审批。从实际工作来看，各地基本上按照这两个时间节点推进代表选举工作，截至1987年8月上旬，整个十三大代表的选举工作完成，比要求的时间节点超出了两个月，主要是因为各地在中央审批后又对部分代表进行了调整。

（二）代表人数与产生办法

关于党的十三大代表人数，虽然十二届六中全会确定的代表名额是1950名，但中央在实际分配中只分配了1937名。代表选出后，逝世2名，空缺的名额通过补选的方式补充。另外，原选举单位撤销代表资格1名。这样，最终确定的正式代表1936名。

党的十三大与十二大代表相比分配名额有较大增幅，增长幅度达到了21.8%。

在代表选举结构的指导性比例要求方面，党的十三大同十二大相比也有一定的变化，包括党员领导干部比例下降，生产一线劳动者比例提高。

代表选举时，针对个别地方差额比例不够的问题，中央又印发了十三大代表选举工作补充通知，强调代表候选人预备人选名单务必多于分配代表名额的20%以上。如分配给山东省出席十三大的代表是70名（包括中央提名，在山东省选举的3名），而山东省共提出代表候选人预备名单84名，由于中央提名人选直接作为代表候选人，扣除中央提名的3人后，差额比例达到了25.4%。[1]

（三）特邀代表

党的十三大在代表制度安排上的突出贡献是：取消了候补代表的制度设计。

候补代表的制度设计源自新民主主义革命时期党的全国代表大会，党的五大时就曾有个别代表被称为候补代表，党的六大时，个别地区还专门选举了候补代表。不过，在党的六大以前，候补代表还没有一个固定的、明确的定位，同时出现的还有旁听代表、列席人员等。

党的七大改变了这种状况，第一次出现了候补代表群体。他们与正式代表一同被选出，一同参加大会，这可以看作是候补代表制度的正式确立。党的七大正式大范围地设立候补代表，主要是因为当时革命形势变化莫测，代表能否如期参加党代表大会存在许多变数。为保证代表大会的代表人数及代表的广泛性，在选举代表时，同时选举候补代表，以便代表不能参加会议时，随时补充，从而保证党代表大会的顺利进行。

---

[1] 山东省地方史志编纂委员会《山东年鉴》编辑部：《山东年鉴·1988》，世界知识出版社1989年版，第217页。

新中国成立以后,党的八大延续了七大的做法,并对候补代表的产生比例等做了一些规定。党的九大至十一大未选举候补代表,十二大时又恢复了候补代表的设置。新形势下,鉴于代表不能如期参加代表大会的情况极少发生,因此,党的十三大取消了候补代表的制度安排。同时,十三大出现了特邀代表这一群体。在《关于党的十三大代表选举工作的通知》中提到,根据工作需要,中央将考虑一部分同志列席十三大会议,但未明确列席代表的性质。在十三大预备会议上,宋任穷在《中国共产党第十三次全国代表大会代表资格审查委员会关于代表资格的审查报告》中提到:"这次大会还特别邀请了1927年以前入党,并在党内担负过重要领导工作,有贡献,有威望的61位老同志为特邀代表,这对开好这次大会是必要的。"[1]这里明确提出了特邀代表的概念,也说明了哪些人可以成为特邀代表。特邀代表作为一项新的制度安排,在以后的党代会中沿用。

特邀代表,是在领导干部新老交替的过程中,为退下来的老干部增设的一项制度安排。这项制度的主要内容包括:一是特邀代表具有与正式代表同样的权利。二是党的省级地方代表大会可设特邀代表,省级以下各级(包括基层党组织)党代表大会一律不设特邀代表。三是特邀代表需要满足党龄、党内职务和威望贡献等要求。邀请一些在工作中积累了丰富经验的老党员、老干部参加党代表大会,可以继续发挥老同志的作用,有助于提高党和国家决策的科学性。

---

[1]《中国共产党第十三次全国代表大会文件汇编》,人民出版社1987年版,第147页。

三、代表以各级干部为主，兼有各条战线先进人物

党的十三大选出的 1936 名代表，具有广泛的代表性。各级干部代表人数 1465 名，占比 75.7%。生产、工作一线代表人数 471 名，占比 24.3%，其中，经济、科学技术、文化教育、体育卫生等方面人员 366 名，占 18.9%。战斗英雄、劳动模范 105 名，占 5.4%。出席这次大会的军队代表有 259 人，占全体代表总数的 13.4%。妇女代表占 14.9%，少数民族代表占 10.8%。

代表尽可能涵盖了不同时期入党的党员。从建党初期到解放战争各个时期入党的老党员各占有一定的比例，新中国成立后入党的占大多数。代表中有老一辈无产阶级革命家，也有中青年优秀党员，55 岁以下的占 58.8%。

1936 名代表中，大专以上学历的代表 1152 名，占比 59.5%；高中（含中专）及以下代表 784 名，占比 40.5%。

实现干部队伍的新老交替，是 20 世纪 80 年代干部队伍建设的重要举措和显著特征。以干部队伍为主体的代表群体，也必然在这一举措的影响下整体走向年轻化。党代会实际正式代表 1936 名，55 岁及以上的代表 798 名，占比 41.2%；55 岁以下的代表 1138 名，占比 58.8%。与前一次党代会相比，55 岁以下的代表比例增幅较大。其中，45 岁以下、35 岁以下的代表也在逐次增加，说明正式代表逐渐年轻化。

代表的性别和民族结构，各自代表着妇女群体和少数民族群体参与党的最高权力机构的机会，是体现代表广泛性的重要指标。党代会妇女代表 288 名，占比 14.9%；少数民族代表 210 名，占比 10.8%。妇女代表人数和比例呈现逐次增加趋势，少数民族

代表人数和比例,尽管在党的十四大有所变化,但整体也基本呈现增加趋势。这反映了改革开放以来,妇女、少数民族群体政治地位、参政议政的意识不断提升,党内政治生活参与度也不断提升。

特邀代表61人。这是党的代表大会特别邀请参加大会的党员。他们都是在党内有威望,对国家有贡献,入党时间长的老同志。

四、代表接受外媒采访

(一)代表接受外媒采访

1. 首次允许外国记者采访大会

党的十三大首次允许外国记者采访大会,有200多位外国记者云集大会。这么多的外国记者专程来北京采访中国共产党的重大活动,这在新中国成立以来的历史上是少有的。这些记者获准采访大会的开幕式、闭幕式和大会新闻中心组织安排的新闻发布会、记者招待会、座谈会等活动。设在全国记协的新闻中心于1987年10月22日开始工作。新闻中心安装了文传机、电传机、国际直拨电话,同时为记者们准备了各类中外文图书资料。会议期间,新闻中心还向记者们提供新华社的中英文新闻稿和新闻图片。

大会新闻中心安排代表同记者见面,回答记者的提问,这在党的全国代表大会历史上属于第一次。1987年10月28日,十三大代表、海南建省筹备组组长许士杰接受了近400名中外记者采访,重点介绍了海南省的地理风貌和未来的发展规划。10月30日,4名来自基层的代表接受记者采访。代表以自己的经历,向记者们介绍了处于改革开放前沿的企业家的故事和感悟。同时，《人民日报》首次推出了代表访谈录栏目。

大会新闻发言人朱穆之共举行了5次记者招待会，大会新闻中心安排了5次党代表同记者的会见。

中外记者对十三大的采访安排非常满意。记者们的共同感受是，十三大与十二大相比有明显的进步。十二大时是不让外国记者听会的，会议期间一共只开了3次新闻发布会，记者了解会议情况要靠听广播。十三大允许记者听会、采访，与代表交流。对记者们所提问题的回答也很坦率，记者有新闻可报道。

记者们在采访中，感受最大的是中国的变化，变得开明，充满自信。在国外记者看来，能让他们通过新闻发布会直接同代表接触，同一个个鲜活的人交谈，是一个了不起的进步。

2. 代表接受中外记者采访

10月30日，四名来自基层的代表在人民大会堂会议厅，接受了200多名中外记者的采访。他们是：以进行租赁改革而闻名的本溪市蔬菜公司东明商业集团总经理关广梅、杭州万向节厂厂长鲁冠球、武汉市六渡桥百货公司商店副经理熊汉仙、上海嘉定县黄渡乡新陆禽蛋生产合作社社长陆荣根。企业家们就记者关心的收入问题、政治地位问题、捐款问题、企业发展问题、党内民主生活问题以及对这次代表大会的感受做了回答。

针对记者关注的收入问题，关广梅和鲁冠球介绍了各自的情况。关广梅名下有8个企业和1000多名职工。近两年的总收入是4.4万元，其中2.2万元用于奖励职工和助手，1.5万元作为公积金，为今后共同致富和企业的扩大再生产打基础，剩余的7000元，包括应得工资是她个人的全部收入，相当于职工的

12倍。除去各种管理费用和企业的保险基金，她的实际收入只是职工的2.5倍。鲁冠球这5年的收入将近50万元。盖了一幢房子，建了一所学校，买了1.2万元的国库券，还入股参加兴办其他事业。

关于企业家们的政治地位问题，"养鸡大户"陆荣根说，一个人的政治地位能否提高主要看他是否为广大群众谋福利、为社会作贡献。如果他能做到这一点，他的政治地位就自然可以得到提高。

关于捐款问题，代表们回答，捐款是根据自己的实际情况，捐多少钱是自愿作出的。没有任何强制性的规定。

关于改革中最大的障碍是什么的问题，关广梅回答说："我认为，执政党的党风关系到改革的成败，党内不正之风以及各种腐败现象都严重地阻碍着改革的正常进行。对于那些作风严重不纯的党员应该劝其退党，直至开除党籍。要实行法制，在党内严明纪律，坚持在法律面前人人平等，我们的党才能够团结和领导全国人民搞好改革。"

关于党内民主生活问题，熊汉仙回答说："我是代表武汉市36万党员来参加十三大的，开会前我听取了周围党员同志的意见和建议，会议期间我充分发表了自己的看法，充分享受到了一个代表的各种权利，也发挥了代表的作用。这次报告事先广泛征求了党内外的意见，几易其稿，我们感到非常实事求是。"

关于对本次党代会的感受，代表们表示：从过去的等额选举到这次实行的差额选举，是党的选举制度的一项改革，这有利于推动党内民主的进程。

预定一小时的采访时间很快就过去了。应记者们的要求，四位代表又分别同大家座谈,继续回答记者们提出的各种问题。[1]

(二)广东三位省委书记议政

1987年10月26日下午,广东省委两位前任书记习仲勋、任仲夷和时任书记林若在广东代表团和代表们一起,审议工作报告,相互交流问题。三位广东省委书记谈了他们对经济政策、市场发展、价值规律、党风建设等问题的思考。

时任广东省委书记的林若,在大家谈论到中央给广东特殊政策、灵活措施和广东这些年取得的发展成就时说:"尽管广东的实践证明改革、开放是正确的,但人们仍然存在这样那样的顾虑。比如说,农业推行联产承包责任制,调动了农民的积极性,解决了多年来没有解决的温饱问题,但是很多农民仍然担心政策会变,希望中央每年为农村发一个'一号文件'作为'定心丸'。""对外经济活动、经济体制改革等也碰到类似问题。广东有几千家三资企业,上万家'三来一补'企业,稍有风吹草动,牵连国外人士不安。这说明人们思想上还存在一些疑虑,对政策的稳定性、连续性还不放心。现在这个问题解决了。""报告提出了社会主义初级阶段的理论和基本路线,指出初级阶段有上百年时间,这就是说初级阶段实行的一些政策、措施可以长期不变。人们可以吃'定心丸'了!"

习仲勋是广东改革开放的开路者,为广东的改革开放事业和经济特区建设作出了重大贡献。在代表们谈到建设一个好的党风时,习仲勋说:"我认为,要欢迎批评,不要怕批评。""批评不一定是坏事嘛,任何一级,从中央,到省、地、市、县、乡镇

---

[1] 詹湘等:《关广梅等接受中外记者采访》,《人民日报》1987年10月31日。

领导，特别是刚上来的年轻同志，要听得见人家的批评。因为一个政党、一个团体或个人，总得做工作，要做工作都难免犯错误。""改革、开放是前人没有干过的事业，哪能没有一点失误，没有一点错误？除非不干工作。""不怕犯错误，争取不犯大的错误，犯了就改，'文革'这么大错误也改了嘛！"

任仲夷是习仲勋的继任者，也是广东改革开放的推进者。在广东改革开放艰难探索时期（1980—1985）发挥了重要作用。在广东代表团小组讨论价值规律问题时，任仲夷说："我希望报告强调价值规律的作用。开初报告稿未提，现在报告加上了一句话：'必须把计划工作建立在商品交换和价值规律的基础上'。加上这句话很重要。"任仲夷说，"十二大报告和十二届三中全会通过的《中共中央关于经济体制改革的决定》中，都强调价值规律的作用。这是我们党对经济工作指导思想上的一个重大转变。这次报告，总结9年来的实践经验，更应当突出地提出这个问题。这样不仅达到前后衔接，而且使全党在今后的经济工作中更加自觉地掌握和运用价值规律。""要大力发展社会主义商品经济，不按价值规律办事，那就根本不可能。"

林若接着说："完全赞同你这个意见！""加快改革、开放步伐，放手发展商品经济，广东经济的发展速度可以保持两位数水平。本世纪末，我们就有可能达到亚洲'四小龙'80年代初的水平。"

习仲勋说："应该比他们快一些。"

最后，时任中共中央政治局委员、中央书记处书记的习仲勋，希望广东在改革、开放、搞活经济中，走在全国的前列。[1]

---

[1] 高新庆：《议论风生——党的十三大侧记》，《人民日报》1987年10月29日。

(三)党的十三大代表:"敦煌女儿"樊锦诗

樊锦诗1938年出生在北京,成长于上海。1958年考入北京大学考古系,1963年毕业。1962年,经学校安排,樊锦诗和3名同学到敦煌文物研究所实习。毕业时,研究所向学校要人,樊锦诗成为学校分给研究所的两名学生之一。从那时起,樊锦诗在敦煌文物研究所工作40多年,被誉为"敦煌女儿"。

在敦煌文物研究所的40余年,樊锦诗潜心于石窟考古研究工作。她运用考古类型学的方法,完成了敦煌莫高窟北朝、隋及唐代前期的分期断代,并得到学术界的广泛认可。她撰写的《敦煌石窟研究百年回顾与瞻望》,是对20世纪敦煌石窟研究的总结和思考。由她主编,香港商务印书馆出版的26卷大型丛书《敦煌石窟全集》则是百年敦煌石窟研究成果的集中展示。

从20世纪80年代中期开始,樊锦诗积极谋求敦煌石窟保护研究工作的国际合作。在联合国教科文组织的帮助下,先后与日本、美国等国机构开展合作研究,使敦煌石窟的保护研究逐步与国际接轨。一大批先进技术和理念运用到敦煌遗产保护当中,使敦煌文物的保存环境得到改善,安全系数得到提高。

樊锦诗把文物保护与合理利用紧密结合起来,在充分调查研究的基础上,提出了"莫高窟治沙工程""数字敦煌馆工程"等十三项文物保护与利用工程,为敦煌文物的保护与利用构筑了宏伟蓝图。

在敦煌研究院40多年的工作中,文物保护成了樊锦诗最重视的工作,所取得的成果也最为丰硕。从壁画病害防治到崖体加固,从环境监测到风沙治理,她在敦煌遗产保护的各个领域,不断探索创新。在她的带领下,敦煌遗产走上了科学保护之路。

樊锦诗清醒地认识到,面对如此灿烂的文化遗产,保护仅靠人和技术还不够，还要立法和制定保护规划。在她的倡导和推动下，《敦煌莫高窟保护条例》和《敦煌莫高窟保护总体规划》先后公布实施。

敦煌莫高窟是中国首批列入《世界文化遗产名录》的文化遗产，樊锦诗十分清楚世界文化遗产所应承担的社会责任。在她的积极倡导和推动下，保护与利用的矛盾正在解决，一个全新的"数字敦煌"逐步形成。

1998年，樊锦诗出任敦煌研究院的院长。当时正值西部大开发、旅游大发展的时期，莫高窟的游客数量呈现急剧增长态势。1979年只有1万人，1984年突破10万人，到1998年达到20万人。面对敦煌旅游开发的热潮，有关部门要将敦煌纳入"敦煌莫高窟—月牙泉大景区建设规划"并交由企业管理，樊锦诗寝食难安。樊锦诗觉得自己有责任保护好祖先的遗产，所以坚决不同意。但敦煌作为世界文化遗产，应该展示给公众，可是这些洞窟又经不起过多的参观。怎么办？矛盾中的樊锦诗经过思考后，找到了解决问题的办法。

一个办法是建立游客服务中心。为了保护莫高窟文物和缓解游客过多给壁画、彩塑带来的影响，敦煌研究院在2003年初开始筹建莫高窟游客服务中心。建成后的游客服务中心可以让游客在未进入洞窟之前，先通过影视画面、虚拟漫游、文物展示等，全面了解敦煌莫高窟的人文风貌、历史背景、洞窟构成等，然后再由专业导游带入洞窟做进一步的实地参观。这样做不仅让游客在较短的时间内了解到更多、更详细的文化信息，而且极大地缓解了游客过分集中给莫高窟保护带来的巨大压力。

另一个办法是建立"数字敦煌"。这个构想是将洞窟、壁画、彩塑及与敦煌相关的一切文物加工成高智能数字图像，同时也将分散在世界各地的敦煌文献、研究成果以及相关资料汇集成电子档案。"壁画这个文物不可再生，也不能永生。"这促使樊锦诗考虑要用数字化永久地保存敦煌信息。

为敦煌，樊锦诗与新婚丈夫分居19年，一个人在大漠旷野中坚守。

岁月的磨砺以及西北广袤天地的锻炼，使樊锦诗的性格变得坚韧而执着。年轻时的樊锦诗是个内向沉默的人，但为了敦煌，她会在风沙中大声与人争论。她很"严厉"，也很"不近人情"。有人在背地里骂她"死老太婆"。深夜，她常常独自在办公室，慢慢消化那些尖利刺耳的话。她说："如果有朝一日我离开敦煌时，大伙儿能说，'这老太婆还为敦煌做了点实事'，我就满足了。"[1]

樊锦诗为世界文化遗产敦煌莫高窟永久保存与永续利用作出了重大贡献。2018年12月，被中共中央、国务院授予"改革先锋"称号，并获评文物有效保护的探索者；2019年9月17日，国家主席习近平签署主席令，授予樊锦诗"文物保护杰出贡献者"国家荣誉称号；9月25日，获"最美奋斗者"称号；12月6日，获2019第七届"中华之光——传播中华文化年度人物"奖；2020年5月17日，被评为"感动中国2019年度人物"。

"舍半生，给茫茫大漠。从未名湖到莫高窟，守住前辈的火，开辟明天的路。半个世纪的风沙，不是谁都经得起吹打。一腔爱，一洞画，一场文化苦旅，从青春到白发。心归处，是敦煌。"这是"感动中国2019年度人物"组委会给樊锦诗的评语。

---

[1] 樊锦诗口述、顾春芳撰写：《我心归处是敦煌——樊锦诗自述》，译林出版社2019年版，第431页。

第十四章

十四大代表：新中国成立后入党的代表成为主体

时间：1992 年 10 月 12 日至 18 日
地点：北京
关键词：加快改革开放和现代化建设步伐

一、社会主义市场经济

（一）会议的主要内容

1988 年至 1990 年治理整顿以及"七五"计划的完成，为加快改革开放和社会主义现代化建设创造了有利条件。1990 年和 1991 年，国际局势十分复杂，东欧剧变和苏联解体，使社会主义在世界范围内的实践陷入低潮。冷战结束，世界开始走向多极化。世界局势的这种大变动，对中国的改革开放既是重大机遇，又是严峻挑战。能否坚持党的基本路线不动摇，抓住机遇、加快发展，把改革开放和现代化建设继续推向前进，成为影响 20 世纪 90 年代中国发展进步的重大问题。在这个重要历史关头，邓小平于 1992 年 1 月 18 日至 2 月 21 日先后到武昌、深圳、珠海、上海等地视察，发表了重要谈话（史称"南方谈话"），科学总结党的十一届三中全会以来的实践探索和基本经验，从理论上回答了长期困扰和束缚人们思想的许多重大问题。

1992年10月12日至18日，中国共产党第十四次全国代表大会在北京召开。

大会的任务是：以邓小平同志建设有中国特色社会主义的理论为指导，认真总结党的十一届三中全会以来14年的实践经验，确定今后一个时期的战略部署。动员全党同志和全国各族人民，进一步解放思想，把握有利时机，加快改革开放和现代化建设步伐，夺取有中国特色社会主义事业的更大胜利。

大会审议通过了题为《加快改革开放和现代化建设步伐，夺取有中国特色社会主义事业的更大胜利》的报告。报告系统总结改革开放14年的基本实践和基本经验，全面阐述了邓小平建设有中国特色社会主义的理论，明确了建立社会主义市场经济体制的改革目标，提出了90年代加快改革开放、推动经济发展和社会全面进步的主要任务，阐述了党和国家的对外政策，对新形势下加强党的建设和改善党的领导作出了战略部署。

大会作出了三项具有深远意义的重大决定。

一是抓住机遇，加快发展，集中精力把经济建设搞上去。大会指出，我国经济能不能加快发展，不仅是重大的经济问题，而且是重大的政治问题。现在国内条件具备，国际环境有利，既有挑战，更有机遇，是加快发展的好时机。因此，大会对我国在90年代的经济发展速度作出调整，把原定的国民生产总值平均每年增长6%调整为8%至9%；到20世纪末，我国国民经济整体素质和综合国力将迈上一个新台阶，国民生产总值将超过原定比1980年翻两番的要求，人民生活由温饱进入小康。大会还对加快经济发展作出战略部署，提出了必须努力实现关系全局的十个方面的主要任务。

二是明确我国经济体制改革的目标是建立社会主义市场经济体制。大会指出，我国要建立的社会主义市场经济体制是同社会主义基本制度结合在一起的，目的是使市场在社会主义国家宏观调控下对资源配置起基础性作用，使经济活动遵循价值规律的要求，适应供求关系的变化。大会要求，围绕社会主义市场经济体制的建立，要抓紧制订总体规划，有计划、有步骤地进行相应的体制改革和政策调整。把社会主义制度与市场经济结合起来，建立和完善社会主义市场经济体制，是前无古人的伟大创举，是中国共产党人对马克思主义的重大发展，也是社会主义发展史上的重大突破。

三是确立邓小平建设有中国特色社会主义理论在全党的指导地位。大会认为，党的十一届三中全会以来，党领导各族人民实行改革开放，进一步解放和发展生产力，开辟了社会主义现代化建设的新时期。我们所以能够取得举世瞩目的巨大成就，根本原因是坚持把马克思主义基本原理同中国具体实际相结合，逐步形成和发展了建设有中国特色社会主义的理论。这个理论，是在和平与发展成为时代主题的历史条件下，在我国改革开放和社会主义现代化建设的实践过程中，在总结我国社会主义胜利和挫折的历史经验并借鉴其他国家社会主义兴衰成败历史经验的基础上，逐步形成和发展起来的。它第一次比较系统地初步回答了中国这样的经济文化比较落后的国家如何建设社会主义、如何巩固和发展社会主义的一系列基本问题，用新的思想、观点继承和发展了马克思主义。大会提出了用邓小平同志建设有中国特色社会主义的理论武装全党的任务。

大会通过了《中国共产党章程（修正案）》，批准了中央顾问委员会和中央纪律检查委员会的工作报告，选举产生了新一届中央委员会和中央纪律检查委员会。

大会决定不再设立中央顾问委员会。

以邓小平南方谈话和党的十四大为标志，中国改革开放和社会主义现代化建设进入新的发展阶段。

(二)对党代会代表及相关制度的规定

1992年10月18日，中国共产党第十四次全国代表大会通过《中国共产党章程(修正案)》，对党章进行了部分修改。十四大党章对党代会代表及相关制度的规定与十三大一致，增加的新内容主要是关于加强党的自身建设的。

十四大党章根据国内外形势发生的深刻变化和邓小平1992年南方谈话精神，把建设有中国特色社会主义的理论和党的基本路线写入党章，确立了邓小平建设有中国特色社会主义理论在全党的指导地位。

十四大党章对党的建设和党的各项工作的具体要求更为全面，对于当时党的建设具有重要意义。

十四大党章突出了邓小平关于社会主义本质的论述，肯定了党的十一届三中全会的历史地位，提出必须坚持党在社会主义初级阶段的基本路线，对改革开放条件下的党的领导提出了新要求。党章从政治、思想、作风、组织四个方面对党的自身建设作出了明确的规范：一要坚持党的基本路线；二要坚持解放思想、实事求是；三要坚持全心全意为人民服务；四要坚持民主集中制。提出加强和改善党的领导的三点要求：一是党必须集中精力领导经济建设，组织协调各方面的力量，同心协力，围绕经济建设开展工作；二是必须实行民主的科学决策；三是适应形势的发展和情况的变化，不断改进领导方式和方法，提高领导水平。

十四大党章明确提出："党风问题、党同人民群众的关系问题是关系党生死存亡的问题，党坚持不懈地反对腐败，加强党风建设和廉政建设。"[1]在党章中这么鲜明地提出反腐败任务，是以前没有过的。表明了党反腐败的决心。

二、差额选举代表

党的十四大正式代表1989人，特邀代表46人，代表党员5100多万名。

（一）中央部署代表的选举工作

1991年11月，党的十三届八中全会通过《关于召开党的第十四次全国代表大会的决议》，决定中国共产党第十四次全国代表大会定于1992年第四季度在北京召开，代表名额为2000名。出席这次代表大会的代表由各省、自治区、直辖市，中央直属机关、中央国家机关，解放军各总部、军兵种、大军区，按照党章有关规定和中央分配的代表名额选举产生。代表应是共产党员中的优秀分子。代表的构成应具有广泛性。

1991年12月，中共中央发出了《关于做好党的十四大代表选举工作的通知》。《通知》对代表的条件、酝酿提名和选举工作等提出了具体要求。

中央在代表选举工作通知中明确要求，代表必须是共产党员中的优秀分子，而且对于"优秀"的界定更为具体。在政治方面，代表应该具有坚定的共产主义信念，政治立场坚定，坚持四

---

[1]《中国共产党第十四次全国代表大会文件汇编》，人民出版社1992年版，第99页。

项基本原则,坚持改革开放的基本路线;在工作业绩方面,代表应该成绩突出;在作风方面,代表应该公道正派、清正廉洁、遵守纪律,与群众打成一片;在履职能力方面,代表应该做到如实反映党员群众的意见,正确行使民主权利。

党的十四大对于代表先进性的要求,比党的十三大更进一步。此后党的全国代表大会代表入选条件基本延续了这些标准。

(二)代表的选举产生

党的十四大代表选举时,由于1988年4月海南从广东省划出并独立建省,因此代表选举单位由此前的33个增加到了34个。

对这次代表选举工作,各级党组织十分重视。在酝酿、提名和选举中,认真贯彻民主集中制原则,充分发扬党内民主。代表候选人酝酿、提名,坚持自下而上、上下结合、反复酝酿、反复协商,广泛听取各方面的意见。选举时,充分尊重选举人的意愿。整个选举工作进行顺利。

为做好选举工作,1992年1月10日,时任山东省委书记的姜春云在山东省地市委组织部长会议上作了《坚持正确用人观点,为党的事业选拔人才》的讲话。他强调:选举十四大代表等工作,不仅关系我省今后工作的发展,而且关系国家的大局。中央领导同志多次讲,党和国家的前途命运,在很大程度上取决于今后五年到十年的工作做得怎样。选好十四大代表,又是开好大会的基础。因此,要把十四大代表的选举作为今年各级党委的一项重要政治任务,列入议事日程。书记和分管书记要亲自抓,帮助、指导组织部门研究、解决工作中的实际问题。严格按照党章规定和法律程序搞好选举工作。要坚持党性原则。选举十四大代表要坚持民主集中制原则,注意充分发扬民主,走群众路线,在民主的基础上实行正确的集中。要做过细的工作,对不良倾向和错误言行,要理直气壮地给予批评教育,坚决制止各种非组织活动。

1992年6月23日至24日,中共北京市代表会议召开,出席会议的代表719名,除部分党员领导干部外,还有201名经推选产生的基层单位党员代表,占代表总数的28%。会议采取无记名投票、直接差额选举的办法,选出北京市出席党的十四大代表62名。其中,各级党员领导干部44名,占总数的71%;各条战线第一线党员18名,占29%;女同志17名,占27.4%;少数民族3名,占4.8%;55岁以下的37名,占59.7%;有大专以上学历的43名,占69.4%。此前,1992年初,中共北京市委发出《关于做好出席党的十四大代表候选人预备名单推选工作的通知》,并在1月11日召开的全市组织工作会议上做了具体安排。代表候选人初步人选的提名工作,是以市委、市政府各部委办,各区、县、局、总公司和高等院校以及铁路、民航、武警驻京单位的党委(党组)为提名单位,采取由党委(党组)扩大会议酝酿提名,然后征求基层党组织和党员意见,或采取由党员直接提名,然后由党委(党组)集中等方式进行的。各单位共提出333名代表候选人初步人选。全市(包括武警、民航)直接参加提名工作的党员有68.5万余名,约占提名单位党员总数的70%。在充分酝酿协商和全面考察的基础上,经市委常委会议研究,形成了一个100人的代表候选人初步人选名单。3月23日至24日召开的市委六届十三次全体会议,进一步酝酿讨论,确定66名代表候选人预备名单拟定人选,加上中央提名的3名候选人,共69

名。比中央分配给北京市的十四大代表名额（62名）多10.1%，符合中央要求的差额比例。[1]

1992年6月24日至25日，中共浙江省代表会议在杭州召开。会议的任务是，正式选举出席党的第十四次全国代表大会的代表。省委书记李泽民就十四大代表候选人预备名单的酝酿确定情况作了报告。与会代表认真审议了代表候选人名单。经过酝酿讨论，以无记名投票方式选举产生了41名党的十四大代表。出席会议的有省委委员、候补委员，省顾委委员，省纪委委员，省人大常委会党员正副主任，省政协党员正副主席，省军区司令员，市地委书记，省级机关、省部属企事业单位、省部属大专院校党委、党组的主要负责人，已经退下来的副省级以上党内老同志，以及经各市（地）委、省委三个工委、省武警总队党委推选产生的各条战线的党员代表。[2]

1992年1月3日，根据中央关于十四大代表选举工作的通知，全国台联党组形成了《关于召开台湾省籍党员代表会议有关问题的报告》，报中央组织部审核。这份报告记录了台湾省籍十四大代表的推荐、选举工作过程。

一是名额分配和选举方式。报告显示，中央分配的十四大台湾省籍代表名额为8名，通过台湾省籍党员代表会议选举产生。

二是代表条件。代表应是台湾省籍共产党员中的优秀分子，符合代表先进性标准条件，特别是要拥护党的对台方针政策。

---

[1] 中共北京市委党史研究室编：《中国共产党北京市重要会议概要》，中央文献出版社2006年版，第252—253、260页。

[2] 中国共产党浙江省委员会政策研究室、浙江省人民政府经济技术社会发展研究中心编：《浙江年鉴（1993）》，浙江人民出版社1993年版，第84页。

三是党代表会议的组织安排。明确出席全国台湾省籍党员代表会议的代表名额为70人，由各有关地区和单位按照分配名额，于1992年3月底以前召开本地区、本单位的台湾省籍党员大会或党员代表会议选举产生。各省、自治区、直辖市的台湾省籍党员大会或党员代表会议，请各地党委组织部负责召集，当地台联会组织协助。各地驻军中的台湾省籍党员，参加所在省的会议；在京各总部、各军兵种机关的台湾省籍党员大会，由总政治部组织部负责召集。中央直属机关和中央国家机关的会议，分别由中央直属机关和中央国家机关工委负责召集。

四是代表的产生步骤。十四大台湾省籍代表候选人初步人选，由全国台联党组提出，与涉及的各省、自治区、直辖市党委组织部、统战部，中央直属机关工委、中央国家机关工委、解放军总政治部以及地方台联的党组织等有关部门沟通协商，并征求所在单位党组织和党员的意见。各省、自治区、直辖市和有关单位报送台湾省籍党员代表会议代表名单的同时，也可推荐适合作为出席十四大的台湾省籍代表候选人的初步人选。初步人选提出后，以全国台联党组为主组织全面考察，以保证代表素质。台联党组在1992年4月15日前研究确定代表候选人预备人选名单报中央组织部。

台湾省籍代表的选举工作离不开各选举单位的协助和支持，为了便于协调，1992年1月16日，中央组织部批转了全国台联的报告，要求各选举单位协助做好这项工作。

最终，全国台联选出了8名台湾省籍党员作为出席十四大的代表，分别为：林丽韫（女，全国人大华侨委员会副主任委员，中华全国归国华侨联合会副主席）、孙桂芬（女，辽宁省台联会长)、陈蔚文(广东省台联副会长,广州中医药大学脾胃研究所副所长)、杨国庆(全国台联副会长)、陈昭典(浙江省台联会长)、陈正心(成都红光电子管厂副总工程师)、林明月(上海市台联会长)、柯连妹(福建省台联副会长)。从这份名单可以看出,代表多为各地台联组织的专职或兼职领导人员,其中,林丽韫是十大至十四大的代表。

1992年6月,全国34个选举单位,按照中央的决议和通知精神,经过半年多的工作,圆满完成代表选举工作。出席党的十四大的1991名代表(包括台湾省籍代表),由各省、自治区、直辖市、中央直属机关、中央国家机关、人民解放军等34个选举单位分别召开党代表大会或党员代表会议选出。

(三)代表资格审查

1992年10月11日,中国共产党第十四次全国代表大会在人民大会堂举行预备会议。会议以举手表决的方式,通过了由16人组成的代表资格审查委员会名单,听取了十四大代表资格审查委员会关于代表资格审查的报告。报告说,十三届八中全会确定党的十四大代表名额为2000名,中央分配到各选举单位的名额共1992名。代表选出后逝世1名(李先念),中央批复代表1991名后又逝世2名(胡乔木、王密妮),实有代表1989名。

报告说,党的十四大代表的选举工作,认真贯彻执行了民主集中制原则。党的十四大代表具有广泛的代表性。建党初期和北伐战争时期、土地革命战争时期、抗日战争时期、解放战争时期以及建国以后各个时期入党的党员都有适当数量的代表。

代表资格审查委员会认为,全国34个选举单位选出的1989名代表,符合党章和中央关于选举党的十四大代表通知的规定,代表资格有效。

（四）特邀代表

党的十四大延续了十三大有关特邀代表的做法，在《关于做好党的十四大代表选举工作的通知》中明确规定：根据工作需要，中央将确定一部分退居二线的德高望重的老同志作为特邀代表出席大会，确定一部分同志列席大会。

党的十四大确定了46位1927年以前入党，并在党内担任过重要领导职务、德高望重的老党员为特邀代表；并明确规定特邀代表具有与正式代表同样的权利。邓小平就是十四大的特邀代表。

十四大预备会议还通过了大会列席和来宾的事项。中央决定，邀请党内有关负责同志和部分党外人士列席这次大会。列席这次大会的有：不是十四大代表的十三届中央委员会及中央顾问委员会、中央纪律检查委员会的成员，不是十四大代表或特邀代表的党内部分老同志，以及其他有关负责同志，共307人。还邀请了全国人大常委会党外副委员长，全国政协党外副主席，各民主党派、全国工商联负责人和无党派人士，以及全国人大、全国政协常委中在京党外人士和部分少数民族、宗教界人士等，共139位，作为来宾列席大会开幕式和闭幕式。

三、代表为各条战线的领导骨干和优秀分子

十四大代表中，各级党员领导干部占78%；在工业、农业、国防、政法、财贸、科技、文教、卫生、体育等第一线的劳动模范、先进工作者、优秀专家和战斗英雄等占22%。妇女占15.7%，少数民族占9.9%，具有大专以上文化程度的占70.7%，

55 岁以下的占 58.9%。

代表中,各个历史时期入党的党员都占有一定的比例,有老一辈无产阶级革命家,有朝气蓬勃的中青年优秀党员,新中国成立后入党的占绝大多数。

当选的代表都是各地区、各民族、各条战线的领导骨干和优秀分子。来自各条战线第一线的共产党员代表有 436 名,占代表总数的 22%,比党的十三大时提高了 3.1%。他们中间有妇女党员 196 名,占一线代表的 44.9%;少数民族党员 53 名,占一线代表的 12.1%。在这些代表中,1976 年 10 月以后入党的有 257 名,占 58.9%;年龄在 55 岁以下的有 368 名,占 84.4%;大专以上文化程度的有 237 名,占 54.3%;其中有 11 名中国科学院学部委员。这些代表都是在改革开放和社会主义现代化建设中作出了显著成绩的优秀共产党员。

四、特邀代表邓小平

(一)邓小平最后一次在正式场合公开露面

作为党的十四大特邀代表的邓小平,虽然没有出席大会,但十四大报告完成第四稿时,邓小平仔细审阅,对报告提出重要修改意见。他还特别提出:这个报告讲他的功劳,一定要放在集体领导范围内,绝不是一个人的脑筋就可以钻出什么新东西来,是群众的智慧、集体的智慧。他的功劳是把这些新事物概括起来,加以提倡,要写得合乎实际。[1]

---

[1] 中共中央文献研究室编:《邓小平年谱(1975—1997)》(下),中央文献出版社 2004 年版,第 1349—1351 页。

十四大开幕当天，邓小平坐在家中看电视转播大会实况，在仔细听了江泽民的报告后，满意地说："讲得不错，我要为这个报告鼓掌"，说完，便对着电视机鼓起掌来。[1]

1992年10月19日，邓小平看了大会闭幕的盛况之后，兴奋地说："真是群情振奋！"当天下午3时，他又赶到人民大会堂宴会厅，和江泽民以及新当选的中央领导成员一起绕场一周，与大会代表见面。他欣然赞道："这次大会开得很好，希望大家继续努力。"江泽民代表新当选的重要领导向他表示：现在大政方针已定，我们要真抓实干，把大会的精神落到实处。邓小平同志满意地点着头，挥手向大家道别。[2]

会见持续了20分钟。这是邓小平最后一次在正式场合公开露面。

（二）代表当起新闻发言人

党的十四大新闻发言人由十四大代表、中宣部副部长刘忠德、外交部副部长刘华秋担任。代表履职有了新内容。

党的十四大继续坚持代表参加记者见面会的形式，共举办了四次代表参加的记者招待会，分别就沿海开放地区的发展、我国经济体制改革和对外经济贸易、人事制度改革、大中型企业如何转换经营机制、民族地方自治等问题回答记者的提问。当时这些问题都是记者非常关注的，因此，每次招待会记者都比较多，提问也非常踊跃。

---

[1] 中共中央文献研究室编：《邓小平年谱（1975—1997）》（下），中央文献出版社2004年版，第1355页。

[2] 中共中央文献研究室编：《邓小平年谱（1975—1997）》（下），中央文献出版社2004年版，第1355页。

在大会召开前夕，大会新闻中心于 1992 年 10 月 11 日上午 11 时在人民大会堂举行招待酒会，欢迎参加大会采访的中外记者。350 多名中外记者与会。在欢迎会上，大会新闻中心主任唐非向记者们介绍了大会新闻发言人刘忠德、刘华秋。唐非介绍，中国共产党第十四次全国代表大会的召开受到了海内外的广泛关注，到 10 日止，报名采访大会的外国记者总共有 280 人，港、澳、台记者 107 人。为了给采访记者提供方便，大会特地在梅地亚宾馆设立了新闻中心，对记者采访给予协助。下午，党的十四大代表、新闻发言人刘忠德在人民大会堂三楼大厅举行第一次新闻发布会。在新闻发布会上，刘忠德回答了中外记者的提问。

10 月 14 日，沿海开放地区的发展，成了党的十四大新闻发言人刘忠德举行的中外记者招待会上的主要话题。应刘忠德的邀请，来自上海、广东、山东三个改革开放前沿地区的省市委书记代表回答了中外记者关心的问题。400 多名中外记者，出席了在梅地亚新闻中心举行的招待会。一个半小时的招待会结束后，中外记者围住代表争相提问。几个香港、台湾记者甚至追到休息室里继续采访他们。

10 月 15 日，党的十四大另一位新闻发言人刘华秋在人民大会堂举行中外记者招待会，邀请经贸部长、人事部长、国家体改委副主任三位代表，就我国经济体制改革、对外经济贸易和人事制度改革等问题回答了记者们的提问。中外记者还就经济体制改革中国家与企业的关系、中美关系等问题发问，三位代表都一一做了回答。

10 月 16 日，中国大中型企业如何转换经营机制成为采访十四大的中外记者关注的焦点之一。在梅地亚宾馆举行的记者招待会上,出席党的十四大的国务院经贸办两位负责人和三家国有大型企业的党委书记等五位代表,就此回答了记者的提问。记者招待会由大会另一位新闻发言人刘华秋主持。

10月17日,新闻发言人刘忠德在北京梅地亚宾馆举行第四次中外记者招待会,邀请三位十四大代表、民族地区负责人与中外记者见面,并回答了记者们的提问。三位代表表示:西藏、新疆、广西等民族地区都很稳定,经济形势喜人。

10月19日上午11时,中国共产党第十四届中央政治局常委江泽民、李鹏、乔石、李瑞环、朱镕基、刘华清、胡锦涛等七位同志一开完十四届一中全会便在十四大新闻发言人刘忠德的陪同下来到东大厅,会见了为报道中共十四大日夜忙碌的600多位中外记者。江泽民对记者们说:"我衷心感谢你们对大会的采访、对我们工作的支持。"[1]

(三)来自工作一线代表的心声

当代表们从农村、工厂、商场、工地、实验室等基层一线岗位奔向北京时,他们怀揣着的是人民群众和广大党员对明天美好生活的期望。他们要在会议期间表达这种愿望、要求。这种心声朴素而实在。

湖北农村的兰良洪代表说,来北京开会时,乡亲们要他把农村的大好形势反映到大会上,把农村中由计划经济向社会主义市场经济过渡中遇到的问题带到大会上讨论解决,使农村经济再上一个新台阶。大庆油田的1202钻井队队长马军代表说,大庆工

---

[1] 孙本尧等:《江泽民等七位政治局常委会见中外记者》,《人民日报》1992年10月20日。

人希望这次大会开成一个承前启后、继往开来的大会，使我国改革开放迈出坚实的更大的步伐。[1]河北省邯郸国棉二厂的代表程丽花说："我是个农民出身的合同制工人，临时工当了12年。我能当选为十四大代表，这要感谢党和人民的培育，感谢小平同志倡导的改革开放。"[2]

河南省临颍县南街村党总支书记王洪彬代表说："作为一个农民，能出席十四大这样的会议，参与党对重大问题的决策，很激动，很高兴。""我要把从基层党员群众中听到的意见、建议和呼声不折不扣地带到大会上去。近几个月来，我听取了不少农村党员群众的意见和建议，归纳起来主要是：一、农民怕改革开放的政策变，希望能给农民吃颗'定心丸'。二、随着改革开放的不断深化，希望进一步加强农村基层党组织建设。三、希望加强对党员的思想教育，进一步解放思想，转变观念，把思想统一到小平同志南方谈话上来，做改革开放的带头人。上述意见，我将带到党的代表大会上去。"[3]

济南大观园商场营业员张秀玲代表说："我这个站柜台的能当上十四大代表，可见党对商业职工和第三产业多么重视。发展三产，关键在于落实党和国家已出台的一系列好政策，真正给企业放权松绑。"接着，她列举了这样一种怪现象：一家企业年上缴利税成倍增长，另一家企业年上缴利税大幅度下降，可前者

---

[1]《党的十四大代表陆续抵京》，《人民日报》1992年10月11日。
[2] 陈国琦等：《"向小平同志问个好"——党的十四大代表程丽花一席谈》，《人民日报》1992年10月13日。
[3] 李杰：《农民需要"定心丸"——访党的十四大代表王洪彬》，《人民日报》1992年10月8日。

的职工年收入却比后者少600多元。究其原因，主要是职工工资总额基数定得不合理，再就是奖金税征收办法限制了效益好的企业，结果造成职工收入增长与企业效益不成正比。张秀玲说："挣钱多的吃不饱，不挣钱的饿不着，这怎么能行呢？许多职工托我向十四大捎话，分配制度应尽快好好理一理，改一改。"[1]

人民海军舰艇作战指挥系统的军中女博士范晓虹代表说："我当选十四大代表，体现了党对科技工作的重视和对出国留学人员的关心。""做代表既是荣誉，更意味着责任。随着科技体制改革的深入，科技工作者和留学回国人员施展才能的天地会更加广阔。在竞争激烈的当今世界，谁拥有高科技，谁就拥有主动权，谁也就赢得了胜利。我们只有紧紧跟踪世界高科技发展前沿，埋头苦干，迎头赶上，才能立于不败之地。"[2]

（四）十四大代表：医学大家吴孟超

十四大代表中，各领域第一线的优秀分子占22%，卫生领域的肝胆外科专家吴孟超是其中令人瞩目的一员。

吴孟超是中国肝胆外科主要创始人之一。20世纪50年代，最先提出中国人肝脏解剖五叶四段新见解；60年代，首创常温下间歇肝门阻断切肝法并率先突破人体中肝叶手术禁区；70年代，建立起完整的肝脏海绵状血管瘤和小肝癌的早期诊治体系，较早应用肝动脉结扎法和肝动脉栓塞法治疗中晚期肝癌；80年代，建立了常温下无血切肝术、肝癌复发再切除和肝癌二期手术技术；

---

[1] 贾建舟：《捎去职工心里话——访十四大代表张秀玲》，《人民日报》1992年10月15日。

[2] 曹国强、陈焱：《党指引攀高峰——访十四大军队代表范晓虹》，《人民日报》1992年10月9日。

90年代，在中晚期肝癌的基因免疫治疗、肝癌疫苗、肝移植等方面取得了重大进展，并首先开展腹腔镜下肝切除和肝动脉结扎术。

吴孟超1922年出生，福建闽清人。1949年，毕业于同济大学医学院（今华中科技大学同济医学院），获学士学位。同年进入华东军区人民医学院第一附属医院（即后来的第二军医大学第一附属医院）。1958年，翻译并出版了中国第一本肝脏外科方面的专著《肝脏外科入门》，同年组成了以吴孟超为首的以攻克肝脏外科为目标的"三人研究小组"。1959年2月开始，吴孟超经过四个多月的艰苦努力，完成了中国第一具结构完整的人体肝脏血管模型。到年底，共制作肝脏标本108个、肝脏固定标本60个。通过制作标本，吴孟超对肝脏内部构造以及血管走向了如指掌，烂熟于心。这为他日后施行肝脏手术打下了坚实的基础。

1960年6月，吴孟超在第七届全国外科学术会议上正式提出，以中国人肝脏的数据及其规律为依据，正常人的肝脏解剖按内部血管走向可分为五叶六段，在外科临床上则分为五叶四段最为实用。同年，他主刀为一位中年女患者成功切除了肝癌，成了第二军医大学第一附属医院的第一例成功肝脏手术。他发明常温下间歇性肝门阻断切肝法。1961年，发现了正常肝脏和肝硬化肝脏手术后生化代谢规律，并据此提出了纠正肝癌术后常见的致命性生化代谢紊乱的新思路与新策略。1963年，突破了中肝叶手术的禁区，令世人震惊。1966年，"文化大革命"中吴孟超成了"反动学术权威"。1969年，他随第二军医大学由上海迁往西安，自学中医，当上了"一根银针一把草"的赤脚医生。

1974年，借军队医学院整顿的时机，吴孟超向医院党委申请成立独立的肝胆外科获批。1975年，他神奇地一刀切除了迄今为止国内外最大的已被切除的肝海绵状血管瘤，瘤体重18千克。同年7月，第二军医大学迁回上海。第二年，吴孟超率先在上海进行了18万人次的肝癌普查，开展肝癌早期诊治的课题研究。1978年，全国科学大会在北京召开。会上，吴孟超的《肝外科新成果——正常人肝脏解剖的研究》获得全国科学大会奖。

1978年起，吴孟超带头招收研究生，数十年来培养了不少学有专长的高端人才。这期间他还相继提出了肝癌外科治疗的一系列策略：对巨大肝癌的二期切除；对肝硬化肝癌的局部根治性切除；对肝癌复发再手术等。

1979年9月，在于美国旧金山举行的第28届国际外科学术会议上，吴孟超作为中国代表团的成员出席，以1960年1月至1977年12月期间切除治疗原发性肝癌181例，总手术成功率91.2%的经历，震惊了国际医学界。会上，吴孟超被增选为国际外科学会会员，这是国际医学界对中国的肝脏外科学的肯定。

1983年，吴孟超为4个月大的女婴，成功切下了重达600克的肝母细胞瘤，瘤子的体积竟比婴儿的脑袋还大！紧接着开展的一系列小儿肝脏外科研究与临床实践，让中国肝胆外科更令人瞩目。

吴孟超的一双手曾为13600多名肝病患者解除病痛。至1986年底进行肝叶切除术1019例，成功率97%，切除总数和成功率均居国际领先地位。1991年，吴孟超当选中国科学院院士。1993年，肝胆外科获准发展成长海医院的"院中院"。1996年，以个人历年来积蓄的数十万元和社会各界表彰奖励的400多万元为基础，设立了吴孟超肝胆外科医学基金。2005年获国家最高科学技术奖。

从搭建第一张手术台到 2021 年 5 月去世,吴孟超一生没有离开手术台。"手中一把刀,游刃肝胆,依然精准,心中一团火,守着誓言,从未熄灭。他是不知疲倦的老马,要把病人一个一个驮过河。"这是"感动中国 2011 年度人物"组委会给吴孟超的评语。

2012 年 2 月,吴孟超被评为"感动中国 2011 年度人物"。

2018 年 7 月,96 岁的他仍然每周 3 台手术。40 年来,吴孟超共施行肝癌手术 8000 余例,术后 5 年生存率达 38.1%;小肝癌(小于 5 厘米)手术 1000 余例,术后 5 年生存率达 79.8%(其中小于 3 厘米小肝癌已达 85.3%),最长存活 36 年。

吴孟超用作为医生的"医者仁心"和作为一个共产党员的"初心使命"书写了一代医学大家的赤子情怀。

第十五章

十五大代表：脱颖于 50 多万人次的提名

时间：1997 年 9 月 12 日至 18 日
地点：北京
关键词：邓小平理论

一、依法治国

（一）会议的主要内容

1997 年 9 月 12 日至 18 日，中国共产党第十五次全国代表大会在北京召开。

大会审议通过了题为《高举邓小平理论伟大旗帜，把建设有中国特色社会主义事业全面推向二十一世纪》的报告。大会首次使用"邓小平理论"这个概念，把这一理论作为指引党继续前进的旗帜。大会指出，邓小平理论是当代中国的马克思主义，是马克思主义在中国发展的新阶段，是中国特色社会主义理论体系的开创之作。它坚持解放思想、实事求是，在新的实践基础上继承前人又突破陈规，开拓了马克思主义的新境界。它坚持科学社会主义理论和实践的基本成果，抓住"什么是社会主义、怎样建设社会主义"这个根本问题，深刻地揭示社会主义的本质，把对社会主义的认识提高到新的科学水平。

大会提出了党在社会主义初级阶段的基本纲领，进一步阐明了建设有中国特色社会主义的经济、政治、文化的基本特征和基本要求。大会报告指出：建设有中国特色社会主义的经济，就是在社会主义条件下发展市场经济，不断解放和发展生产力；建设有中国特色社会主义的政治，就是在中国共产党领导下，在人民当家作主的基础上，依法治国，发展社会主义民主政治；建设有中国特色社会主义的文化，就是以马克思主义为指导，以培育有理想、有道德、有文化、有纪律的公民为目标，发展面向现代化、面向世界、面向未来的，民族的科学的大众的社会主义文化。这三个方面的基本目标、基本政策有机统一，不可分割，构成党在社会主义初级阶段的基本纲领。

大会指出，公有制为主体、多种所有制经济共同发展，是我国社会主义初级阶段的一项基本经济制度。公有制经济不仅包括国有经济和集体经济，还包括混合所有制经济中的国有成分和集体成分。国有经济控制国民经济命脉，对经济发展起主导作用，主要体现在控制力上。公有制实现形式可以而且应当多样化，一切反映社会化生产规律的经营方式和组织形式都可以大胆利用。非公有制经济是我国社会主义市场经济的重要组成部分，对促进国民经济的发展有重要作用。要坚持按劳分配为主体、多种分配方式并存的制度，把按劳分配和按生产要素分配结合起来，坚持效率优先、兼顾公平，使收入差距趋向合理，防止两极分化，促进经济发展，保持社会稳定。

大会指出，依法治国，是党领导人民治理国家的基本方略，是发展社会主义市场经济的客观需要，是社会文明进步的重要标志，是国家长治久安的重要保障。这些论述，体现了党在探索回答什么是社会主义、怎样建设社会主义问题上的又一次思想解放和认识深化。

大会在我国经济发展"三步走"战略的第二步目标即将实现之际，对如何实现第三步目标作出进一步规划，提出了新的"三步走"发展战略，即新世纪第一个十年实现国民生产总值比2000年翻一番，使人民的小康生活更加宽裕，形成比较完善的社会主义市场经济体制；再经过十年的努力，到中国共产党成立100年时，使国民经济更加发展，各项制度更加完善；到下世纪中叶中华人民共和国成立100年时，基本实现现代化，建成富强民主文明的社会主义国家。

大会围绕着这个发展战略，对我国的跨世纪发展作出战略部署。会议提出，从现在起到下世纪的前十年，是我国实现现代化建设第二步战略目标、向第三步战略目标迈进的关键时期。在这个时期，建立比较完善的社会主义市场经济体制，保持国民经济持续快速健康发展，是必须解决好的两大课题。为此，一定要坚持社会主义市场经济的改革方向，使改革在一些重大方面取得新的突破，并在优化经济结构、发展科学技术和提高对外开放水平等方面取得重大进展，真正走出一条速度较快、效益较好、整体素质不断提高的经济协调发展的路子。要在坚持四项基本原则的前提下，继续推进政治体制改革，进一步扩大社会主义民主，健全社会主义法制，依法治国，建设社会主义法治国家。要全面开展有中国特色社会主义的文化建设，着力提高全民族的思想道德素质和科学文化素质，为经济发展和社会全面进步提供强大的精神动力和智力支持。要按照党的建设新的伟大工程的总目标，从思想上、组织上、作风上全面加强党的建设，不断提高领导水平和执政水平，不断增强拒腐防变的能力，以新的面貌和更强大的战斗力，带领全国人民完成新的历史任务。

大会审议通过了《中国共产党章程（修正案）》，把邓小平理论同马克思列宁主义、毛泽东思想一起作为党的指导思想写入党章。批准了中央纪律检查委员会的工作报告，选举产生了新一届中央委员会和中央纪律检查委员会。

党的十五大明确回答了中国改革开放和社会主义现代化建设的一系列重大问题和实践问题，从思想上、政治上、组织上为我国实现跨世纪发展提供了重要保证。

（二）对党代会代表及相关制度的规定

1997年9月18日，中国共产党第十五次全国代表大会通过《中国共产党章程（修正案）》，对党章进行了部分修改。《党章》中涉及党代会代表和相关制度的规定与十四大一致。

十五大党章的最大特点是肯定了邓小平理论在党和国家发展史上的重要历史地位和指导意义。

二、差额选举代表

党的十五大正式代表2048人，特邀代表60人，代表全国5800多万名党员。

（一）中央部署代表的选举工作

1996年10月10日，党的十四届六中全会通过了《关于召开党的第十五次全国代表大会的决议》，确定党的十五大于1997年下半年在北京举行。为了搞好代表的选举工作，1996年11月初，中共中央发出了《关于党的十五大代表选举工作的通知》。《通知》就选举单位的划分，代表应具备的条件和代表的构成、产生程序、代表名额的分配等问题作出了明确的规定。

中央将十五大代表选举单位划分为 36 个，即 31 个省、自治区、直辖市，中央直属机关，中央国家机关，全国台联，人民解放军和武警部队。与十四大相比，增加了全国台联、武警部队两个选举单位。

对代表产生的程序，中央在《通知》中做了具体规定。要求必须经过五个步骤：经过自下而上的提名后确定代表候选人初步人选考察名单；对人选进行考察；由党委根据中央的要求及考察情况提出代表候选人初步人选名单；召开党的委员会全体会议确定代表候选人预备人选并报中央组织部审查；召开党代表会议或党代表大会，采用差额选举方式进行选举。

中共中央在《通知》中明确要求，在选举过程中，要充分发扬党内民主，认真贯彻执行党的民主集中制。要尊重和保障选举人的民主权利，体现选举人的意志。

《通知》发出后，中央组织部专门召开了组织部长会议，部署十五大代表的选举工作。

从 1996 年 11 月中旬开始，在经过充分准备后，各地的选举工作开始陆续展开。各选举单位在学习中央《通知》精神的基础上，研究制订了代表选举工作方案。多数选举单位成立了代表选举工作领导小组，有的由省（区、市）党委书记亲自担任组长。各单位都抽调有经验的同志成立了代表选举工作机构。

（二）代表的产生程序

在酝酿、提名阶段，各地广泛发动党员参加代表的酝酿、提名工作。由于措施得力，参加第一轮酝酿的党支部和党员分别达到 98.4% 和 92.1%。

为了保证推荐的十五大代表候选人具备坚实的群众基础,在酝酿、提名阶段,绝大多数地方完全由基层党组织和广大党员自主提名。没有经过基层党组织和党员推荐的,不能作为代表人选。通过酝酿、提名,把符合条件、群众公认的党员推荐提名为党的十五大代表候选人。

广泛、深入地发动党员参加推荐全国党代表大会代表候选人,是党的十五大代表选举的显著特点。据不完全统计,全国第一轮共推荐提名人选达 50 多万人次,一大批受到群众拥护、在工作和生产第一线作出突出成绩的优秀党员被提名。全国 340 多万个基层党组织中有 320 多万个支部参加推荐,占 95% 以上;全国 5800 多万名党员中有近 5000 万名党员参与提名,占 85% 以上。

自下而上,上下结合,反复酝酿。为了使党员充分表达自己的意愿,许多选举单位进行了两三轮酝酿。

民主酝酿,自主提名,积极参与,为选举工作打下了良好基础。在此基础上,各选举单位根据多数党组织和多数党员的意见,确定了代表候选人初步人选考察名单。

接着组织部门对人选进行严格考察。考察初步人选是否具备代表的条件,考察其政治表现、思想品德、工作业绩和廉洁自律等方面的情况,并征求纪检监察机关和有关方面的意见。对不适合做代表人选的,有关选举单位及时做了调整。考察工作结束后,各选举单位根据中央分配的代表名额和代表条件、结构要求以及考察情况,由常委会集体研究提出代表候选人初步名单,并召开党委全委会,采取无记名投票方式确定代表候选人预备人选。

(三)代表的产生

经过酝酿、提名、考察、遴选、审查等严格的程序和优中择优的挑选,从最初提名的50多万人次,到十几万、几万、几千,共产党员中的优秀分子作为代表被推举出来。

1997年6月以前,36个选举单位共提出2277名代表候选人。这些人选分别提交党代表会议或党代表大会进行差额选举,产生正式代表。

党的十五大代表选举中,虽然有的地方是直接差额选举,有的地方是先差额预选再正式选举,方式略有不同,但由于党员发动充分、准备工作周密,整个选举工作在民主、和谐的气氛中顺利进行。

到1997年6月底,各省、自治区、直辖市,中央直属机关,中央国家机关,全国台联,人民解放军,武警部队等36个选举单位代表选举工作全部顺利结束,共选出代表2049名。此后,其中1人因严重违反党的纪律,原选举单位建议撤销其代表资格。这样,出席党的十五大的代表为2048名。各选举单位差额的比例都不低于10%。

三、代表由各条战线的领导骨干和优秀分子构成

代表的广泛性和先进性是党的十五大代表的显著特点。2048名十五大代表中,既有各级党员领导干部,也有来自各行各业、各个方面的代表;既有女党员,也有少数民族党员。在经济、科技、国防、政法、教育、文化、卫生、体育等各方面生产和工作第一线作出优异成绩的劳动模范、先进工作者也成为十五大代表的组成部分。代表的文化素质有较大提高,具有大专以上文化程度的代表比例由十四大时的70.7%上升到83.5%。

作为中国共产党不断发展壮大的象征,代表中有第一次、第

二次国内革命战争时期入党的党员，有抗日战争、解放战争时期入党的党员，新中国成立后入党的党员则占代表的绝大多数。代表中既有年逾九旬、党龄超过70年的老党员，也有年仅20多岁、近年来新加入党组织的青年党员。年龄结构进一步合理，55岁以下的代表占63.5%。

在2048名代表中，各级党员领导干部有1554名，占代表总数的75.9%；在工交、农业、财贸、科技、教育、文化、卫生、体育、政法、国防等第一线工作的劳动模范、先进工作者、有突出贡献的专家、英模等494名，占代表总数的24.1%，比十四大时提高了2.1%。他们中有全心全意为人民服务，成绩突出的优秀党员徐虎、徐洪刚、李素丽、李常水、李国安、陈金水、陈观玉、吴天祥、吴金印、邱娥国、包起帆、王启民、谭彦、仉振亮、岳喜翠等。

在党的十五大代表中，妇女代表344名，占代表总数的16.8%，比十四大时提高1.1%，高于全国党员总数中女党员所占15.6%的比例；少数民族代表219名，占代表总数的10.7%，比十四大时提高0.8%，高于全国党员总数中少数民族党员所占5.9%的比例。

党的十五大代表的构成体现了新时期党员队伍文化素质的进一步提高，年龄结构也比较合理。2048名代表中，具有大专以上文化程度的代表有1709名，占代表总数的83.5%，比十四大时提高了12.7%。另外，中学文化程度的318名，占15.5%；小学文化程度的21名，占1%。代表有老有中有青，55岁以下的代表有1301名，占代表总数的63.5%，比十四大时提高4.6%。

在党的十五大代表中，各个历史时期入党的党员都占有一定的比例。其中第一次国内革命战争时期入党的代表有 2 名，第二次国内革命战争时期入党的有 18 名，抗日战争时期入党的有 38 名，解放战争时期入党的有 57 名。新中国成立后入党的代表共有 1933 名，占代表总数的 94.4%，比十四大时增加了 11.5%。其中，1966 年 5 月以前入党的有 756 名，1966 年 5 月至 1976 年 10 月入党的有 606 名，1976 年 11 月以后入党的有 571 名。

中共中央邀请了 60 名老党员作为特邀代表出席党的十五大。他们是 1927 年以前入党的曾担任过重要领导职务、德高望重的老党员和党的十一届三中全会以来从党和国家领导岗位上退下来的老同志。特邀代表享有正式代表同样的权利。

四、劳模代表答中外记者问

（一）藏在代表年龄里的"历史"

在党的十五大 2000 多名代表中，有改革开放之初才出生的年轻人，也有大革命时期入党的老同志，代表的入党时间涵盖了党的各个历史阶段。

党的十五大代表中年龄最大的是中国妇女运动的先驱、中国共产党组织战线杰出的领导者帅孟奇。帅孟奇生于 1897 年，1926 年入党，十五大召开时已经 100 岁了。她是党的七大、八大代表，十三大、十四大、十五大特邀代表，是中国共产党第八届中央委员会候补中央委员，在十二大上当选为中顾委委员。在 70 多年的革命生涯中，帅孟奇经受过各种严峻的考验，始终坚贞如一，表现了一个共产党员对党的无限忠诚。当知道自己当选为十五大特邀代表时，帅孟奇非常高兴。虽然因身体原因，不能出席党的十五大，但她送上了自己的祝福，祝愿十五大圆满成功。

在出席大会开幕式的代表中，最年长的是时年96岁高龄的特邀代表、参加过二万五千里长征的老红军黄火青。他出生于1901年，1926年1月入团，同年3月入党。黄火青是党的七大、八大、十二大、十三大代表，十四大和十五大特邀代表，是中国共产党第八届中央委员会候补委员、第十一届中央委员会委员，在党的十二大上当选为中顾委常委。黄火青一生为中国的革命和建设事业作出了重要贡献。

在出席大会开幕式的代表中，最年轻的代表是时年还不满20岁的跳水世界冠军伏明霞。她出生于1978年，是改革开放中成长起来的世界冠军。1992年7月，年仅14岁的伏明霞就获得了巴塞罗那奥运会女子10米跳台金牌，成为奥运会历史上最年轻的冠军，并被载入吉尼斯世界纪录。1996年7月，在党的十五大召开的前一年，伏明霞在亚特兰大奥运会上，同时获得了女子10米跳台冠军与女子3米板的冠军，成为中国奥运跳水史上的第一个"板台双冠王"。此外，伏明霞还多次在各种国际大赛中获得世界冠军，为祖国争得荣誉。

（二）特邀代表的心声

在2000多名十五大代表中，有60位特邀代表。

萧克，新中国开国上将，时年90岁。1985年，素有"儒将"之称的萧克从解放军军事学院院长的职位上退下来，开始新的笔耕生涯，出版了《浴血罗霄》《萧克诗稿》《朱毛红军侧记》《萧克回忆录》等著作。《浴血罗霄》一书还荣获第三届茅盾文学奖荣誉奖。萧克表示：十五大以后，我们的事业将全面向新世纪推进。在新的历史时期，只要我们认真抓好党的建设，深化改革，扩大开放，扎扎实实搞好经济建设，我们的目标就一定能够实现!

宋任穷,新中国开国上将,时年88岁。1985年,他向党中央提出申请,主动要求退出第一线,此后担任中顾委副主任到1992年。宋任穷说,毛泽东提倡的理论联系实际、密切联系群众、批评与自我批评,是我党的三大作风,仍应继续发扬光大。小平、陈云生前一直倡导干部队伍革命化、年轻化、知识化、专业化,这是保持我党勃勃生机和我国长治久安的战略性措施,应长期坚持下去。

叶飞,新中国开国上将,时年83岁。作为一位参加过4次党代会的老党员,将军谈起十五大时说,这是一次跨世纪的盛会啊,最大的意义就是高举邓小平同志建设有中国特色社会主义理论的旗帜,坚持十一届三中全会以来的路线一百年不动摇。搞社会主义我们没有现成的经验,要靠实践,关键的一条就是要坚持解放思想,实事求是。中国搞好了,还有世界意义,世界上有许多人在关注我们哪,他们要看社会主义在中国怎样发展。

王从吾,党的组织和纪检战线上的老战士,时年87岁,是一位有70年党龄的老党员。他说,毛主席说过,正确的政治路线确定之后,干部就是决定的因素。现在,我们搞改革开放,不断提高党员和党的干部队伍的素质,始终是我们应当重视的问题。我们参加革命、参加党,就要首先解决世界观、人生观的问题。这个问题解决不好,在战争年代,环境艰苦,战争残酷,就容易当逃兵,当叛徒。在改革开放的今天,世界观、人生观解决不好,就容易被金钱所迷惑,被"糖弹"所击中,变成腐败分子。共产党人一定要自觉自律,始终注意加强党性修养。

张光年,著名诗人、作家,《黄河大合唱》的词作者,时年

84岁,是一位有着68年党龄、在党的文艺战线上奋斗了一辈子的老同志。十五大是他第三次成为党代会的特邀代表。他对十五大的期待是:邓小平建设有中国特色社会主义理论灵得很!它适应我国国情,深得党心民心。我深信党的十五大必将集中全党智慧,深刻总结经验,把经济体制改革坚持到底,把政治上的民主与法制建设推向前进,带领各条战线各族人民高高兴兴地奔向21世纪!

(三)劳模代表的记者招待会

1997年9月15日下午,十五大的一场记者招待会——劳动模范答记者问,吸引了众多的中外记者。举行这样的记者招待会,在党代会历史上是第一次,在我国新闻史上也是第一次。

十五大新闻发言人徐光春主持招待会。五位劳模是"新时代铁人"大庆石油管理局勘探开发研究院院长王启民,"全国优秀党务工作者"河南省卫辉市委副书记兼唐庄镇党委书记吴金印,"全国职业道德标兵"北京市公交总公司21路公共汽车售票员李素丽,"模范团长"北京军区某给水工程团团长李国安,全国劳动模范上海市普陀区中山房管所水电修理工徐虎。

劳模代表们就记者提出的一系列问题做了回答。记者们提到的问题涉及对十五大报告的感受,对进一步推动精神文明建设的看法,对企业股份制改革的意见,如何看待雷锋精神与改革开放年代的精神文明建设的关系,对三年内将裁军50万的认识,如何看待妇女参政议政等。代表根据各自从事的职业和特点,一一做了回答。

一个半小时的记者招待会,记者争相提问,劳模从容作答,气氛十分热烈。

（四）代表履职开放程度进一步提高

党的十五大时，代表履职开放程度进一步提高。主要表现在：

一是继续创新代表参加记者见面会的内容，首次集中安排一个地区的代表接受媒体采访。比如，安排了安徽省、山西省的十五大代表集体接受媒体采访，还安排了8名台湾省籍党代表接受媒体采访。

二是首次举办开放式讨论。1997年9月13日，根据大会安排，党的十五大上海代表团讨论时首次对中外记者开放，100多位采访十五大的中外记者闻讯而至。这是党的全国代表大会历史上，第一次将代表团的讨论向中外记者开放。这也成为代表团媒体开放日的雏形。

三是中央媒体开始进一步开辟"代表访谈""代表风采录"等栏目。以《人民日报》为例，开辟了"党代表风采录"栏目，注重宣传报道基层代表的风采。通过多种形式展现代表风采，宣传代表履职经历和参政议政思想过程。另外，会议结束之后，代表接受新闻媒体采访逐渐成为一项重要任务。

代表履职行为的开放化、公开化，极大地提高了代表的责任意识和使命意识，使代表成为更被关注的政治角色，对于发挥代表作用，加强党内民主建设具有重要意义。

（五）十五大代表：海尔掌舵人张瑞敏

张瑞敏，1949年生，山东莱州人，海尔集团创始人。

1984年创业以来，张瑞敏带领海尔从一个濒临倒闭、资不抵债的集体所有制小厂发展成为物联网时代引领性的生态型企业。2020年海尔全球营收超3000亿元，利税总额超400亿元，旗下海尔智家荣居世界500强。

1984年3月,张瑞敏任青岛市家用电器工业公司副总经理,成为青岛电冰箱总厂(海尔集团前身)引进国外生产技术的项目负责人。1984年12月26日,出任青岛电冰箱总厂厂长,制定了海尔第一个发展战略——名牌战略。1985年,张瑞敏果断决策,砸毁76台有缺陷的冰箱。这就是在中国企业乃至世界企业中堪称营销经典的"砸冰箱"事件。1988年12月,带领海尔获得了中国电冰箱史上第一枚质量金牌。1990年,又带领海尔先后获得国家颁发的企业管理"金马奖""国家质量管理奖"。

1991年12月,海尔集团成立,张瑞敏任总裁,制定海尔第二个发展战略——多元化战略,开始建设中国家电业第一个工业园——青岛海尔工业园。1993年,主导了青岛海尔上市。1995年,海尔以吃休克鱼的方式兼并原红星电器。

1998年,张瑞敏应邀到美国哈佛大学授课,成为第一位登上哈佛讲坛的中国企业家,"海尔文化激活休克鱼"案例入选哈佛商学院案例库。同年,制定海尔第三个发展战略——国际化战略。1999年,带领海尔出海发展,在美国南卡罗来纳州建立生产基地。同年,出任海尔集团董事局主席。2000年5月,张瑞敏改任海尔集团首席执行官,成为中国家电业第一位CEO;出席第三十届达沃斯经济论坛,归国后撰写题为《"新经济"之我见》的文章,提出"不触网,就死亡"。2003年,出席在日本横滨市举行的"2003生产革新综合大会",是唯一获邀的中国企业家。2004年,在张瑞敏的带领下,海尔年营收达到1000亿元,遥遥领先于同行业其他企业。

2005年,张瑞敏在海尔全球经理人年会上正式提出"人单合一"模式。2008年，率先推行零库存下的即需即供战略，砸掉仓库，使海尔在当时的全球金融危机中未受到太大影响。2011年，主导海尔并购日本三洋白电项目。

2013年，面对移动互联网浪潮，张瑞敏加速推动海尔转型变革，提出"企业无边界、管理无领导、供应链无尺度"（简称"三无"）理念。2014年，基于人单合一模式进一步探索提出"企业平台化、员工创客化、用户个性化"管理变革，加速推进海尔由"制造产品的加速器"转变为"孵化创客的加速器"。2016年，主导海尔集团兼并美国通用电气旗下家电业务，入选《财富》（中文版）发布的2016年中国最具影响力的50位商界领袖。2019年，海尔以"物联网生态"品牌进入全球品牌百强榜单，成为全球首个也是唯一物联网生态品牌。

2021年3月，在第六届中国制造强国论坛上，他荣获"物联网引领者·中国制造终身成就奖"。2021年11月5日，张瑞敏辞任海尔集团董事局主席，受邀担任名誉主席。

创业30多年来，带领海尔集团从一个濒临倒闭、资不抵债的集体所有制小厂发展成为物联网时代引领性的生态型企业，张瑞敏始终坚信"没有成功的企业，只有时代的企业"。海尔连续12年蝉联欧睿国际世界白电第一品牌。在此基础上，海尔创立了物联网生态品牌，并连续三年蝉联全球品牌百强榜中唯一生态品牌。张瑞敏创立的人单合一模式和生态品牌范式使中国企业管理模式走近世界舞台中央，引领了物联网时代全球企业的大转型。张瑞敏坚持"人的价值最大化"的原则，倡导并推动了持续创业创新的海尔文化，让每个员工都有机会成为创客，人人都是自己的CEO，在为用户创造价值中实现自身价值，为实现共同发展、共同富裕做了有益的探索。

党和国家对张瑞敏的卓越贡献给予高度肯定。张瑞敏是党的十四大至十九大代表，连续当选中共第十六至第十八届候补中央委员。2018年12月18日，党中央、国务院授予张瑞敏"改革先锋"称号，颁授改革先锋奖章。

2019年9月25日，被授予"最美奋斗者"荣誉称号。

2019年10月26日，荣获"70年70企70人中国杰出贡献企业家"称号。

第十六章
十六大代表：首现民营企业家

时间：2002年11月8日至14日
地点：北京
关键词：确立"三个代表"重要思想为党的指导思想

一、全面建设小康社会的具体目标

（一）会议的主要内容

2002年11月8日至14日，中国共产党第十六次全国代表大会在北京召开。

大会的主题是：高举邓小平理论伟大旗帜，全面贯彻"三个代表"重要思想，继往开来，与时俱进，全面建设小康社会，加快推进社会主义现代化，为开创中国特色社会主义事业新局面而奋斗。

大会通过了题为《全面建设小康社会，开创中国特色社会主义事业新局面》的报告，通过了《中国共产党章程（修正案）》，批准了中央纪律检查委员会的工作报告，选举产生了新一届中央委员会和中央纪律检查委员会。

会议确立了"三个代表"重要思想为党的指导思想。大会强调，"三个代表"重要思想是在科学判断党的历史方位的基础上提出来的，是对马克思列宁主义、毛泽东思想和邓小平理论的继承和发展，反映了当代世界和中国的发展变化对党和国家工作的新要求，是加强和改进党的建设、推进社会主义制度自我完善和发展的强大理论武器，是全党集体智慧的结晶，是党必须长期坚持的指导思想。大会对全面贯彻"三个代表"重要思想提出了根本要求。会议通过《中国共产党章程（修正案）》，把"三个代表"重要思想同马克思列宁主义、毛泽东思想、邓小平理论一起，作为党必须长期坚持的指导思想写入党章。

大会提出了全面建设小康社会的具体目标。在优化结构和提高效益的基础上，国内生产总值到2020年力争比2000年翻两番，综合国力和国际竞争力明显增强；社会主义民主更加完善，社会主义法制更加完备，依法治国基本方略得到全面落实，人民的政治、经济和文化权益得到切实尊重和保障；全民族的思想道德素质、科学文化素质和健康素质明显提高，形成比较完善的现代国民教育体系、科技和文化创新体系、全民健身和医疗卫生体系；可持续发展能力不断增强，生态环境得到改善，资源利用效率显著提高，促进人与自然的和谐，推动整个社会走上生产发展、生活富裕、生态良好的文明发展道路。

大会对经济建设和经济体制改革、政治建设和政治体制改革、文化建设和文化体制改革、国防和军队建设、"一国两制"和实现祖国的完全统一、对外工作等作出战略部署，为全面建设小康社会、加快推进社会主义现代化指明了方向。

大会对新形势下加强和改进党的作风建设作出全面部署。大会指出，中国共产党是中国工人阶级的先锋队，同时是中国人民和中华民族的先锋队。加强和改进党的建设，一定要坚持党要管党、从严治党的方针，进一步解决提高党的领导水平和执政水平、提高拒腐防变和抵御风险能力这两大历史性课题；一定要准确把握当代中国社会前进的脉搏，改革和完善党的领导方式和执政方式、领导体制和工作制度，使党的工作充满活力；一定要把思想建设、组织建设和作风建设有机结合起来，把制度建设贯穿其中，既立足于做好经常性的工作，又抓紧解决存在的问题。

大会着眼于党的兴旺发达和国家的长治久安，顺利实现了中央领导集体的新老交替。

（二）对党代会代表及相关制度的规定

2002年11月14日，中国共产党第十六次全国代表大会通过《中国共产党章程（修正案）》，对党章进行了部分修改。

十六大党章对党代会代表及相关制度的规定与此前一致。值得关注的是党章对党的性质做了新的阐述，将十五大党章规定的"中国共产党是中国工人阶级的先锋队"，调整为"中国共产党是中国工人阶级的先锋队，同时是中国人民和中华民族的先锋队"。[1]在"党员"一章，明确规定"年满十八岁的中国工人、农民、军人、知识分子和其他社会阶层的先进分子，承认党的纲领和章程，愿意参加党的一个组织并在其中积极工作、执行党的决议和按期交纳党费的，可以申请加入中国共产党"[2]。这样的调整，有利于增强党的阶级基础和扩大党的群众基础，提高党在全社会的凝聚力和影响力。同样，党的阶级基础和群众基础的扩大，使党的队伍出现新的阶层成员，进而使党代会的代表出现新阶层的面孔。

---

[1]《中国共产党第十六次全国代表大会文件汇编》，人民出版社2002年版，第57页。
[2]《中国共产党第十六次全国代表大会文件汇编》，人民出版社2002年版，第66页。

二、差额选举代表

党的十六大正式代表 2114 人,特邀代表 40 人,代表全国 6600 多万名党员。

(一)中央部署代表的选举工作

2001 年 9 月,党的十五届六中全会审议并通过了《关于召开党的第十六次全国代表大会的决议》,确定党的十六大于 2002 年下半年在北京召开。2001 年 10 月 27 日,中共中央下发了《关于党的十六大代表选举工作的通知》,就选举单位的划分、代表应具备的条件和代表的构成、代表的产生程序、代表名额的分配等作出明确的规定。

中央就做好十六大代表选举工作下发通知后,中央组织部及时召开了党的十六大代表选举工作会议,进行动员和部署。各选举单位党组织高度重视,分别召开常委会议或工委会议,传达学习中央通知精神,专题研究代表选举工作,并结合各自实际制订了切实可行的工作方案,成立了选举工作领导机构,抽调有经验的同志具体负责代表的推荐、考察和召开党代表大会或党代表会议等项工作,按任务和时间要求排出工作流程图,并逐项落实到人。

十六大代表的条件,除要求具备基本的理想信念、理论知识、工作业绩、党性修养、政治立场、良好作风、议事能力外,还特别提出要认真实践"三个代表"重要思想,自觉做到"八个坚持、八个反对"。

(二)代表的选举

在酝酿、提名阶段,各地广泛深入宣传,积极组织广大基层党组织和党员参与十六大代表的推荐、提名工作。多数选举单位将代表选举工作的重大意义、代表应具备的条件和代表选举的主要程序等编印成宣传提纲或宣传手册，下发到基层党组织和党员手中，并通过召开党员大会、讲党课等形式组织广大党员学习。一些少数民族地区还将宣传提纲翻译成少数民族文字，供少数民族党员学习。

许多地方通过打电话、写信、发电报、传真或登门走访等方式，及时向流动党员、外出党员、年老体弱和行动不便党员传达中央有关精神，通报代表推荐工作情况。各选举单位还充分利用报纸、广播、电视、网络等媒体，开办专栏或专题节目，广泛深入地宣传各条战线优秀共产党员的先进事迹，激发广大党员的责任意识和先锋意识。

各选举单位充分发扬党内民主，严格按照中央规定的程序开展推荐、提名工作。做到基层党员没有提名的人选不向上级党组织推荐，基层推荐意见不集中的，不作为推荐人选，保证了每位人选都具有广泛的群众基础。

为确保代表人选的质量，各选举单位由组织部门牵头，从有关部门抽调党性强、作风正、业务熟的干部组成若干考察组。考察中，各考察组把政治标准放在首位，对代表候选人初步人选作风方面的表现、廉洁自律方面的情况和群众公认程度进行深入细致的了解，有关廉洁自律方面的情况还听取纪检机关的意见。

各地采取多种形式对代表候选人进行考察，广泛听取人选所在单位党组织、党员以及计生、审计等部门的意见。有些地方对考察人选实行考察预告，并设立监督专线电话，接受群众监督。有的选举单位对代表候选人初步人选在一定范围内进行了公示。

有的选举单位实行考察工作责任追究制,考察材料由考察人签名存查。

党的十六大代表的推荐、选举工作,高度发扬党内民主,得到了广泛认同和支持,激发了广大党员参与的积极性。据统计,各选举单位基层党组织参与率平均为98%,党员参与率平均为93%。

(三)代表的产生

严格履行遴选程序,确保候选人具有先进性和广泛的代表性。自下而上,上下结合,反复酝酿,逐级遴选,是十六大代表推荐提名工作的一个显著特点。据对26个地方选举单位的不完全统计,在第一轮推选中,基层党组织提出的候选人初步人选就达110多万人。

各选举单位的推荐提名工作,一般都经过了"三上三下"的过程。党支部根据多数党员的意见提出代表候选人初步人选上报基层党委,基层党委根据多数党支部的意见对人选进行遴选,再拿下去征求党支部和党员意见,然后上报县(市)委;县(市)委根据多数基层党委的意见对人选进行遴选,再征求基层党委意见之后,上报市(地)委;市(地)委根据多数县(市)委的意见进一步遴选,并征求县(市)委意见后,上报选举单位党委。北京、山西、内蒙古、陕西等地在党委常委会研究确定代表候选人初步人选后,将人选再次返回推荐单位或基层单位进一步听取意见。

各选举单位还注意做好临时党组织和流动党员参与代表推荐选举的有关工作,采取多种形式让尽可能多的党员参与推荐。

中共中央确定并分配到各选举单位的十六大代表名额为2120

名。各选举单位共选举产生代表2120名,其中因病去世2人;因工作严重失误或存在违纪问题,同意本人辞去代表资格2人;因严重违纪,被撤销代表资格2人。实有代表2114名。[1]

当选代表的结构比较合理。据统计,在2114名代表中,既有各级党员领导干部,也有来自生产和工作第一线的代表;在经济、科技、国防、政法、教育、宣传、文化、卫生、体育等方面作出突出贡献的党员模范在十六大代表中占有相当比例。女代表和少数民族代表所占比例高于女党员和少数民族党员占全国党员总数的比例。

三、代表为各条战线的领导骨干和生产工作第一线先进模范

党的十六大代表,具备先进性和广泛的代表性。

十六大代表中,生产和工作第一线党员代表数量增加,代表结构越来越突出基层一线导向,党员领导干部名额压缩,基层一线党员名额扩大。各级党员领导干部占75.7%;来自工业、农业、财贸、科技、国防、政法、教育、文化、卫生、体育等生产和工作第一线的代表占24.3%,他们中获得过省部级以上荣誉称号的先进模范人物占88.5%。

当选代表中,大革命时期、土地革命战争时期、抗日战争时期、解放战争时期入党的党员占2.2%,新中国成立后入党的党员逐渐成为代表的主体,有2067名,占到了代表总数的97.8%,其中改革开放后入党的677名,占32.0%。

---

[1] 齐铁砚等:《党的十六大举行预备会议和主席团第一次会议》,《人民日报》2002年11月8日。

新中国成立前入党的老党员代表中，包括 12 名大革命时期和土地革命战争时期入党的党员代表，17 名抗日战争时期入党的党员代表，24 名解放战争时期入党的党员代表。这 53 名老党员，代表的是党的历史传承。

代表的年龄整体趋向年轻化。十六大代表中，55 岁及以上的代表 778 人，占比 36.8%；55 岁以下的代表 1336 人，占比 63.2%。代表平均年龄 52.5 岁，比十五大代表的平均年龄降低 0.7 岁。最年轻的代表是 22 岁的跳水运动员田亮，最年长的代表是 92 岁的王世泰（甘肃省人大常委会原主任、党组书记）。

代表的性别和民族结构进一步优化。代表中，妇女代表 382 人，占比 18.1%；少数民族代表 230 人，占比 10.9%。

代表的文化程度进一步提高。具有大专以上文化程度的代表占 91.7%，比十五大时提高了 8.2 个百分点。

十六大代表中首次出现新经济组织中的党员代表。在选举十六大代表时，新经济组织的党员能不能当选十六大代表的问题，同样成为这一群体党员能否在政治参与上更进一步的重要问题。增加新经济组织党员代表的比例，是中国共产党应对中国社会阶层变化及由此引发的党员结构变化的主动选择，也是党扩大群众基础、顺应时代潮流的积极措施。从实际结果来看，在十六大代表名单中，首次出现了民营企业家代表，他们是：江苏沙钢集团董事长沈文荣、江苏森达集团董事长朱相桂、江苏远东集团董事长蒋锡培、浙江飞跃集团董事长邱继宝、重庆南方集团董事长孙甚林、江苏综艺集团董事长昝圣达、广东金潮集团董事长刘思荣。他们是党的全国代表大会历史上第一次以民营企业家身份参会的党代表。

而就在十六大上，新社会阶层的先进分子可以入党也被正式写入党章。这意味着中国共产党在推进马克思主义中国化的道路上,无论从理论还是实践层面都前进了一大步。可以预见,党的十七大时,党代会代表中又会有"新成员"出现。

党的十六大代表,增添了两个"新面孔"——中央企业系统代表团和中央金融系统代表团。根据中央规定,中央企业系统和中央金融系统首次单独组团参加党的全国代表大会。与十五大的36个代表团相比,十六大的代表团增加到38个。

中央企业系统选举产生的42名代表,来自石油石化、建材、冶金、化工、机械、电子、电力、煤炭、建筑、交通运输、通信、商贸、科研设计和农林水等20多个行业,肩负着45万名中央企业系统党员的重托。

金融是现代经济的核心。中央金融系统代表团由35名代表组成,其中大专以上学历的代表有34名,占金融系统代表总数的97.14%;金融企业一线党员代表有6名,占金融系统代表总数的17.14%。

一批大型国有企业的企业家在党的十六大上占据一席之地,其中有17名企业家进入大会主席团。相当数量的企业家进入十六大主席团不仅表明国有企业在中国社会的分量,亦显示精英阶层在党内地位的上升,特别是海尔集团首席执行官张瑞敏和宝钢集团董事长谢企华(女)等一批优秀企业家成为候补中央委员,使得党的未来领导层更具代表性。

四、民营企业家成了代表

(一)民营企业家代表

党的十六大代表中首次出现新经济组织中的党员代表——民

营企业家代表。新经济组织中的党员代表进入党的全国代表大会代表队伍，体现了党的队伍结构产生的深刻变化。

1. 十六大的五名民企代表

刘思荣，广东潮州人。1976年10月至1980年12月任潮安县城西公社厦寺大队副书记，1980年2月起任潮州市城西服装厂厂长、党支部书记，广东金潮集团有限公司董事长、总经理，经济师。1980年2月，揣着公社借来的4000元钱，刘思荣下海创办了城西服装厂。"那时条件差，起点低，靠什么？只能靠大家的团结。因此，服装厂成立的时候，我们就建立了党支部，我任党支部书记。"1994年，企业改制，刘思荣和另外几个人以400万元买下这个服装厂，企业成了私营企业，后来又联合其他企业组建广东金潮集团有限公司。公司主要生产手绣机、时装，还进入房地产业等。2001年，金潮集团公司总销售收入2.35亿元，纳税1250万元，出口创汇3160万美元。刘思荣说："转制时，党支部非但没散，而且随着企业的发展不断壮大。我们的支部是学习的支部，党员过组织生活，更多的是学习政策。一个企业的管理者如果不熟悉政策法规，我觉得那不是一个好的管理者。我们的党支部历来承担着这样的角色：除了过组织生活，就是学习。"

沈文荣，张家港市人，1974年入党，高级经济师、高级工程师，江苏沙钢集团公司董事长、总裁、党委书记。1996年6月，沙钢集团成立，沈文荣成为沙钢集团的总裁。1996年与韩国浦项合资2亿多美元，生产冷轧不锈钢薄板，沙钢成为中国最大的不锈钢薄板基地。1998年沈文荣当选为第九届全国人大代表。1998年7月，把德国蒂森克虏伯公司主体设备整体搬到张家港。1999

年12月，兼任华东钢铁联合集团党委书记、董事长。2001年10月，从蒂森克虏伯手里整体买下了霍施钢铁公司，摆脱对钢坯的进口依赖，让沙钢成为上下游一体化的钢铁企业。2002年，沈文荣作为江苏仅有的两名私企党代会代表之一，参加党的十六大。

孙甚林，重庆市工商联副会长、重庆南方集团董事长。以15万元起家，做汽车配件生意，从广州购买，到重庆销售。1993年，南方集团进入重庆房地产行业。创办的重庆南方集团有限公司是国家一级开发企业、建行"AAA"级信用企业、全国"放心房"示范企业、重庆民营企业50强、开发企业50强，其建成的住宅以"绿、静、美、新"的特点深受市民喜爱。南方集团成为重庆房地产行业的著名品牌，其开发的住宅和楼盘连续三届荣获重庆市"十佳住宅小区""消费者满意楼盘"等称号。2000年被重庆市人民政府授予"民族团结进步模范"称号。2001年获中共重庆市委、重庆市人民政府颁发的"振兴重庆争光贡献奖"。2002年，孙甚林作为重庆市非公有制经济的代表，当选党的十六大代表。

昝圣达，江苏南通人，江苏综艺集团董事长。在24岁时开了一家丝绸工厂做出口。1989年搬到深圳，3年后开始做细木工板，并在被高档进口产品占据的市场中占有了一席之地。很早便进入高科技领域，旗下有软件销售、软件开发公司，又开始进入半导体芯片产业。1992年与台商合资，加上美国一家公司，共同创办了当时国内最大的胶合板生产企业——南通复盛木业。1995年至1997年，任江苏综艺股份有限公司董事长、总经理。1998年12月，综艺股份出价3264万元，收购北京连邦软件51%的股权。昝圣达出任北京连邦软件董事长。1999年，南京大学、江苏共创教育发展有限公司与综艺共同投资，成立了专业化软件开发公司——南大苏富特软件公司，综艺成为第二大股东。2002年3月与韩国周星工程公司签署协议，共同投资1.5亿美元，从事半导体设备的研发、生产和销售。

蒋锡培，江苏宜兴人，远东控股集团有限公司创始人、董事局主席、党委书记。当过钟表匠，办过仪表厂。1990年2月自筹资金180万元，创办范道电工塑料厂。所创办的企业始终跟着政策走。1992年第一次改制，宜兴市范道电工塑料厂改制为乡办企业，更名为无锡市远东电缆厂。1995年第二次改制，推行股份制，实现资本有效运行，集体所有制转为股份制。1997年第三次改制，与国家电网、中国华能、中国华电和江苏电力四大国企合作合资，建立混合所有制，走规模效益之路。其中，国有股68%，集体股7%和员工股25%。2002年第四次改制，明晰企业产权制度，完善法人治理结构。回购68%的国有股，7%的集体股，远东再度民营化。2002年，远东集团发展为拥有12亿元资产，年销售额20多亿元，占地675亩，员工2100余名，有12家全资或控股公司的大型股份制企业，涉及电线电缆、新材料、医药、投资、证券、管理咨询等领域。

2. 刘思荣的建议与心愿

作为民营企业家代表，48岁有着27年党龄的刘思荣带了两份建议书，进京参加党的十六大。

在关于实行党代表常任制的建议书中，刘思荣建议"党的全国代表大会借鉴人大代表的做法，实行党代表常任制"。刘思荣认为，实行党代会代表常任制，有利于加强和改善党的领导和作风，有利于进一步健全党内民主和党内监督机制，使全国党代表在大会闭会期间对党内重大事情有参与权和知情权，有利于促进党内民主、增强党代表的使命感和责任感，使党代表的作用得以延续和拓展，使党代表的民主权利得到应有的体现和尊重。而且，常任制也将对党代表所在地的经济发展、社会进步及党的建设起到很好的促进作用。"这当然只是建议。但一线党代表对党内重大事件的知情权和参与权是很重要的。"刘思荣说。

刘思荣作为广东省党代表中唯一的非公有制代表，他的另一个建议是应加快吸收非公有制企业积极分子入党的步伐。"我感觉在吸收非公有制企业积极分子入党方面，我们的步子还比较慢。其中包括私人企业家入党的问题，以前争论很多，但按照与时俱进的原则，将新的社会阶层的优秀分子吸收进来也是很好的。"刘思荣说。刘思荣认为吸收这些新阶层中优秀人士入党与党的性质没有矛盾："这些人也是中华民族的优秀分子，吸收他们到党内来，我相信好处会更多。我觉得现在基层在实践中这方面的步伐还不快，有些基层党委更小心一些。"

刘思荣建议，要加大步伐、加大力度，在非公有制企业中发展党员，建立党支部。

3. 三名代表上了福布斯富豪榜

江苏沙钢集团的沈文荣、江苏综艺集团的昝圣达、重庆南方集团的孙甚林，这三名代表都在2002年公布的福布斯中国内地富豪排行榜上。他们的资产分别为：沈文荣12.83亿元人民币，昝圣达12.42亿元人民币，孙甚林7.04亿元人民币。

江苏沙钢集团从1975年的小型轧钢车间起步，1992年成立集团公司，1996年改组为有限公司，2001年整体转制完成后全年实现销售收入112.8亿元。至2002年，沙钢成为年产铁水90万吨、炼钢350万吨、轧材450万吨的国家特大型工业企业，综合竞争力在全国冶金行业中位居第二。董事长沈文荣表示："我在会上主要想谈两个方面的想法：一是希望国家政策对民营企业更宽松一些，落实国民待遇；二是希望国家在发展高科技产业的同时更加关心基础产业的发展，政策导向性应该更明确。未来5年我们的钢铁能不能在质量和品种上赶上和超过国外水平，相关产业政策的支持是一个关键。"

江苏综艺集团的昝圣达，1996年11月20日综艺股份持牌上市，而1999年度，综艺股份涨幅高达244.71%，名列上海证券交易所近500家上市公司第一位。至2002年，综艺集团已拥有24家子分公司，市值近百亿元。昝圣达说，传统产业做的是"加减法"，而进行资本经营做的则是"乘法"。如果将资本经营成功地用于新经济领域，那么做的就是"乘方"，能使企业以几何级数的速度壮大。

重庆南方集团的孙甚林经常称自己是"搬砖的"。1989年，为争取一笔台资，他在有关方面的动员下，辞去国营企业厂长、党总支委员的职务下海创办企业。"当时，国家在政策上将民营经济定为公有经济的'必要补充'，但姓资姓社的争论让我在一夜之间从工人阶级队伍中的一员变成了'另类'。为了建立企业党小组，我记得几次回厂里转组织关系。"孙甚林对2002年福布斯中国富豪榜列出的自己7.04亿元个人净资产并未在意："我关心的唯一数据是每一天的集团现金存流量，会不会闹'支付危机'。"

当选的5位民营企业家代表都是在各省的党代会上通过差额选举和无记名投票的方式以高票当选的。其中，在广东省860多位代表的选举中，刘思荣几乎以满票的"成绩"当选。

(二)党的十六大代表:"铁娘子"谢企华

2002年7月,美国国际钢铁动态对全球钢铁企业综合能力进行评比。宝钢股份超过了日本新日铁、美国钢铁公司和世界粗钢产量最大的阿塞罗等国际老牌钢铁企业,位居第四。这是50年来中国钢铁企业首次获此殊荣。同年10月,美国《财富》杂志新年度的"全球50商界女强人"榜中出现了一个来自中国国有企业的杰出女性:谢企华。她是中国特大型钢铁企业历史上第一位女性总经理。国内媒体《中国经济周刊》对她的评价是:她是现代中国最优秀的企业经营管理者之一,她凭借"以柔克刚"的经营管理风格和独到的眼光、领导能力及丰富的经验,驾驭了千亿级当量的中国钢铁巨舰(宝钢集团)。她坚守钢铁主业、走高端路线、打造全球化企业的战略规划,让她带领之下的宝钢连续3年进入全球500强,2006年更是进入了前300名。

谢企华祖籍浙江鄞县,1943年6月出生于上海。1968年毕业于清华大学土木建筑系,毕业后被分配到陕西钢厂,成为基建科的一名普通技术员。1978年10月,谢企华进入筹建中的宝钢。之后从宝钢工程指挥部基建处技术组组长做起,到1994年成为宝钢集团副董事长、总经理,2000年起兼任宝钢股份公司董事长。从2003年2月开始,宝钢集团公司董事长、总经理和宝钢股份董事长三副重担由谢企华一肩挑。2005年1月,谢企华卸任总经理一职,但保留了集团公司及股份公司董事长的重任。

从普通技术工到宝钢掌舵人,谢企华一步一个脚印。1994年谢企华出任宝钢集团总经理,此后的十余年宝钢集团历经风雨仍然不断壮大。宝钢集团的壮大,谢企华功不可没。出任宝钢集团副董事长、总经理后,谢企华的第一个大动作就是放弃并购而走联合之路，开始从企业外部寻找联合伙伴。1998年经国务院批准，上钢和梅山钢铁公司委托宝钢经营，正式成立上海宝钢集团公司。此举使宝钢的总资产超过千亿元，一跃成为中国最大的钢铁联合企业。2001年4月，在提高了产业集中度和实现规模化之后，谢企华又操作了宝钢集团与首钢、武钢的强强战略联盟，从市场、研发、管理、资本运作等方面全方位打造中国钢铁业的旗舰。从竞争走向竞合，使宝钢集团得以跻身于世界12家千万吨级以上钢铁企业之列，成为继浦项制铁、新日铁之后的第三大钢铁企业。2002年面对钢铁业的行业危机，谢企华带领宝钢打了一场漂亮的胜仗，成功化解危机。5年内进军世界前三强。

2004年1月，宝钢集团在国际化方面迈出重要一步：联合国际钢铁巨头阿塞罗与巴西CVRD公司签订了在巴西建设板坯生产厂的前期合作框架协议，项目总投资额80亿美元。当时媒体评价：这是中国最大的海外直接投资项目。这也成为宝钢进军海外的标志性事件。谢企华为宝钢制定的目标是："干3000万吨，看4000万吨，想5000万吨，2005年形成整体运作体制的雏形，2010年实现一体化运作，成为世界钢铁业前三强。"

在谢企华的带领下，宝钢成为中国最具竞争力的钢铁企业，年产钢能力2000万吨左右，赢利水平居世界领先地位，产品畅销国内外市场。2007年10月11日，标准普尔评级公司宣布：宝钢集团公司和宝钢股份长期信用等级确认为"A-"，展望从上年的"稳定"上调为"正面"，公司信用评级的前期展望均为"稳定"。2007年7月，美国《财富》杂志公布了世界500强企业的最新排名，宝钢集团公司以2006年销售收入226.634亿美元居第307位，在进入500强的钢铁企业中排第6位。这是宝钢连续四年跻身世界500强。

自1994年担任总经理以后，面对国内外钢铁市场日趋激烈的竞争，各种不利因素综合叠加的困难环境，谢企华始终把压力变动力，并以"财务管理为中心"和"集中一贯管理"的经营谋略和独具宝钢特色的管理模式，不断追求高效率、高质量、高效益。谢企华带领宝钢沿着"引进、消化、开发、创新"之路，不断成长壮大，推动宝钢成为世界钢铁企业的前三强。其旗下的上市公司宝钢股份被誉为中国资本市场发展的"定海神针"。

谢企华在执掌宝钢的十多年间，宝钢成为一个拥有10万多名员工、近2000亿元资产的世界500强企业。谢企华也入选美国《财富》杂志2005年全球50名最具影响力的商界女强人排行榜和《华尔街日报》2005年度全球最值得关注的50位商界女性榜，以及第15届威利科夫·肯伊弗森钢铁业远见奖。在国内，谢企华赢得的荣誉称号有"中国最具影响力企业领袖""中国经济女性年度人物""CCTV中国经济年度人物"等。

2007年，谢企华因年龄原因告别宝钢董事长职位。

谢企华是中共第十五届、第十六届候补中央委员。除了在上海宝钢集团的职务外，谢企华还是中国钢铁工业协会会长。

第十七章
十七大代表:"两新组织"代表涌现

时间:2007年10月15日至21日
地点:北京
关键词:中国特色社会主义理论体系

一、中国特色社会主义理论体系

(一)会议的主要内容

2007年10月15日至21日,中国共产党第十七次全国代表大会在北京召开。

大会的主题是:高举中国特色社会主义伟大旗帜,以邓小平理论和"三个代表"重要思想为指导,深入贯彻落实科学发展观,继续解放思想,坚持改革开放,推动科学发展,促进社会和谐,为夺取全面建设小康社会新胜利而奋斗。

大会审议通过题为《高举中国特色社会主义伟大旗帜,为夺取全面建设小康社会新胜利而奋斗》的报告,通过了关于《中国共产党章程(修正案)》的决议,决定这一修正案自通过之日起生效。

大会对举什么旗、走什么道路这一根本问题作出明确回答。报告提出高举中国特色社会主义伟大旗帜,坚持中国特色社会主义道路，并首次对马克思主义中国化第二次飞跃的理论成果——中国特色社会主义理论体系做了概括。报告指出，中国特色社会主义道路，就是在中国共产党领导下，立足中国国情，以经济建设为中心，坚持四项基本原则，坚持改革开放，解放和发展社会生产力，巩固和完善社会主义制度，建设社会主义市场经济、社会主义民主政治、社会主义先进文化、社会主义和谐社会，建设富强民主文明和谐的社会主义现代化国家。这表明，党对旗帜问题的认识进一步深化，即从"思想理论"扩展为"道路""理论体系"的有机统一。报告强调，改革开放以来我们取得一切成绩和进步的根本原因，归结起来就是：开辟了中国特色社会主义道路，形成了中国特色社会主义理论体系。高举中国特色社会主义伟大旗帜，最根本的就是要坚持中国特色社会主义道路和中国特色社会主义理论体系。

大会对实现全面建设小康社会的宏伟目标作出全面部署。大会提出，增强发展协调性，努力实现经济又好又快发展；扩大社会主义民主，更好保障人民权益和社会公平正义；加强文化建设，明显提高全民族文明素质；加快发展社会事业，全面改善人民生活；建设生态文明，基本形成节约能源资源和保护生态环境的产业结构、增长方式、消费模式。

大会对以改革创新精神全面推进党的建设新的伟大工程提出明确要求，提出了加强党的建设的总体布局和目标要求。报告强调，必须以党的执政能力建设和先进性建设作为主线，坚持党要管党、从严治党，贯彻为民、务实、清廉的要求，以坚定理想信念为重点加强思想建设，以造就高素质党员、干部队伍为重点加强组织建设，以保持党同人民群众的血肉联系为重点加强作风建设,以健全民主集中制为重点加强制度建设,以完善惩治和预防腐败体系为重点加强反腐倡廉建设,使党成为立党为公、执政为民,求真务实、改革创新,艰苦奋斗、清正廉洁,富有活力、团结为民的马克思主义执政党。

党的十七大是在我国改革发展关键阶段召开的一次十分重要的大会。大会号召,全党全国各族人民高举中国特色社会主义伟大旗帜,更加紧密地团结在党中央周围,万众一心,开拓奋进,为夺取全面建设小康社会新胜利、谱写人民美好生活新篇章而努力奋斗。

(二)对党代会代表及相关制度的规定

2007年10月21日,中国共产党第十七次全国代表大会通过《中国共产党章程(修正案)》,对党章进行了部分修改。《党章》中涉及党代会代表和相关制度的新规定有:

第十条 党是根据自己的纲领和章程,按照民主集中制组织起来的统一整体。党的民主集中制的基本原则是:

…………

(四)党的上级组织要经常听取下级组织和党员群众的意见,及时解决他们提出的问题。党的下级组织既要向上级组织请示和报告工作,又要独立负责地解决自己职责范围内的问题。上下级组织之间要互通情报、互相支持和互相监督。党的各级组织要按规定实行党务公开,使党员对党内事务有更多的了解和参与。

…………

第十一条 党的各级代表大会的代表和委员会的产生,要体现选举人的意志。选举采用无记名投票的方式。候选人名单要由党组织和选举人充分酝酿讨论。可以直接采用候选人数多于应选人数的差额选举办法进行正式选举。也可以先采用差额选举办法进行预选，产生候选人名单，然后进行正式选举。选举人有了解候选人情况、要求改变候选人、不选任何一个候选人和另选他人的权利。任何组织和个人不得以任何方式强迫选举人选举或不选举某个人。

党的地方各级代表大会和基层代表大会的选举，如果发生违反党章的情况，上一级党的委员会在调查核实后，应作出选举无效和采取相应措施的决定，并报再上一级党的委员会审查批准，正式宣布执行。

党的各级代表大会代表实行任期制。

第十三条　凡是成立党的新组织，或是撤销党的原有组织，必须由上级党组织决定。

在党的地方各级代表大会和基层代表大会闭会期间，上级党的组织认为有必要时，可以调动或者指派下级党组织的负责人。

党的中央和地方各级委员会可以派出代表机关。

党的中央和省、自治区、直辖市委员会实行巡视制度。

第二十一条　党的中央委员会每届任期五年。全国代表大会如提前或延期举行，它的任期相应地改变。中央委员会委员和候补委员必须有五年以上的党龄。中央委员会委员和候补委员的名额，由全国代表大会决定。中央委员会委员出缺，由中央委员会候补委员按照得票多少依次递补。

中央委员会全体会议由中央政治局召集，每年至少举行一次。中央政治局向中央委员会全体会议报告工作，接受监督。

在全国代表大会闭会期间，中央委员会执行全国代表大会的决议，领导党的全部工作，对外代表中国共产党。

第二十七条 党的地方各级委员会全体会议，选举常务委员会和书记、副书记，并报上级党的委员会批准。党的地方各级委员会的常务委员会，在委员会全体会议闭会期间，行使委员会职权；在下届代表大会开会期间，继续主持经常工作，直到新的常务委员会产生为止。

党的地方各级委员会的常务委员会定期向委员会全体会议报告工作，接受监督。[1]

十七大党章在代表制度方面的重大贡献是：建立党代表大会代表任期制。第十一条增写了党的各级代表大会实行任期制的内容。党对代表常任制的探索从党成立以后就开始了，一直到八大党章规定代表的常任制，才可谓迈进了实质性的阶段。只可惜，在实践中并没有真正落实。改革开放后，党的十六大和十六届四中全会都对党的大会闭会期间发挥代表作用提出了明确的要求，各地对党的代表大会闭会期间发挥代表作用的途径和形式进行了积极探索，取得了较好成效。在党章中明确党的各级代表大会代

---

[1]《中国共产党第十七次全国代表大会文件汇编》，人民出版社 2007 年版，第 75—76、78、81 页。

表实行任期制的条件已经成熟，可以为充分发挥代表作用创造条件。2008年7月16日，中央颁布《中国共产党全国代表大会和地方各级代表大会代表任期制暂行条例》。经过87年、17次党的全国代表大会的探索，代表制度终于成为党的正式法规，《暂行条例》的颁布标志着代表制度真正系统化并"独立成规"。

制度建设是党的建设的重要内容。党章对党的组织制度作出了一些新的规定。一是第十条第四款增写了党的各级组织要按规定实行党务公开的内容，这有利于进一步发展党内民主，增强党的团结和活力。二是第十三条增写了党的中央和省、自治区、直辖市委员会实行巡视制度的内容，这有利于加强党内监督，促进反腐倡廉工作。三是第二十一条增写了中央政治局向中央委员会全体会议报告工作、接受监督的内容，第二十七条增写了党的地方各级委员会的常务委员会定期向委员会全体会议报告工作、接受监督的内容。这有利于进一步发扬民主，加强党内监督，有利于进一步发挥党的各级委员会全体会议的作用。

二、差额选举代表

党的十七大正式代表2213人，特邀代表57人，代表7300多万名党员。

（一）中央部署代表的选举工作

2006年11月，党的十六届六中全会作出决定，党的十七大于2007年下半年在北京召开。中共中央印发了《关于党的十七大代表选举工作的通知》，对党的十七大代表选举工作作出全面部署。

中央确定，党的十七大代表名额为2220名，将由全国38个选举单位选举产生。党的十七大代表是共产党员中的优秀分子，要在坚持先进性的同时具有广泛的代表性。党的十七大代表中，既要有各级党员领导干部，也要有生产和工作一线的党员；要有经济、科技、国防、政法、教育、宣传、文化、卫生、体育等各方面的代表；适当增加生产和工作一线代表的名额；女党员和少数民族党员要占一定比例。省、自治区、直辖市代表中，要有适当数量的新经济组织和新社会组织的党员。

中央要求，在党的十七大代表选举工作中，要进一步扩大党内民主，充分走群众路线，把发扬民主贯穿于全过程。要加强宣传教育工作，采取切实有效措施，广泛发动基层党组织和党员积极参与代表候选人的推荐、提名和代表选举工作，保证基层党组织和党员特别是流动党员的参与率。要坚持自下而上，上下结合，集体讨论，反复酝酿，根据多数党组织或多数党员的意见，确定代表候选人推荐人选。采取考察预告、在适当范围内公示等方式听取意见。各省（区、市）要按照规定要求在适当时候向民主党派、工商联和无党派人士通报有关情况并听取意见。坚持差额选举，提高差额比例，各选举单位要按照不少于15%的差额比例，召开党代表大会或党代表会议选举产生出席党的十七大的代表。

党的十七大代表选举工作从2006年11月开始，到2007年6月底结束。

(二) 代表选举工作的具体规定

1. 代表名额

十七大代表名额为2220名。这个名额比十六大增加了100名，一是由于十六大以来全国党员人数增加了600万人；二是适当增加生产和工作一线代表。十七大代表的名额，原则上按各选举单位的党组织数、党员人数进行分配，适当考虑前几次代表大会代表名额数等因素。按照这一分配办法，各选举单位的代表名额，比十六大时都有所增加。另外，按惯例，中央将确定一部分已经退出领导岗位的老党员作为特邀代表出席大会。

2. 选举单位的划分

综合考虑中央、地方和部队等因素，党的十七大代表的选举，共划分为38个选举单位。与党的十六大相比，选举单位数相同，但有两点变化：一是十六大时，中央金融系统各单位党的关系隶属于中央金融工委，中央金融系统作为一个选举单位，由中央委托中央金融工委组织召开党代表会议选举十六大代表。2003年中央撤销金融工委以后，中央各金融单位的党组织分别实行垂直领导，党的关系及行政关系互不隶属。因此，中央决定，十七大时中央金融系统仍作为一个选举单位，但代表（含机关本身）名额由中央直接分配到各单位，代表由各单位党委负责按规定程序选举产生，大会期间合编为中央金融系统代表团。二是十六大时，中央企业系统（在京）代表的选举由中央委托中央企业工委负责。2003年，中央不再设立企业工委，组建了国资委党委。中央决定，党的关系在国资委党委的企业和国资委机关，由国资委党委组织召开党代表会议选举产生十七大代表，大会期间编为中央企业系统（在京）代表团。党组织关系在京外的企业，仍在地方参加选举，编入地方代表团。

3. 代表应当具备的条件

《通知》规定了十七大代表应当具备的四项条件：一是能模范遵守和贯彻党章，具有共产主义远大理想和中国特色社会主义的坚定信念,体现保持共产党员先进性的要求,努力学习马克思列宁主义、毛泽东思想、邓小平理论和"三个代表"重要思想,认真落实科学发展观;二是能坚决执行党的路线方针政策,正确理解和认真贯彻中央的指示精神,与党中央保持高度一致,讲政治,顾大局,立场坚定,明辨是非,在关键时刻经得起考验;三是能带头实践社会主义荣辱观,敬业勤奋,在生产和工作中作出显著成绩,有良好的思想作风、工作作风和生活作风,公道正派,清正廉洁,道德品质好,按照党员标准严格要求自己;四是能密切联系群众,受到群众拥护,有较强的议事能力,积极并如实反映党员和人民群众的意见和要求,正确行使党员的民主权利,忠实履行代表的职责。

4. 代表的构成比例

出席党的十七大的代表,肩负着全党7300多万名党员的重托,要反映各个方面、各个领域广大党员的意见和要求。因此,党的十七大代表不仅要具有先进性,而且要具有广泛的代表性。按照这个要求,中央对各选举单位的代表构成比例作出了具体规定。比如规定,各省、自治区、直辖市代表中,党员领导干部一般不超过70%,生产和工作第一线的党员一般不少于30%。其中工人、农民和专业技术人员党员的比例相应有所提高;女党员和少数民族党员所占的比例,一般应分别高于本地区党员总数中女党员和少数民族党员所占的比例;要有适当数量的新经济组织和新社会组织的党员;等等。中央要求,各选举单位要确保达到规定的代表构成比例。

5. 代表产生程序

推荐提名。代表候选人的推荐提名从基层开始,所有基层党组织和党员都参加。通过广泛深入的发动,保证基层党组织和党员的参与率。经过上下结合、反复酝酿,根据多数党组织或多数党员的意见,确定代表候选人推荐人选。县(市)和地(市)党委上报的推荐人选应由全委会讨论决定。代表候选人初步人选考察对象名单,由选举单位党委常委会(工委、党组)讨论确定。

组织考察。按照代表应具备的条件,对代表候选人初步人选考察对象进行考察。考察时,要实行考察预告。所有考察对象要征求所在单位党组织以及纪检、监察机关的意见。确定代表候选人初步人选名单并公示。根据本选举单位的代表名额(含差额数)和代表条件、结构要求以及考察情况,由党委常委会(工委、党组)研究提出代表候选人初步人选名单,并由选举单位在选举单位范围内以适当方式进行公示。代表候选人初步人选名单确定前,要征求同级纪检机关的意见。

确定代表候选人预备人选。召开党的委员会全体会议(工委会议、党组会议),确定代表候选人预备人选,并按规定时间报送中央组织部进行初步审查。省、自治区、直辖市全委会召开前,要向民主党派、工商联和无党派人士通报并听取意见。

代表选举。召开党代表大会或党代表会议(工委扩大会议),差额选举出席十七大的代表。选举结果按规定时间报中央。

资格审查。党的第十七次全国代表大会召开前,要由十七大代表资格审查委员会对代表进行资格审查。

6. 代表选举中进一步扩大民主的举措

一是扩大差额选举比例,选举单位召开党代表大会或党代表会议进行正式选举时,代表候选人一般要多于应选名额的15%,差额比例比十六大时增加了5个百分点,进一步扩大了选举人的选择范围。二是县（市）和地（市）两级党委上报的代表候选人推荐人选，由过去的常委会讨论决定改为由常委会提名、全委会讨论决定，扩大和完善了确定代表候选人推荐人选环节的民主。三是对代表候选人初步人选考察对象实行考察预告；选举单位对确定的代表候选人初步人选名单在本选举单位范围内以适当方式进行公示，更加广泛地听取意见。四是各省（区、市）在确定代表候选人预备人选之前，要向民主党派、工商联和无党派人士通报并听取意见。这是一条新规定，有利于保证候选人的质量。五是提高了生产和工作一线代表的比例，除中央直属机关和中央国家机关维持不变外，其他选举单位中生产和工作一线代表的比例，一般比十六大时相应提高了5个百分点。各省（区、市）还要有适当数量的新经济组织和新社会组织的党员代表。六是加强对代表选举工作的宣传。按照党的十六届四中全会逐步推进党务公开、增强党组织工作透明度的要求，适时通过新闻媒体公布十七大代表选举工作的安排部署、程序方法及有关要求，并根据代表选举工作的不同阶段，适时进行宣传报道。

（三）选举工作的展开

代表候选人初步人选的推荐提名是选举党代会代表的关键环节。各省（区、市）广泛动员和组织广大党员积极参与代表候选人初步人选的推荐提名工作，行使民主权利。有关方面的统计显示，在确定初步人选时，基层党组织参与率均在99%以上，党员的参与率大多数在98%以上，基层党组织和党员参与率比十六大时又有提高。

1. 学习宣传

各地充分运用黑板报、宣传橱窗、条幅标语、电子显示屏等阵地和报刊、广播、党员远程教育电教站（点）、有线电视、互联网等形式，认真做好宣传发动工作，增强广大党员的责任感，动员基层党组织和广大党员积极参与推荐提名工作。

2. 组织发动

为了让广大基层党组织和党员参与，各地通过打电话、写信、发传真、发电子邮件和登门访问等方式，为流动党员和行动不便的党员创造机会，努力提高基层党组织和党员的参与率。

自下而上、上下结合、反复酝酿、逐级遴选，充分体现发扬党内民主和坚持走群众路线的优良传统。

在代表候选人初步人选推荐提名过程中，各省（区、市）把严格代表产生程序作为工作重点，坚持遵循贯彻党章，坚持党的民主集中制原则，坚持严格按照中央规定的程序和要求去办，做到规定的环节和步骤不减少、不变通、不走样。

各省（区、市）结合自身实际，通过两种方式确定代表候选人初步人选的推荐提名：（1）全额推荐：省（区、市）将中央分配的代表名额全额下达到各推荐提名单位，从支部开始全额推荐。（2）分名额推荐：省（区、市）将中央分配的代表名额扩大若干倍（一般不超过5倍）作为推荐提名名额，再根据各推荐提名单位的实际，分配适当名额，由各推荐提名单位组织各支部按分配的名额进行推荐提名。

3. 确定代表候选人初步人选

和十六大代表选举一样，各地采取"三上三下"的方法，根据多数党组织和多数党员的意见，确定代表候选人初步人选。

4. 好中选优

通过个别谈话、组织座谈、走访群众、查阅资料等方式，确定代表候选人初步人选考察对象名单后，各省（区、市）按照代表条件，对代表候选人初步人选考察对象进行全面考察，涉及思想政治素质、工作作风、道德品质、廉洁自律、工作表现和群众公认程度、议事能力等方面，做到好中选优，确保人选各方面的素质符合要求。

各省（区、市）专门抽调得力干部组成考察组，对人选逐个进行全面、深入、细致考察，多渠道、多方面听取人选所在单位党组织、领导班子成员、纪检监察机关和基层党员、群众的意见。对所有考察对象，都进行考察预告。

自下而上，上下结合，反复酝酿，逐级遴选……步骤环环相扣、步步推进，确保了推荐提名工作扎实健康顺利进行，得到了基层党组织、广大党员和人民群众的赞同、支持和积极参与。

到2007年6月，党的十七大代表的选举工作圆满结束。

5. 首次公开代表名单

2007年8月3日，《人民日报》首次面向社会公布了十七大代表名单。这个名单，是经过中央批准后的名单，但还没有经过代表资格审查委员会的审查。选择在这样一个时间节点进行公布，是希望增强代表选举工作的透明度，增强党员、群众的知情度，让代表在更广泛的范围内接受监督。自此之后的十八大、十九大，均延续了这一做法，分别在2012年8月14日、2017年9月29日，通过《人民日报》等媒体公布了代表名单。

6. 代表资格审查

对代表候选人进行资格审查，是党代表大会的必经程序，也是确保代表先进性与纯洁性的重要举措。2007年10月14日，十七大预备会议召开，通过代表资格审查委员会关于代表资格的审查报告。报告说,全国各选举单位共选举并经中央批准公布代表 2217 名。代表名单公布后,1 人因有严重违纪问题被撤销代表资格;确认 2216 名代表资格有效,其中 3 名代表去世。大会应出席代表 2213 名。报告说,十七大代表总体上符合中央规定的十七大代表应具备的条件,是共产党员中的优秀分子,思想政治素质好,群众公认程度高,有良好的思想作风、工作作风和生活作风,在生产和工作中作出了显著成绩,并具有较强的议事能力。十七大代表既具有先进性,又具有广泛代表性,结构比较合理,各项构成比例均符合中央的要求。代表文化程度较高,有不同时期入党的党员。

三、代表为各条战线的优秀共产党员

代表的构成,很大程度上反映了一个政党的生命力和创造力。

2000 多名党的十七大代表来自经济、科技、国防、政法、教育、宣传、文化、卫生、体育等各个领域,有工人、农民、军人、专业技术人员、机关干部,也有新经济组织和新社会组织的党员代表。其中来自生产和工作第一线的代表占比 28.4%,比十六大时提高了 4.1 个百分点;代表的文化素质也有了较大提高,大专以上学历的代表占比 93.3%,比十六大时提高了 1.6 个百分点;代表的年龄结构更趋合理,年龄在 55 岁以下的代表占比达到 70.4%,比十六大高出 7.2 个百分点。

改革开放以来,来自生产和工作第一线的代表比例逐步上升。党的十四大一线代表的比例是 22%,党的十五大比例是 24.1%,党的十六大比例是 24.3%,党的十七大代表中,这一比

例达到了28.4%。

十七大代表中,女党员占比20.1%,少数民族党员占比10.9%。

省(区、市)代表中,还有适当数量的新经济组织和新社会组织的党员。党的十六大后,党中央更加重视新经济组织和新社会组织(简称"两新组织")的党建工作。新经济组织和新社会组织中的党组织数量大幅度增加,影响力大大增强。截至2007年6月,全国党员中非公有制单位职工党员有318万名,占党员总数的4.3%,比十五大时增加169万名,增幅达到113.4%,是增幅第二大的党员群体。因此,中共中央在十七大代表选举工作的通知中,明确规定了代表中要有适当数量的新经济组织和新社会组织的党员。这样,在十七大代表中,开始出现新社会组织的党员代表。比如,随着依法治国的逐渐深化,律师从业人员日益增多,律师协会成为一个新兴社会组织,数量逐渐增多。2007年,重庆律师协会专职会长孙发荣通过重庆市司法局推选,当选十七大代表。这是律师界第一次出现党的全国代表大会代表,也是历史上第一个新社会组织的代表。

民营企业家成为党的全国代表大会代表始于2002年的十六大,当时共7人当选,十七大时增至17人。

当选代表文化素质高、结构科学合理,具有先进性和广泛代表性,展现出中国共产党的蓬勃生机和强大活力。

四、党代会代表中的新成员

(一)"两新组织"代表

"两新组织"包括各类非国有、非集体独资的经济组织和社会团体、民办非企业单位等各种社会组织。党的十六大时民营企业家中的优秀党员成为党代表,党的十七大时新社会组织的优秀党员成为党代表。党的全国代表大会代表中又有了新成员。

党的十七大党代表选举的一大亮点,是"两新组织"党员代表的涌现。

据中组部的统计数据,从2002年至2006年,全国非公有制企业党组织数量由9.9万个增至17.8万个,增长79.8%。在这样的大背景下,2006年10月,中共中央印发的关于十七大代表选举的通知中,首次明确提出十七大代表中"要有适当数量的新经济组织和新社会组织的党员"。在十七大当选代表中,来自"两新组织"的代表有:重庆市律师协会会长孙发荣、广东韶关乳源瑶族自治县必背镇养猪营销专业协会会长邓素梅、浙江万丰奥特控股集团董事长陈爱莲、红豆集团总裁周海江等20余人。

1. 新经济组织代表:红豆集团总裁周海江

1987年,从深圳大学经济管理系毕业的周海江,来到位于江苏省南京市的河海大学任教。仅4个月后,他就决定回家乡无锡的乡镇企业工作,先后当过车间主任、厂部秘书、子公司总经理。2004年,受聘担任位于江苏省无锡市的红豆集团总裁。20多年来,红豆从当年全镇倒数第一、经营困顿的小型针织厂,变为年产销近150亿元、吸纳2万人就业的大型企业集团,业务涉及服装、机动车、房地产、生物制药等。

"虽然经营的是民营企业,但我始终不忘自己是共产党员。"周海江说。他在大学读书时就加入了党组织。集团于1997年6月成立党委,至2007年有420名党员,另有流动党员96名,成立了12个党支部、85个党小组。集团子公司的经理全部都是共产党员，100多家三级企业80%的厂长、经理是党员，集团公司党委被评为无锡市和江苏省的先进基层党组织。

当选十七大代表后，周海江表示，要积极反映基层党员和民营企业的意见和建议，为民企发展和民族振兴发挥好带头作用。[1]

2. 新社会组织代表：孙发荣

孙发荣是由重庆市司法局党委推选，经层层推举和考察，最后通过差额选举当选十七大代表的。作为新社会组织代表，孙发荣的当选，意味着律师界第一次有了全国的党代表，孙发荣感到特别光荣。她认为："我作为新社会组织代表当选，跟律师行业的发展有关，律师正在社会经济生活中起到越来越重要的作用。"

2002年，孙发荣当选重庆市党代表，成为全国律师界进入省级党代会的"第一人"。2005年，孙发荣出任重庆市律师协会专职会长。在竞职演讲中，孙发荣明确承诺："绝不参与所在律师所的任何业务和事务工作，绝不利用会长身份为所在事务所招揽业务，绝不利用会长身份储备业务资源。"在任期间，孙发荣每年100多万元的收入变成了12万元的工资。为了引导律师在促进社会和谐中发挥作用，孙发荣倡导在全市实行律师参与涉法信访接待制度，挑选了1000余名以党员为主的律师轮流进驻各级信访办值班。

当选十七大代表后，孙发荣表示："全国党代表名单公布当天，《人民日报》发了一篇评论员文章《全党的嘱托，神圣的使命》。我想里面写的就是我应该要做的，包括'深入开展调查研究，广泛了解社情民意，把改革、发展、稳定各方面的情况，把广大党员、群众的意见和要求了解清楚，集中起来，反映到党的十七大

---

[1] 龚永泉：《周海江：始终不忘是党员》，《人民日报》2007年8月21日。

上去'。而且我本身就是基层代表,对基层的情况非常清楚。"[1]

(二)党的十七大代表:"人间天使"张桂梅

2022年2月下旬,云南丽江华坪女子高中正式开学。在刚刚过去的寒假,校长张桂梅再次踏上了家访路。这样的家访,十多年来从没有间断过。自2008年华坪女高建校,张桂梅家访已超过1600户,几乎每一名女高学生的家里,都留下了她的身影。

张桂梅是共产党员的优秀代表,是七一勋章获得者,是"最美奋斗者"称号获得者。她身患多种疾病,行走困难,很多时候,她不是在走,而是一步步在挪。可是,她跋山涉水,走村串寨,拖着病体奔波在家访的路上,只为让山里贫困家庭的女孩重返学校。2022年这个冬天,张桂梅是被搀扶着走完家访路的。新闻媒体上发表的张桂梅家访的照片,令人看后总是潸然泪下。

用"不忘初心,牢记使命"来概括张桂梅扎根贫困地区40多年,把全部身心投入贫困山区扶贫教育战场,很贴切。年过六旬,拖着病体也要踏上家访之路,一次又一次翻山越岭,为的是把学生们请回学校读书。张桂梅用行动兑现着自己"只要还有一口气,就要站在讲台上"的诺言,支撑着贫困山区孩子"知识改变命运"的希望和梦想。在张桂梅的身上,有着人民教师真正的家国情怀,有着知识改变命运的强烈责任感和使命感。

张桂梅每天早上5点准时起床,第一个出现在校园里,举着小喇叭为参加高考的学生们加油助威;她没有子女,没有财产,睡在学生宿舍的一张高低床的下铺……是什么让张桂梅如此不顾一切地奋斗?!"如果说我有追求,那就是我的事业;

---

[1] 李章军等:《新阶层代表走进大会堂》,《人民日报》2007年10月10日。

如果说我有期盼,那就是我的学生;如果说我有动力,那就是党和人民!"张桂梅的这句表白,就是答案。

1957年,张桂梅出生于黑龙江省牡丹江市,随支援边疆建设的姐姐到云南。1977年正式参加工作。云南西北部山区是经济很落后的地方,在这样的地方,女孩往往被看成累赘,很容易被家庭放弃。她们早早辍学,有一些人出去打工,更多的是早早嫁人。在华坪的工作、生活经历,让张桂梅渐渐明白,许多孩子如果有一个有文化、有责任感的母亲,就不会辍学,也不会成为"孤儿"。2002年,张桂梅萌生了在华坪创办一所女子高中的念头,并为这个在别人看来根本无法实现的梦想四处奔走。她向有关部门甚至走上街头向人们描述她梦想中的女子高中:女子高中应是一所充满爱的氛围的学校,从这里走出去的女孩应有健康的身心、良好的行为习惯、坚强的意志;从这里走出去的女孩将不再重复祖祖辈辈走过的路,她们将来的生活肯定会美好。为了筹集办学资金,张桂梅四处奔走,无论遭遇怎样的困难,她都没有放弃自己的想法。

2007年,张桂梅成为党的十七大代表。借此机会,她向社会和公众讲述了自己的心愿,引起了广泛的关注。2008年,华坪女子高级中学成立。这是中国唯一一所免费的女子高中,专门供贫困家庭的女孩读书。与其他高中不同的是,这是一所没有录取分数线的学校,只要初中毕业,只要愿意读高中,只要是贫困家庭的女孩子,学校都无条件接收,而且是全免费教育。当时的办学条件十分艰苦,在张桂梅坚持不懈的努力下,华坪女子高中创办12年10届学生毕业,综合排名始终保持全市第一,社会认可度不断提高。近2000名贫困女孩子在这里放飞了梦想，走进了大学。这所学校"低进高出"的背后，是学生的苦读、教师的苦教，还有张桂梅舍生忘死的奋斗。

张桂梅呕心沥血创办的华坪女子高中，是给那些贫困家庭的女孩最后一次改变命运的机会。不经历贫穷的农村生活，就无法理解张桂梅做这些的重大意义。华坪这个地方很穷，老师待遇很低，不可能有大城市那种"名师"，孩子们要脱颖而出靠什么？最有效最直接的办法就是对她们严厉管教，让她们成为读书人，让知识改变她们的命运。张桂梅最可贵的就在于她的执着和坚定。对于这些女孩子，张桂梅不管她们是否会怨她恨她，她始终坚持一种几乎不近人情的管教方式。

2020年，华坪女子高中159个女孩参加高考，考上本科的是150人。再往前数，从2008年女高成立到2022年初，一共有1804个女孩考上大学。这近2000个女孩就是云南西北山区的火种，会给这片土地上的女孩们带去希望。而这希望，终会成为燎原之火，让山区改变面貌。

"烂漫的山花中，我们发现你。自然击你以风雪，你报之以歌唱。命运置你于危崖，你馈人间以芬芳。不惧碾作尘，无意苦争春，以怒放的生命，向世界表达倔强。你是崖畔的桂，雪中的梅。"这是"感动中国2020年度人物"颁奖盛典给张桂梅的颁奖词。

的确，张桂梅坚守滇西深度贫困山区教育事业几十年，几乎把自己的一切都献给了山里的孩子们。她以大爱无疆的精神，帮助贫困山区的孩子走出大山，改变命运；用信仰书写着一名共产党员一生为民的情怀和操守；用行动刻画着一个人民教师高洁的形象与品格。

第十八章

十八大代表：农民工代表群体出现在党代会上

时间：2012年11月8日至14日
地点：北京
关键词：科学发展观成为党的指导思想

一、中国特色社会主义进入新时代

（一）会议的主要内容

2012年11月8日至14日，中国共产党第十八次全国代表大会在北京召开。

大会的主题是：高举中国特色社会主义伟大旗帜，以邓小平理论、"三个代表"重要思想、科学发展观为指导，解放思想，改革开放，凝聚力量，攻坚克难，坚定不移沿着中国特色社会主义道路前进，为全面建成小康社会而奋斗。

大会审议通过了题为《坚定不移沿着中国特色社会主义道路前进，为全面建成小康社会而奋斗》的报告和《中国共产党章程（修正案）》，批准了中央纪律检查委员会的工作报告，选举产生了新一届中央委员会和中央纪律检查委员会。

会议明确科学发展观同马克思列宁主义、毛泽东思想、邓小平理论、"三个代表"重要思想一道，是党必须长期坚持的指导思想。

大会贯穿始终的一条主线就是坚持和发展中国特色社会主义。报告强调，中国特色社会主义道路，中国特色社会主义理论体系，中国特色社会主义制度，是党和人民90多年奋斗、创造、积累的根本成就，必须倍加珍惜、始终坚持、不断发展。报告指出，建设中国特色社会主义，总依据是社会主义初级阶段，总布局是社会主义经济建设、政治建设、文化建设、社会建设、生态文明建设"五位一体"，总任务是实现社会主义现代化和中华民族伟大复兴。提出夺取中国特色社会主义新胜利的基本要求：必须坚持人民主体地位，必须坚持解放和发展生产力，必须坚持推进改革开放，必须坚持维护社会公平正义，必须坚持走共同富裕道路，必须坚持促进社会和谐，必须坚持和平发展，必须坚持党的领导。

为确保到2020年实现全面建成小康社会宏伟目标，报告提出了努力实现的新要求：经济持续健康发展，在发展平衡性、协调性、可持续性明显增强的基础上，实现国内生产总值和城乡居民人均收入比2010年翻一番；人民民主不断扩大，文化软实力显著增强；人民生活水平全面提高；资源节约型、环境友好型社会建设取得重大进展。

大会对全面提高党的建设科学化水平提出明确要求。全党要增强紧迫感和责任感，牢牢把握加强党的执政能力建设、先进性和纯洁性建设这条主线，坚持解放思想，改革创新，坚持党要管党、从严治党，全面加强党的思想建设、组织建设、作风建设、制度建设，增强自我净化、自我完善、自我革新、自我提高能力，建设学习型、服务型、创新型的马克思主义政党，确保党始终成为中国特色社会主义事业的坚强领导核心。

大会对加快和完善社会主义市场经济体制和加快经济发展方式转变，坚持走中国特色社会主义政治发展道路和推进政治体制改革，扎实推进社会主义文化强国建设、在改善民生和创新管理中加强社会建设，大力推进生态文明建设，加快推进国防和军队现代化，丰富"一国两制"实践和推进祖国统一，继续促进人类和平发展的崇高事业作出全面部署。

党的十八大肩负着全党全国各族人民的信任和期待，凝聚着亿万人民的智慧和力量，开启了具有许多新的历史特点的伟大进程，开启了共创中国人民和中华民族更加幸福美好未来的崭新征程。

十八大以后，以习近平同志为核心的党中央，团结带领全党全国各族人民，高举中国特色社会主义伟大旗帜，锐意进取，攻坚克难，继往开来，全面建成小康社会、夺取中国特色社会主义新胜利展现出更加广阔的前景，社会主义现代化和中华民族的伟大复兴展现出更加壮丽的前景，中国人民和中华民族的美好未来展现出更加灿烂的前景，中国特色社会主义进入了新时代。

（二）对党代会代表及相关制度的规定

2012年11月14日，中国共产党第十八次全国代表大会通过《中国共产党章程（修正案）》，对党章进行了部分修改。

十八大党章在总纲部分对加强和改进党的领导提出了一系列新要求，强调要加强党的执政能力建设、先进性和纯洁性建设，整体推进党的思想建设、组织建设、作风建设、反腐倡廉建设、制度建设，全面提高党的建设科学化水平，建设学习型、服务型、创新型的马克思主义政党。

十八大党章对党员、党的干部和干部工作提出了一些新要求。第三十三条增写了干部选拔监督的内容,第一款强调选拔干部要坚持德才兼备、以德为先的原则,坚持五湖四海、任人唯贤;第二款增写了党重视监督干部的内容。充实这方面的内容,有利于更好地树立正确的用人导向、坚持公道正派的用人作风、提高选人用人公信度,强化干部监督,促进干部健康成长,建设高素质干部队伍。第三十四条第五项增写了党的各级领导干部必须具备的基本条件,强调党的各级领导干部要坚持原则,讲党性,重品行,作表率。这方面内容的充实,有利于促进全党特别是党的各级领导干部坚持党性原则,加强道德修养,更好发挥表率作用。

十八大党章对党代会代表及相关制度规定与十七大一致。

二、差额选举代表

党的十八大正式代表2268名,特邀代表57名。代表8200多万名党员。

(一)中央部署代表的选举工作

2011年10月,党的十七届六中全会作出决定,党的十八大于2012年下半年在北京召开。中共中央印发了《关于党的十八大代表选举工作的通知》,对党的十八大代表选举工作作出全面部署。中央组织部召开专门会议,安排部署党的十八大代表选举工作。

中央提出,党的十八大代表是共产党员中的优秀分子。在坚持先进性的同时应具有广泛的代表性。要有经济、科技、国防、政法、教育、宣传、文化、卫生、体育和社会管理等各方面的代表。代表中，既要有各级党员领导干部，又要有生产和工作第一线的党员。适当增加生产和工作第一线代表名额，注意推荐工人党员、农民党员和专业技术人员党员中的先进模范人物作为代表人选。女党员代表所占比例应有所提高，少数民族党员代表应占一定比例。代表的产生，采取自下而上、上下结合、反复酝酿、逐级遴选的办法进行。广泛发动基层党组织和党员积极参与代表候选人的推荐提名。根据多数党组织或多数党员的意见，采取投票等方式，逐级遴选择优，确定代表候选人推荐人选。实行差额考察，通过考察预告、公示代表人选名单等方式，充分听取基层党组织、党代表、党员和群众的意见，所有代表人选都要征求纪检机关的意见。金融机构、企业等方面的代表人选，要有针对性地听取行政执法、行业监管等有关部门的意见。省、自治区、直辖市在适当时候向民主党派、工商联和无党派人士通报有关情况并听取意见。

党的十八大代表实行差额选举。各选举单位召开党代表大会或党代表会议选举产生出席党的十八大代表，差额选举的比例应多于15%。

十八大代表分配名额共2270名。代表名额比十七大时增加50名，一是五年来全国基层党组织和党员数有所增加，二是要适当增加生产和工作第一线代表。

十八大代表由全国40个选举单位选举产生。各选举单位的十八大代表名额，主要按党组织数和党员人数确定，适当考虑前几次党的全国代表大会代表名额数等因素。按照这一分配办法，大多数选举单位的代表名额，都比十七大时有所增加。另外，按照惯例，中央确定一部分已退出领导岗位的老党员作为特邀代表出席大会。

十八大代表是共产党员中的优秀分子。选择时突出强调其政治先进性，要求代表应当具有坚定的理想信念、正确的政治立场、良好的品德作风、优秀的工作业绩和较强的履行代表职责能力。按照《通知》的规定，十八大代表应当具备五项条件：一是能够模范遵守和贯彻党章，按照党员标准严格要求自己，保持共产党员先进性，具有共产主义远大理想和中国特色社会主义坚定信念，努力学习马克思列宁主义、毛泽东思想、邓小平理论和"三个代表"重要思想，深入贯彻落实科学发展观；二是能够坚决执行党的路线方针政策，正确理解和认真贯彻中央的指示精神，维护党的集中统一，与党中央保持高度一致，讲政治，顾大局，守纪律，立场坚定，明辨是非，坚持原则，在关键时刻经得起考验；三是能够自觉践行党的根本宗旨和社会主义核心价值体系，密切联系群众，热忱服务群众，受到群众拥护，遵守国家法律法规，有良好的思想作风、工作作风和生活作风，公道正派，清正廉洁，道德品质好；四是能够充分发挥共产党员先锋模范作用，带头创先争优，敬业勤奋，真抓实干，开拓创新，努力推动科学发展、促进社会和谐，在生产和工作中作出显著成绩；五是能够正确行使党员的民主权利，忠实履行代表的职责，具有较强的议事能力和群众工作本领，积极并如实反映党员和群众的意见和要求，自觉接受监督。

十八大代表肩负着8200多万名党员的重托，必须具有广泛的党员代表性。主要体现在四个方面：

分布广泛。代表的分布状况，是衡量党员代表性的重要依据。十八大代表中，要有经济、科技、国防、政法、教育、宣传、文化、卫生、体育和社会管理等各个领域,省、市、县、乡镇和街道社区等各个层级,以及机关、企事业单位、人民团体、非公有制经济组织和新社会组织等各个方面的代表。女党员代表所占比例应有所提高,少数民族党员代表应占一定比例。

两增两减。十八大代表中,既要有各级党员领导干部,又要有生产和工作第一线的党员。《通知》要求,省(区、市)和中央企业系统(在京)代表中,生产和工作第一线党员所占比例从十七大时的一般不少于30%,增加到一般不少于32%;党员领导干部所占比例从十七大时的一般不超过70%,减少为一般不超过68%。

一个提高。工人党员代表比例要在十七大的基础上较大幅度提高,其中省(区、市)工人党员代表所占比例一般要达到本省(区、市)代表总数的10%,中央企业系统(在京)的工人党员代表数要明显增加。工人党员代表中,要有产业工人和金融、商贸、交通、市政等服务性行业和领域的工人,还要有适当数量的非公有制经济组织的工人。改革开放以来,数量庞大的农民工已经成为工人的重要组成部分,为工人阶级注入了新鲜血液。工人党员代表中,要包括适当数量的农民工党员代表。

注重推优。推荐提名十八大代表人选,要同近年来的党内表彰、劳模评选等各类表彰评比活动结合起来,要把先进事迹突出、受到组织表彰、在党员群众中拥有较高威望的工人、农民、专业技术人员等先进模范党员作为推荐对象。尤其要推荐提名十七大以来从深入学习实践科学发展观活动和创先争优活动中涌现出来的先进模范党员作为代表人选。

党的十八大代表选举工作从2011年11月开始,到2012年6月底结束。

(二)代表产生程序

代表的产生程序采取自下而上、上下结合、反复酝酿、逐级遴选的办法进行。代表选举工作主要有以下特点：第一，充分发扬党内民主；第二，严把代表质量关；第三，突出基层一线导向；第四，强化纪律监督。

代表产生的程序是：

1. 推荐提名。推荐提名从基层开始，所有基层党组织和党员参加。基层党委要根据多数党支部和党员的意见遴选上报推荐人选。县（市）和市（地）党委要根据多数党组织的意见对推荐人选进行遴选，上报的推荐人选应由全委会讨论决定。其他推荐单位也要根据多数党组织或多数党员的意见，逐级进行遴选，并召开党委全委会，讨论决定上报的推荐人选。选举单位召开党委常委会（工委会议、党组会议），根据多数党组织或多数党员的意见，确定代表候选人初步人选考察对象名单。

2. 组织考察。实行差额考察和考察预告。严把思想政治素质关，坚持把德的考察放在首位，注重听取基层党组织、党代表、党员和群众的意见。所有考察对象都要征求所在单位党组织以及纪检机关的意见。

3. 确定代表候选人初步人选名单并公示。选举单位召开党委常委会（工委会议、党组会议），研究提出代表候选人初步人选名单，并在选举单位范围内以适当方式进行公示，进一步征求党组织、党代表和党员的意见。代表候选人初步人选名单确定前，要征求同级纪检机关的意见。对金融机构、企业等方面的初步人选，要有针对性地听取行政执法、行业监管等有关部门的意见。

4. 确定代表候选人预备人选。召开党委全委会（工委会议、党组会议），投票确定代表候选人预备人选。根据实际情况，从代表候选人初步人选名单中差额确定代表候选人预备人选。省、自治区、直辖市党委全委会召开前，要向民主党派、工商联和无党派人士通报有关情况并听取意见。

5. 选举代表。召开党代表大会或党代表会议（工委扩大会议），按多于15%的差额比例选举出席十八大代表。

在十七大的基础上，十八大代表的产生程序进一步提出，实行差额考察，充分听取党组织、党代表、党员及各个方面的意见，根据实际情况可从代表候选人初步人选名单中差额确定代表候选人预备人选，等等。这些新要求、新措施，使代表产生的程序更加严密。

中央要求把发扬党内民主贯穿于十八大代表选举工作的全过程，并为此规定了十八大代表选举的原则和办法。各选举单位按照制度化、规范化、程序化的要求，认真落实党员在代表选举工作中的知情权、参与权、选择权和监督权。

一是代表产生程序进一步规范。中央组织部把每个环节所要进行的步骤进一步细化，制定了十八大代表产生的流程图，发给每个选举单位。采取了一些新的举措：在考察阶段第一次要进行差额考察；在考察和代表候选人初步人选进行公示的时候，要再次听取基层党组织和党员群众的意见。规定还要求，各个选举单位要召开全委会投票确定代表候选人预备人选。

二是推荐提名的方式进一步完善。各选举单位采取分名额推荐或全额推荐方式推荐提名代表人选。在31个省（区、市）当中，有11个省市采取了全额推荐的方式，每个基层党组织和党员可以按照分配给该省的代表名额，跨地域、跨行业推荐自己认为适合的党员作为代表人选。

三是代表人选公示力度进一步增大。对代表候选人初步人选，多数单位采取发党内文件、上党建工作网、在党内进行通报的方式，还有11个省市不仅采取了上述方式，而且扩大了公示范围，通过党报、电视等媒体，向全社会进行了公示。根据公示的情况，有的单位对个别人选还做了调整。召开新闻发布会，介绍十八大代表选举情况，这也是选举中的新举措。

十八大代表选举在保证党内民主方面采取了一系列措施，包括普遍召开了党员大会，专门印发了《致党员的公开信》，普遍发送手机信息等，使广大党员都能够全面、深入、及时地了解有关选举工作情况和要求。新闻媒体对整个过程进行全程跟踪报道，进一步扩大社会和广大党员对选举工作的知情权。同时，对那些流动党员、离退休党员，还有年老体弱多病的党员采取打电话、发邮件、上门走访等形式，征求他们对选举工作和代表人选的意见。据统计，参与这次十八大代表人选推荐提名工作的党员比例达到98%。

为了确保代表的质量，在程序上一道一道地进行了筛选。在推荐提名环节，如果不被多数基层党组织和党员推荐，就不能被提名。在组织考察环节，实行差额考察，差额考察的比例，据全国31个省（区、市）的统计，平均达到13.4%。考察之后，对代表候选人初步人选名单要进行公示，如党员群众有反映，经过核实属实的，要进行调整。在确定候选人预备人选环节，要召开全委会以无记名投票方式来确定人选。最后一个环节，召开代表大会或代表会议选举代表时，差额比例要大于15%。通过这五个环节,一道一道地筛选,防止"带病提名",确保代表质量。

为选好十八大代表,中央要求严肃组织工作纪律,坚决禁止拉票贿选等不正之风,确保代表选举工作风清气正。按照中央要求,各级纪检机关、组织部门、各选举单位,都采取了许多措施保证对代表选举工作的监督,保证营造良好的选举环境。中纪委和中组部联合组成了检查组和调查组,到有关选举单位进行抽查和督导。中组部还研究制定了代表选举工作纪律要求的流程图。有的选举单位派纪检工作人员到基层单位参加党支部的推荐提名工作,现场监督推荐提名的情况。在组织考察这个环节,听取被考察对象是否遵守选举纪律的情况。召开党代表大会或党代表会议时,要给与会代表发送选举纪律的要求函。

十八大代表选举过程中,监督工作力度之大前所未有。据测评调查,广大党员群众对代表选举工作表示满意和比较满意的达到97%。

(三)代表选举首次引入差额公示

2011年12月18日,中央政治局常委习近平在全国组织部长会议的讲话中谈到十八大代表选举问题时指出,关键是坚持先进性和代表性相统一,最大限度反映广大党员的意愿,确保选出的代表符合条件、结构合理、比例恰当、整体优秀。在代表选举的过程中,把发扬党内民主贯穿全过程,在差额公示方面进行开拓性探索。

2011年10月,中央确定十八大代表名额共2270名,实行差额选举。在正式选举前,根据中央部署,代表候选人初步人选要在选举单位以适当方式进行公示。但在实践中,各省市公示力度明显加大。多数单位采取通过党内文件、党建工作网站进行公示；有个别省市还扩大公示范围，通过党报、电视等媒体，向全社会进行了公示；有的省市如北京市还进行了两次公示。通过公示，使广大党员及时了解有关人选的信息，以表达自己的意愿。将党的全国代表大会代表候选人初步人选面向社会进行公示，这在党的全国代表大会历史上还是首次。

十八大代表的差额比例要求是应多于15%，而十七大时要求不少于15%。从"不少于"到"应多于"，意味着差额选举的比例扩大，这是十八大代表选举的一个重要特征。以江苏省为例，江苏省分配的十八大代表名额为70名，而其最初公示的代表候选人初步人选名单为84名，其中包括中央提名的候选人胡锦涛和李源潮。这意味着，江苏省最初确定的84名代表候选人初步人选中，有16名差额，差额比例达到了23.5%。其中，51名党员领导干部初步人选进入代表名单的为41人，初步人选多于代表名额24%。

三、改革开放以来入党的党员成为代表主体

党的十八大代表中，既有海外归国的"千人计划"领军人才，又有献身教育事业的山村教师；既有立下卓著战功、保持平凡本色的老英雄，又有立足广阔天地建功立业的大学生村官；既有潜心从事马克思主义理论研究的专家学者，又有征战伦敦奥运、为祖国赢得荣誉的体育健儿……

从数据看，十八大代表中，党员领导干部1578名，占69.5%，比十七大时降低了2.1个百分点。生产和工作第一线党员692名，占30.5%，比十七大时提高了2.1个百分点。其中，省（区、市）当选代表中，党员领导干部1021名，占65.6%，比

十七大时降低了 2.6 个百分点；生产和工作第一线党员 535 名，占 34.4%，比十七大时增加了 51 名，提高了 2.6 个百分点。工人党员由十七大时的 51 名增加到 169 名（包括农民工党员 26 名），占 7.4%；女党员 521 名，比十七大时增加 76 名，占 23%；少数民族党员代表 249 名，比十七大时增加了 7 名，占 11%。当选代表平均年龄为 52 岁，其中 35 岁以下的占 5%，比十七大时提高 1.9 个百分点。1976 年 11 月以后入党的占 72.2%，比十七大时提高 20.5 个百分点，改革开放以来入党的党员成为十八大代表的主体。

当选的十八大代表有以下几个鲜明的特点：

一是彰显党的阶级属性。工人党员代表比例有较大幅度提高。中央要求，省（区、市）工人党员代表所占比例一般要达到本省（区、市）代表总数的 10%，中央企业系统（在京）的工人党员代表数要明显增加。为确保落实工人党员代表比例要求，经中央同意，中央组织部下达了各省（区、市）和中央企业系统（在京）应当选出的工人党员代表名额，其中包括适当数量的农民工党员代表。对此，全党上下迅速形成共识，各选举单位采取切实措施予以落实。为了实现中央的要求，代表选举过程中也采取了一些新举措。严格界定党员领导干部和基层一线党员的范围，同时又摸底汇总了各行各业先进模范党员的名单，把他们推荐给各选举单位，宣传他们的先进事迹，便于大家了解。此外，还把各选举单位应当选出的工人代表的名额作为指导性要求，发给有关选举单位。

通过这些举措，实现了"三个提高"：一是在所有当选的代表当中，基层一线党员代表比例提高；二是先进模范党员代表比例提高；三是工人党员代表比例有较大幅度提高。来自基层一线的代表中，97.8%获得过"全国优秀共产党员""全国优秀党务工作者""全国劳动模范""全国先进工作者""全国道德模范"等荣誉称号。

选举结果凸显了十八大代表构成上的这一鲜明特色：十八大代表中，工人党员代表由十七大时的51名增加到169名，占代表总数的7.4%，比十七大时提高5.1个百分点；省（区、市）和中央企业系统（在京）代表中，工人党员占10.4%，比十七大时提高了7.1个百分点。

这些工人党员代表，既有来自能源开采、钢铁冶炼、机械制造、纺织酿造等行业的产业工人，又有来自交通运输、市政环卫和金融商贸等行业的驾驶员、营业员、服务员；既有国有大型企业的操作明星，又有非公有制经济组织的技术能手……

改革开放以来，农民工成为工人的重要组成部分，为工人队伍注入了新鲜血液。26名农民工党员进入十八大代表行列，第一次以群体的形象出现在人们面前。

二是体现时代特征。改革开放以来入党的党员成为十八大代表主体。从十八大代表的年龄与学历结构，可以看到中国共产党的成长与发展——十八大代表平均年龄为52岁；大专以上学历的2122名，占93.5%。年轻党员代表数量增加，35岁以下的114名，占5%，比十七大时提高1.9个百分点。同时，女党员代表、少数民族党员代表均比十七大时有所增加。

从十八大代表的入党时间，可以看到中国共产党事业的兴旺发达、后继有人——十八大代表中，新中国成立后入党的2258名，其中1976年11月以后入党的1640名，占72.2%。

三是具有一脉相承的历史感。年龄最大和最小的代表相差75岁，党龄相差72年。选举产生的十八大代表中，年龄最大的焦若愚，是北京市原市长，1915年12月出生，1936年加入中国共产党。年龄最小的是在伦敦奥运会上取得女子200米蝶泳冠军的焦刘洋，1990年3月出生，2008年加入中国共产党。这也从一个侧面反映了我们党薪火相传，兴旺发达，后继有人。

四是彰显先进的价值追求。从十八大代表中一个个耳熟能详的名字，可以看到中国共产党崇尚先进的价值追求——"当代雷锋"郭明义、"草原之子"廷·巴特尔、"紧凑型玉米育种之父"李登海、"马班邮路坚守者"王顺友、"最美妈妈"吴菊萍、"大庆新铁人"李新民、"孤寡老人的好女儿"林秀贞、"索道医生"邓前堆、"法官妈妈"詹红荔、实践探索"文建明工作法"的文建明……

五是体现身份构成的广泛性。从代表的身份看，主要包括干部、工人、农民、知识分子、民营企业家等。

1. 干部群体。包括：中央政治局委员，中央委员及中央候补委员，地方各省（市）委书记、省（市）长、专职副书记、组织部部长、地级市市委书记，"一行三会"、四大国有商业银行、三大国有政策性银行负责人，中央企业系统（在京）负责人。

2. 工人代表。十八大工人代表来自各行各业、国企私企，而且大部分为生产一线人员，极具代表性。其中农民工党员代表首次群体出现在党的全国代表大会上。

3. 农民代表。十八大代表中，农民代表主要包括基层党组织负责人、生产合作组织带头人、乡村教师、乡村医生、普通农民5个类别。值得注意的是，十八大代表中首次出现了4名大学生"村官"。大学生村官主要以"80后"为主。

4. 专家学者（知识分子）代表。十八大代表中，专家学者代表所占比例已超过5%。有38位"985工程""211工程"大学的校长、党委书记或教授在其大学所在地当选为十八大代表。

5. 民营企业家代表。十八大代表中民营企业家代表共有24名，均为企业掌门人，大多兼任党委书记或党支部书记。24人共来自16个省份，其中，江苏和山东最多，各有3位企业家当选，但北京、上海、广东等经济发达的省市没有选派。

四、农民工代表群体

党的十八大出现了很多新面孔。其中，农民工群体代表的出现极为突出。26位农民工的身影格外引人注目。农民工党员代表数额大幅增加，多数省（区、市）都有一名代表。全国20多万名扎根农村的大学生村官中有了十八大代表。随着我国载人航天事业的发展，航天员群体也有了自己的党代会代表。

（一）农民工走上政治舞台

改革开放以来，农民工成为工人的重要组成部分，为工人队伍注入了新鲜血液。党的十八大上，26名农民工党员进入党代会代表行列，第一次以群体形象出现在党代会上。

"我一个漂泊在外的农民工，居然能够参加十八大，这是党的民主的体现。北京奥运会时，有境外记者问我什么是农民工，我总结就是'身份是农民，干的是工人的活，享受的又是农民的基本条件'。"这是来自湖北的党代表、建筑工人余凯新在十八大分组讨论时说的话，"我是亿万农民工群体中的一员，能够当选有些意外，更多的是感到无比光荣。"

江苏代表程军荣说:"作为一线普通劳动者、一名农民工,当选为党的十八大代表,我深深感到这充分体现了党和政府以及社会各界对我们生产一线产业工人的重视。""我会认真为广大基层党员代言、为产业工人代言,努力架起一座最基层劳动者和党的连心桥。"[1]

广东省69名十八大代表中,生产和工作一线党员占到了34.8%;更有工人党员9名,比十七大时提高了7.1个百分点。正是在这一背景下,来自内蒙古、在广东省中山市务工的闫文静当选。农民工、女性、26岁,这些关键词,让她成了受人关注的新面孔。

广东有外来务工人员2700多万,在这个占本地人口近1/3的庞大群体中间,有很多像闫文静这样的佼佼者,也有很多优秀党员。率先选出农民工代表,广东责无旁贷。而在中山市选出一位农民工代表,正契合这里外来务工人员多的特点。广东的代表选举独具特色,除了注重在生产和工作一线遴选代表外,还特别注意差额推选,几乎是层层差额:代表产生是差额考察,全委会上也是实行差额制,等到正式大会召开还是差额选举,差额比例高于15%。

考虑到基层代表在履职上存在短板,组织生产和工作一线的人选参加遴选见面会,是广东的又一"创意之作"。通过现场回答问题、专家评审,面对面地了解人选履行代表职责、发挥代表作用的能力。如果代表人选说不出来,那么在代表大会上如何表达自己的意愿?如何代表他所在的城市或群体去表达诉求?通过

---

[1] 贺林平等:《奋斗:实现价值赢得尊重》,《人民日报》2012年11月2日。

见面会可以选出各方面能力都强的人。

阎文静就是通过这样的方式从广东60名来自基层一线的初步人选中脱颖而出的。当选十八大代表后,阎文静开展了一些调研,也接访了几批农民工代表。她深感,农民工在城市里生活,渴望融入、渴望被接纳的愿望日益强烈,"他们最希望能像城里人一样,享受到同等的公共服务,例如医疗保障、子女入学等"。

北京代表任晓云是北京环卫集团一清分公司垃圾粪便清运中心小桦林班班长。他说:"农民工是一个特殊群体,环卫行业又是个特殊行业,在这个领域能够有一名代表,真的不容易。我希望能够通过自己的努力,让农民工意识到自己的改变和社会的关注。""农民工群体仍存在着各种问题,但也正是农民工的付出,在相当程度上推动了城市的发展,缩小了城乡的差距。当然,农民工要想更好地融入城市,离不开政府的投入、社会的关注和自身的努力。"[1]

(二)农民代表:大学生村官石磊

大学生村官工作是十七大以来党中央作出的一项重大战略决策,主要目的是培养一大批社会主义新农村建设骨干人才、党政干部队伍后备人才、各行各业优秀人才。江苏同时设立了985村官计划。

2012年,在江苏省党代会上,石磊高票当选党的十八大代表。他也是全国20多万扎根农村的大学生村官中的首位十八大代表。

2008年,毕业于清华大学精密仪器与机械学系的石磊被选聘

---

[1] 贺林平等:《奋斗:实现价值赢得尊重》,《人民日报》2012年11月2日。

为大学生村官，来到栖霞区石埠桥村担任主任助理。石磊积极肯干，为村里的发展忙前忙后，得到了石埠桥的党员群众的认可。一年后，石磊被任命为村党总支副书记，村里人亲切地称他"小石头"。2010年6月，在南京市进行的村级党组织公推直选中，石磊高票当选栖霞街道西花村社区党支部书记。

与位居南京市百强村前列的石埠桥相比，西花村的基础差距很大，只有通过实干求得发展。任党支部书记后，石磊带领社区两委以物业公司发展为突破口，谋求西花村的快速发展。2010年底，西花村经营多年的物业公司由原来的20人一下扩大到120多人，服务业收入达到360多万元，利润达到120万元。富民的同时，石磊致力于推动西花村全面协调发展：修路、改水、安装路灯，改变村容村貌；提高老年人生活费标准，奖励考上大学的本村学生，给每户村民提供用水补贴，增加西花村村民的福利；建立村干部联系点，民主推荐民情监测员，加强西花村的基层组织建设等。

石磊的优异表现，被基层党员群众和上级组织所认可。从2011年开始，他先后当选为区、市、省三级党代会代表。党的十八大代表推荐，石磊经过"三上三下"的推荐，最终进入江苏省十八大代表初步候选人名单。

江苏省委组织部有关同志介绍，为保证生产和工作一线代表的比例，江苏省委在十八大代表的推荐提名、考察酝酿、遴选确定等各个环节都采取措施予以保证。最后，江苏省选举产生的党的十八大代表共70人，石磊等来自生产和工作一线的党员有27名，占到38.6%，比十七大时提高了7.7个百分点。[1]

---

[1] 申琳等：《十八大代表的"新面孔"》，《人民日报》2012年7月17日。

（三）中国骄傲之二——载人航天

载人航天事业是一项伟大工程。党的十一届三中全会后，载人航天事业被纳入国家高技术研究发展计划（863计划）。此后，中央又作出了实施载人航天工程的重大战略决策，确定了"三步走"的发展目标。

在党和国家的高度重视下，我国的载人航天事业得到了快速发展。

1999年11月20日至2002年12月30日，中国成功进行了4次神舟号无人飞船飞行试验。2003年10月15日，神舟五号载人飞船发射成功，将中国首位航天员杨利伟送上太空，中华民族千年飞天梦想终成现实。2005年10月12日，神舟六号载人飞船发射成功，航天员费俊龙、聂海胜经过115小时32分钟太空遨游后安全返回。2008年9月25日，神舟七号载人飞船发射成功。航天员翟志刚、刘伯明、景海鹏在地面组织指挥和测控系统的协同配合下，顺利完成了空间出舱活动和一系列空间科学试验。神舟七号载人航天飞行圆满成功，实现了中国空间技术发展具有里程碑意义的重大跨越，标志着中国成为世界上第三个独立掌握空间出舱关键技术的国家。2011年11月1日，神舟八号飞船发射升空，首次进行交会对接航天飞行任务。神舟八号完成了与天宫一号精确交会对接的预定目标。中国空间交会对接技术取得重大突破，实现了中国空间技术的重大跨越。2012年6月16日，神舟九号载人飞船发射成功，航天员景海鹏、刘旺和刘洋顺利完成了中国首次载人交会对接任务，标志着中国载人航天工程第二步战略目标取得了具有决定性意义的重要进展。2013年6月11日，神舟十号载人飞船发射成功，航天员聂海胜、张晓光、王亚平顺利完成了与天宫一号目标飞行器两次交会对接的任务。2016年10月17日，神舟十一号飞船发射成功，在轨飞行期间与天宫二号空间实验室成功进行自动交会对接。航天员景海鹏、陈冬在天宫二号与神舟十一号组合体内驻留30天，完成了一系列空间科学实验和技术试验，创造了中国航天员太空驻留时间新纪录，标志着我国载人航天工程取得新的重大进展。2021年6月17日，神舟十二号飞船发射成功。这是空间站关键技术验证阶段第四次飞行任务，也是空间站阶段首次载人飞行任务。聂海胜、刘伯明、汤洪波3名航天员进入太空。神舟十二号载人飞船入轨后顺利完成入轨状态设置，采用自主快速交会对接模式成功对接于天和核心舱前向端口，与此前已对接的天舟二号货运飞船一起构成三舱（船）组合体。神舟十二号航天员乘组进行了两次出舱活动，圆满完成任务。神舟十三号是中国空间站关键技术验证阶段第六次飞行，也是该阶段最后一次飞行任务。按照计划部署，神舟十三号航天员乘组在轨驻留6个月。2021年9月20日，满载货物的天舟三号货运飞船驶入太空，成功对接空间站。2021年10月16日，神舟十三号载人飞船进入预定轨道，顺利将翟志刚、王亚平、叶光富3名航天员送入太空。6小时后，载人飞船与空间站组合体完成自主快速交会对接。航天员们开始在空间站的工作任务。2022年4月14日，神舟十三号载人飞船完成全部既定任务。4月16日，神舟十三号返回舱在东风着陆场成功着陆，圆满完成飞行任务。

中国航天，又站在了一个新的起点上。目标是：在星辰大海中，建设国家太空实验室。

实施载人航天工程以来，中国航天工作者牢记使命，不负重托，培育和发扬了特别能吃苦、特别能战斗、特别能攻关、特别能奉献("四个特别")的载人航天精神。它的基本内涵是：(1)热爱祖国、为国争光的坚定信念。自觉把个人理想与祖国命运、个人选择与党的需要、个人利益与人民利益紧密联系在一起，始终以发展航天事业为崇高使命，以报效祖国为神圣职责，呕心沥血，奋力拼搏。(2)勇于登攀、敢于超越的进取意识。知难而进、锲而不舍、勤于探索、勇于创新，相信科学、依靠科学，攻克尖端课题，抢占科技制高点。(3)科学求实、严肃认真的工作作风。尊重规律，精心组织，精心指挥，精心实施，在任务面前斗志昂扬、连续作战，在困难面前坚韧不拔、百折不挠，在成绩面前永不自满、永不懈怠。(4)同舟共济、团结协作的大局观念。自觉服从大局、保证大局，同舟共济、群策群力，有困难共同克服，有难题共同解决，有风险共同承担。(5)淡泊名利、默默奉献的崇高品质。一心为事业，舍弃生活方式的多彩而选择单调，舍弃功成名就的机会而选择平凡，不计个人得失，不求名利地位，以苦为乐，无怨无悔。

在中国航天人为载人航天事业而奋斗的过程中形成的航天精神是中华民族的宝贵财富，它激励着一代又一代航天人不忘初心、砥砺前行。2021年9月，党中央批准了中央宣传部梳理的第一批纳入中国共产党人精神谱系的伟大精神，载人航天精神被纳入。

航天科技"神舟"团队是党和国家创新发展载人航天的主力军和国家队，肩负中国全部载人航天器研制设计的重要使命。从立项至今的近30年时间里，"神舟"团队取得了包括神舟飞船、目标飞行器、空间实验室等一系列载人航天器连战连捷的优异成绩，实现我国载人飞行、太空出舱、交会对接、在轨补加等多项核心技术零的突破，孕育了"四个特别"的载人航天精神和"祖国利益至上、勇攀科技高峰、零疑点零缺陷、团队同舟共济"的神舟文化。

2018年1月25日，聂海胜、杨利伟、费俊龙、景海鹏、翟志刚、刘伯明、陈冬、邓清明、张晓光、刘旺、刘洋、王亚平12名航天员被中央宣传部授予航天员群体"时代楷模"荣誉称号。

神舟团队多次获全国五一劳动奖章、国家科学技术进步奖特等奖。2019年9月25日，被授予"最美奋斗者"集体荣誉。

这个团队里，十八大党代会代表有：中国航天科技集团公司党组书记、总经理马兴瑞，四院院长兼党委副书记田维平，五院510所所长兼党委副书记张伟文，七院7105厂党委书记张济，八院院长兼党委副书记朱芝松。

第一个进入太空的航天员杨利伟是党的十七大代表，中央候补委员；三次进入太空的航天员景海鹏是党的十九大代表。

他们是中国航天人，更是中国共产党的优秀分子。

第十九章
十九大代表：和总书记唠家常

时间：2017 年 10 月 18 日至 24 日
地点：北京
关键词：习近平新时代中国特色社会主义思想

一、开启全面建设社会主义现代化国家新征程

（一）会议的主要内容

2017 年 10 月 18 日至 24 日，中国共产党第十九次全国代表大会在北京召开。

大会的主题是：不忘初心，牢记使命，高举中国特色社会主义伟大旗帜，决胜全面建成小康社会，夺取新时代中国特色社会主义伟大胜利，为实现中华民族伟大复兴的中国梦不懈奋斗。

会议通过题为《决胜全面建成小康社会　夺取新时代中国特色社会主义伟大胜利》的报告；通过关于十八届中央纪律检查委员会工作报告的决议和关于《中国共产党章程（修正案）》的决议。

大会确立了习近平新时代中国特色社会主义思想为党的指导思想，并用"八个明确"和"十四个坚持"全面阐述了该思想的科学内涵和实践要求。大会指出，习近平新时代中国特色社会主义思想，体系严整、逻辑严密、内涵丰富、博大精深，闪耀着马

克思主义真理光辉,是当代马克思主义、21世纪马克思主义。这一科学思想贯通马克思主义哲学、政治经济学、科学社会主义,贯通改革发展稳定、内政外交国防、治党治国治军等各领域,使党对共产党执政规律、社会主义建设规律、人类社会发展规律的认识达到新的高度,为马克思主义作出原创性的贡献。

大会报告指出:中国共产党人的初心和使命,就是为中国人民谋幸福,为中华民族谋复兴。我们比历史上任何时期都更接近、更有信心和能力实现中华民族伟大复兴的目标。报告深刻阐述了新时代中国共产党的历史使命,首次提出"四个伟大":伟大斗争、伟大工程、伟大事业、伟大梦想。大会强调:中华民族伟大复兴绝不是轻轻松松、敲锣打鼓就能实现的,必须准备付出更为艰巨、更为艰苦的努力。实现伟大梦想,必须进行伟大斗争,建设伟大工程,推进伟大事业。

大会作出"中国特色社会主义进入了新时代"的重大判断,提出我国社会主要矛盾已经转化为人民日益增长的美好生活需要和不平衡不充分的发展之间的矛盾。这是关系全局的历史性变化,对党和国家工作提出了许多新要求。

大会结合"两个一百年"奋斗目标,指出从党的十九大到二十大,是"两个一百年"奋斗目标的历史交汇期,既要全面建成小康社会,实现第一个百年奋斗目标,又要乘势而上开启全面建设社会主义现代化强国新征程,向第二个百年奋斗目标进军。综合分析国际国内形势和我国发展条件,从2020年到本世纪中叶,可以分为两个阶段来安排。第一阶段,从2020年到2035年,在全面建成小康社会的基础上,再奋斗15年,基本实现社会主义现代化。第二阶段,从2035年到本世纪中叶,在基本实现现代化的基础上，把我国建设成为富强民主文明和谐美丽的社会主义现代化强国。

大会按照中国特色社会主义事业"五位一体"总体布局，对经济建设、政治建设、文化建设、社会建设、生态文明建设进行了全面部署。强调要贯彻新发展理念，建设现代化经济体系；健全人民当家作主制度体系，发展社会主义民主政治；坚定文化自信，推动社会主义文化繁荣兴盛；提高保障和改善民生水平，加强和创新社会治理；加快生态文明体制改革，建设美丽中国。大会对国防和军队建设、港澳台工作和外交工作作出全面部署。

党的十九大，是在全面建成小康社会决胜阶段、中国特色社会主义发展关键时期召开的一次十分重要的大会。大会作出的各项决策，对鼓舞和动员全党全国各族人民继续推进全面建成小康社会、坚持和发展中国特色社会主义具有重大意义。

（二）对党代会代表及相关制度的规定

2017年10月24日，中国共产党第十九次全国代表大会通过《中国共产党章程（修正案）》，对党章进行了部分修改。其中对党代会代表和相关制度的新规定有：

第十四条 党的中央和省、自治区、直辖市委员会实行巡视制度，在一届任期内，对所管理的地方、部门、企事业单位党组织实现巡视全覆盖。

中央有关部委和国家机关部门党组（党委）根据工作需要，开展巡视工作。

党的市（地、州、盟）和县（市、区、旗）委员会建立巡察制度。

第二十一条 党的全国代表会议的职权是：讨论和决定重大问题；调整和增选中央委员会、中央纪律检查委员会的部分成员。调整和增选中央委员及候补中央委员的数额，不得超过党的全国代表大会选出的中央委员及候补中央委员各自总数的五分之一。[1]

党的十八大以来，党的组织建设的体制机制不断健全，党建工作的制度化、规范化、科学化水平不断提高，取得许多重要的实践成果和制度成果。党章修正案吸收这些成果，对"党的组织制度""党的中央组织""党的地方组织""党的基层组织"四章部分条文进行了充实和完善。在"党的组织制度"一章，将原第十三条第四款巡视制度拓展为第十四条，增写实现巡视全覆盖，开展中央单位巡视、市县巡察等内容。这是对巡视工作五年来实践经验的总结和运用，有利于落实党内监督的战略性制度安排，为推动巡视工作向纵深发展提供制度保障。"在一届任期内，对所管理的地方、部门、企事业单位党组织实现巡视全覆盖。"十九大之前已经全覆盖一次了，以后还要继续巡视全覆盖。

党的组织分为中央组织、地方组织以及基层组织，所以对这三个方面都有要求。在"党的中央组织"一章，将原第十九条党的全国代表大会的职权第二项"听取和审查中央纪律检查委员会的报告"修改为"审查中央纪律检查委员会的报告"。在

---

[1]《中国共产党第十九次全国代表大会文件汇编》，人民出版社2017年版，第85—86、88页。

原第二十二条第五款中，增写中央军事委员会实行主席负责制的内容，把这一领导体制在党章中确立下来，有利于把党对军队的绝对领导落到实处。为进一步推动落实中央军委管党治党责任，加强军队中党的作用和政治工作，将原第二十三条第二、第三句修改为"中央军事委员会负责军队中党的工作和政治工作"，对军队中党的组织体制和机构作出规定。在"党的地方组织"一章，将原第二十五条党的地方各级代表大会的职权第二项"听取和审查同级纪律检查委员会的报告"修改为"审查同级纪律检查委员会的报告"。在"党的基层组织"一章，回应基层呼声，着眼于增强基层党组织领导班子稳定性和工作连续性，将原第三十条中总支部委员会、支部委员会每届任期两年或三年调整为每届任期三年至五年。为适应党的指导思想的与时俱进，充实党的基层组织的基本任务，将认真学习习近平新时代中国特色社会主义思想，推进"两学一做"学习教育常态化制度化，坚定理想信念等内容写入相关条款。根据习近平总书记在全国国有企业党的建设工作会议上的重要讲话精神，明确国有企业党组织地位和作用，将原第三十二条第二款第一句修改为：国有企业党委（党组）发挥领导作用，把方向、管大局、保落实，依照规定讨论和决定企业重大事项。适应社会组织发展趋势，增写一款规定社会组织中党的基层组织功能定位和职责任务。增写一条规定党支部的地位和作用。表述为：党支部是党的基础组织，担负直接教育党员、管理党员、监督党员和组织群众、宣传群众、凝聚群众、服务群众的职责。增写这一条，对于加强党支部建设、充分发挥党支部战斗堡垒作用具有重要意义。

二、差额选举代表

党的十九大正式代表2280名,特邀代表74名,代表全国8900多万名党员。

（一）中央部署代表的选举工作

2016年10月,党的十八届六中全会决定,党的十九大于2017年下半年在北京召开。中共中央印发了《关于党的十九大代表选举工作的通知》,对十九大代表选举工作作出全面部署。中央组织部召开会议,对这项工作作出具体安排。

党中央高度重视十九大代表选举工作。习近平总书记主持召开中央政治局常委会议和中央政治局会议专门进行研究,审议通过了《关于党的十九大代表选举工作的通知》,明确了代表选举工作的总体要求和政策规定。代表选举过程中,习近平总书记多次听取汇报,作出重要指示,提出明确要求。党中央的部署和习近平总书记的重要指示,为十九大代表选举工作指明了正确方向、提供了根本遵循。

中央确定,十九大代表名额共2300名,由全国40个选举单位选举产生。做好十九大代表选举工作,要以党章为根本遵循,坚持党的性质,加强党的领导,发扬党内民主,严肃选举纪律,突出政治标准和先进性,体现广泛代表性,改善代表结构,规范代表产生程序,确保十九大代表素质优良、结构合理、分布广泛、党员拥护。

十九大代表是共产党员中的优秀分子。要严把人选政治关,坚持把政治标准放在首位,突出考察人选的理想信念、政治品格和道德修养。严把人选廉洁关,坚决防止"带病提名"。

从党的十八大开始,正式提出了代表当选的"五项条件":第一项涉及理想信念,第二项涉及政治立场,第三项涉及党性修养,第四项涉及工作业绩,第五项涉及履职能力。十九大在十八大确定的"五项条件"总体框架下进行了修订调整。在第一项理想信念方面,增加了深入学习习近平总书记重要讲话,坚持"四个自信"的要求;在第二项政治立场方面,增加了带头落实党中央治国理政总体布局和战略布局,增强"四个意识"的要求。在第三项党性修养方面,以社会主义核心价值观代替了社会主义核心价值体系。

进一步优化代表结构。适当提高生产和工作第一线代表比例,注重推荐工人、农民和专业技术人员党员中的先进模范人物作为代表人选;要求女党员和少数民族党员代表占有一定比例。代表中,既要有各级党员领导干部,又要有生产和工作第一线的党员,要有经济、科技、国防、政法、教育、宣传、文化、卫生、体育和社会管理等各方面的代表。

十九大代表的选举产生,坚持党的领导与发扬民主有机统一,采取自下而上、上下结合、反复酝酿、逐级遴选的办法进行。深入开展宣传教育,广泛发动基层党组织和党员积极参与代表人选的推荐提名,根据多数党组织或多数党员的意见,逐级遴选择优。严格组织考察,实行差额考察和考察预告,广泛听取基层党组织、党代表、党员和群众的意见。认真搞好会议选举,代表实行差额选举,差额选举的比例应多于15%。

(二)代表的选举产生

按照党中央统一部署,党的十九大代表选举工作从2016年11月开始启动,全国40个选举单位分别召开党代表大会或党代表会议，选举出党的十九大代表。

1. 代表的选举过程

十九大代表是严格按照中央规定的程序步骤选举产生的。中央印发的《通知》明确了代表产生的5个主要环节，中央组织部制作下发了《十九大代表选举工作流程图》。各选举单位认真落实中央要求，坚持党的领导与发扬民主有机统一，采取自下而上、上下结合、反复酝酿、逐级遴选的办法产生十九大代表。具体体现为：一是认真组织推荐提名。二是逐级遴选比较择优。三是严格进行组织考察。四是周密组织会议选举。

公布的当选代表，在十九大召开前由十九大代表资格审查委员会进行资格审查，确认资格有效的代表将出席党的十九大。

2. 代表选举中保证质量的措施

为确保代表质量，选出符合中央要求的十九大代表，各选举单位充分发挥党组织的领导和把关作用，坚持把政治标准放在第一位，把清正廉洁作为把关重点，层层审核、严格甄别，真正把那些理想信念坚定、政治立场正确、作风品行良好、清正廉洁的优秀党员选为十九大代表。

一是坚持标准条件。严格按照中央规定的代表条件进行推荐提名，引导基层党组织和党员坚持标准、好中选优。在此基础上，一些选举单位结合脱贫攻坚、科技创新、维护民族团结和社会稳定等实际，进一步细化代表条件，并落实到代表推荐提名中。

二是严把人选政治关。对代表人选进行了严格组织考察，着重了解遵守政治纪律和政治规矩，牢固树立政治意识、大局意识、核心意识、看齐意识，坚决同以习近平同志为核心的党中央保持高度一致,坚定不移维护党中央权威和集中统一领导等方面的情况。一些选举单位明确人选政治标准具体要求,并列出"负面清单",坚决把政治立场不坚定、政治观点模糊、执行党的路线方针政策不坚决的人挡在门外。

三是严把人选廉洁关。对所有考察对象的档案材料进行严格审核,党风廉政情况征求纪检机关的意见,对来信来访线索具体的,均认真调查核实,对人选中党员领导干部个人有关事项进行查核。综合运用巡视、审计、年度考核等结果,梳理党纪政纪处分情况、民主生活会和组织生活会党员群众所提意见,综合分析、严格核查人选廉政情况,对不宜作为代表人选的及时作出调整。

代表选举产生后,坚持从严要求,凡是有信访举报或发现有关问题线索的,均进行了调查核实。对不符合代表条件的,按照党内有关规定坚决予以调整。

3. 基层党组织和广大党员参与情况

十九大代表推荐提名从基层开始,所有基层党组织和党员参加。基层党组织和广大党员对十九大代表选举工作参与积极性非常高。各选举单位基层党组织参与实现了全覆盖,党员参与率平均达到99.2%,比党的十八大时提高了1.2个百分点。

4. 代表选举工作充分体现广大党员意愿

充分征求意见。采取"三上三下"的办法开展代表人选推荐提名,充分征求基层党组织和广大党员意见。确保代表人选能够体现广大党员意志。凡是未经基层党组织和党员提名的不作为推荐人选,凡是未征求下级党组织意见、未经多数党组织和党员同意的人选不报送上级党组织。

集体研究确定代表人选。遴选上报推荐人选、确定代表候选人初步人选和预备人选等，都召开党委常委会或党委全体会议集体研究，按照党委（党组）议事规则集体作出决定，不搞个人说了算。对选举工作中遇到的重大问题，集体研究决定。

坚持差额考察、差额选举。在组织考察中普遍实行考察预告，按一定比例进行差额考察，综合比较、好中选优。一些选举单位对考察对象、初步人选分别进行公示，充分听取党员群众意见，确保代表人选组织放心、党员信任、群众公认。会议选举时，改进候选人介绍办法，丰富介绍内容，增进选举人对候选人的了解。实行差额选举，差额比例均高于15%。

5. 严肃选举纪律，确保风清气正

各选举单位按照中央要求，始终把纪律和规矩挺在前面，严明纪律、严格教育、严肃执纪，以坚决的态度、果断的措施正风肃纪。一是加强学习教育。二是严格落实责任。三是强化全程监督。针对问题易发环节和重点对象，建立健全提醒和监督机制，督促党员干部严守纪律规定。一些省（区、市）依托"12380"电话、信访、网络和短信"四位一体"举报平台，加强对违规违纪问题的发现和查处；一些选举单位成立督导组，采取巡回督查、个别访谈、随机走访、电话暗访等形式加强全程监督。通过一系列措施，防止违纪行为的发生，保证选举工作的风清气正。

6. 中央领导人提名参选单位原则改变

以往中央领导人多由中央提名到原籍、曾经工作地或曾经工作单位参选党的全国代表大会代表，但在十九大代表选举中，对中央领导人提名参选单位的原则进行了调整：一是应有利于落实全面从严治党要求，加强和规范新形势下党内政治生活，营造良好政治生态。二是应有利于加强工作指导，推动国家重大发展战略的实施。三是应有利于联系党员群众、听取意见，展现新的作风和形象。四是除兼任选举单位书记的领导在选举单位参选、少数民族领导一般在有关民族自治区参选外，其他中央领导人原则上不在原籍、曾经工作地或曾经工作单位参选。这实际上改变了以往中央领导人的参选单位分配原则。

根据这一原则要求，中央政治局常委带头到脱贫攻坚等国家重大发展战略的重点实施省份参选。2017年4月20日，习近平在贵州全票当选为十九大代表。随后，李克强在广西，张德江在内蒙古，俞正声在新疆，刘云山在云南，王岐山在湖南，张高丽在陕西也先后当选十九大代表。这些参选单位，有脱贫攻坚的主战场（贵州、云南、湖南），有"一带一路"的桥头堡（广西、陕西），有边疆少数民族的聚居地（内蒙古、新疆）。中央政治局常委参选单位的安排体现出鲜明的政治导向和实践指向。这对形成良好的政治生态将产生巨大的影响。

党的十九大代表选举工作到2017年6月顺利完成。全国各选举单位分别召开党代表大会或党代表会议，选举产生了2287名党的十九大代表。

（三）代表资格审查

对各选举单位选出的代表候选人进行资格审查，是党代表大会的必经程序。

党的十九大召开前，在全面从严治党的战略部署下，代表资格审查委员会对十九大代表资格进行了严格审查，把关的严格程度超过了改革开放以来历次党的全国代表大会。

在代表考察中重点严把人选的政治关和廉洁关，对所有考察对象的档案材料必审，纪检机关的意见必听，违纪违法线索具体、具有可查性的信访举报必查，考察对象是党员领导干部的个人有关事项报告必核，坚决防止"带病提名"。考察中，还要求写清楚人选一贯思想倾向、政治表现和贯彻执行党的路线、方针、政策的情况。在代表名单公布之后，仍然有7名代表未通过代表资格审查委员会的审查。这体现了全面从严治党形势下，针对代表的组织考察进入"最严时代"。

2017年9月29日，《人民日报》等媒体公布了代表名单。

2017年10月19日，十九大举行了第一次记者招待会。会上，中央组织部副部长齐玉介绍了严把十九大代表政治关、廉洁关的情况。他说，各选举单位选出十九大代表后，中央仍然坚持从严要求，进行认真审核。重庆市委书记孙政才，中央纪委驻财政部纪检组组长、财政部党组成员莫建成等27人，因存在违纪违法等问题，经中央批准，撤销十九大代表资格。重庆市因代表出缺较多，按照中央要求和规定程序，及时召开党代表会议，补选了14名十九大代表。

三、代表为共产党员中的优秀分子

党中央对十九大代表的构成提出了明确要求。

在党的十九大代表选举工作中，中央一开始就对生产和工作一线党员、党员领导干部比例做了适当调整：中央金融系统代表中，生产一线党员不少于1/3，比十八大时提高了13.3个百分点，干部比例不超过66.7%，比十八大时下降了13.3个百分点；省（区、市）代表中，生产一线党员不少于33.3%，比十八大时提高了1.33个百分点，党员领导干部则下降了1.33个百分点；中央企业系统（在京）代表中，生产一线党员不少于33.3%，比十八大时提升1.33个百分点。从结果看，生产和工作一线党员代表总体比例进一步提高，比十八大又提高3.2个百分点。

代表选举过程中，各选举单位认真落实，采取多种措施优化代表结构。当选代表结构与分布比较合理，各项构成比例均符合中央要求，具有广泛代表性。主要特点：

一是生产和工作第一线党员代表比例明显提高。当选代表中，生产和工作第一线党员771名，占33.7%，比十八大增加79名、提高3.2个百分点。其中，工人党员代表198名（农民工党员27名），占8.7%；农民党员代表86名，占3.8%；专业技术人员党员代表283名，占12.4%。

二是女党员代表、少数民族党员代表数量增加。当选代表中，女党员551名，比十八大增加30名，占24.1%；少数民族党员264名，比十八大增加15名，占11.5%，涵盖43个少数民族。31个省（区、市）女党员代表和少数民族党员代表所占比例，均高于女党员、少数民族党员占本地区党员总数的比例。

三是代表分布广泛。当选代表来自方方面面，经济、科技、国防、政法、教育、宣传、文化、卫生、体育和社会管理等各行各业，省、市、县、乡镇村组和街道社区等各个层次，机关、企事业单位、人民团体等各个方面都有代表。

四是代表年龄结构合理。当选代表平均年龄为51.8岁，比十八大降低0.2岁。其中，55岁以下的1615名，占70.6%，比十八大增加144名，提高5.7个百分点；45岁以下的424名，比十八大增加25名，占18.5%。

五是代表文化程度较高。当选代表中，大专以上学历2154

名，占 94.2%。其中，大学学历 727 名，占 31.8%，比十八大提高 1.5 个百分点；研究生学历 1227 名，占 53.7%，比十八大提高 1.5 个百分点。

六是各个时期入党的都有代表。当选代表中，有新民主主义革命时期入党的，有社会主义革命和建设时期入党的，有改革开放和社会主义现代化建设新时期入党的。其中，1978 年 12 月以后入党的 2009 名，占 87.8%；2000 年 1 月以后入党的 416 名，占 18.2%。改革开放以来入党的继续成为十九大代表的主体。

党的十九大代表中共有来自中央企业、中央金融机构、地方国企、民营企业以及外企的 148 名企业负责人（不包括来自企业的一线职工代表），其中至少有 27 名来自民营企业和外企，占 18.2%。其中，首次出现外企公司的党员代表——韩国三星电子（苏州）半导体有限公司党委书记、副总经理李成春。

按照惯例，74 位已经退出领导岗位的老党员作为特邀代表出席大会。

四、向总书记汇报家乡的变化

（一）代表的心声

党的十八大以来，以习近平同志为核心的党中央，带领全国人民攻坚克难，全面建设小康社会。中国社会面貌发生了深刻的变化。参加党的十九大的一线代表们，通过各种方式，向总书记和党中央汇报了自己家乡发生的巨变。

贵州省代表团代表：家乡 5 年的巨变

习近平总书记所在的贵州省代表团代表们，在 2017 年 10 月 19 日上午，同总书记一起审议党的十九大报告。来自基层的代表们和总书记说得最多的是家乡5年来的发展变化。习近平认真听取代表们的发言，不时询问情况，同代表们一起深入交流。

六盘水市钟山区大湾镇海嘎村党支部第一书记杨波说："山乡巨变、翻天覆地、鸟枪换炮……这些词用到我们村一点都不为过。"

连续3次出席党的全国代表大会的代表，六盘水市盘州市淤泥乡岩博村党委书记余留芬说，出席党的十七大时，从村里到北京花了4天时间。2014年，六盘水月照机场建成通航，2015年盘州通了高速路，今年又通了高铁。坐高铁到北京只需要八九个小时，坐飞机就更快了。

余留芬向习近平详细汇报了当地通过"联村"带动贫困村脱贫的情况。

余留芬说，在县乡党委支持下，他们联合两个相邻的贫困村，组建联村党委，携手抱团脱贫致富。村里先后建起养殖场、火腿加工厂。

习近平问："你们生产的火腿叫什么名啊？"

余留芬说："盘县火腿。是与宣威火腿、金华火腿齐名的三大火腿。"

"那你们得提高一下知名度，我原来只知道那两种火腿。今天提到了，也可以宣传宣传。"习近平笑着说。

当得知盘州还建有一个酒厂，1012户村民入股，带动村民脱贫致富，习近平十分高兴。他问："你的叫什么酒？"

"岩博酒。"余留芬答。

"白酒？多少度？价格怎么样？"习近平继续问。

"对，白酒。我们的价格就是老百姓喝的，定位是'人民小酒'。"余留芬说。

"我是问价格多少？"习近平追问。

"我们只卖99元。"余留芬说。

"99元也不便宜了。不在于贵，太贵的酒反而不一定卖得好。"

"谢谢总书记指导，我们一定按您的指示去做。"

"这是市场问题，要按市场来。不能我一说你就按30卖了。"

遵义市播州区花茂村党总支书记潘克刚介绍了他们组织村民脱贫攻坚的情况。花茂村过去叫"荒茅田"，是远近闻名的贫困村。这些年，通过发展乡村旅游，村民们实现了脱贫致富。乡亲们把村名改为"花茂"，寓意花繁叶茂。

习近平听后问道："你那里的游客都是哪里来的？主要是周边的还是远处的？在村里住宿吗？"

"我们那里生态环境好，有的游客一住就是一个星期。"潘克刚回答。

"那能增加不少收入，不错。"习近平说。

潘克刚将一幅鸟瞰村子新貌的照片送到习近平面前。习近平接过照片，边看边称赞："这是风景画，很漂亮！"[1]

基层干部培养、乡村教师培训、农村医疗保障、重大科技创新……总书记和代表们一一聊着，更美好的明天刻在了代表们的心里。

尹计平代表：乡村生活，多彩充实

尹计平是河北省正定县塔元庄村的党支部书记，是土生土长

---

[1] 参见霍小光：《拥抱新时代　担当新使命——习近平参加党的十九大贵州省代表团审议侧记》，《人民日报》2017年10月20日。

的村里人。这些年，村里变化很大。村里新建了幸福广场，占地有1万多平方米。村民们每天在这儿跳广场舞、扭秧歌，特别热闹。2015年，村里组建了20多人的乐队，队员都是些留守妇女。村里给她们安排了专门的活动室，现在乐队知名度有了，各种活动总有她们的身影。以前，只有逢年过节、婚丧嫁娶村里热闹一下，而现在，各种文化活动几乎遍地开花。村里还新建了3个图书馆。

沈腾香代表：精准脱贫，甩掉穷帽

沈腾香是福建省代表。她说："30年前，我嫁到福建省长汀县南坑村，当时这里山秃、水浊、地瘦、人穷。1997年，我被推选为村党支部书记后，立即着手发展生态种养、治理水土流失、发展农业观光和乡村旅游……现在，山绿了，水清了，村民也渐渐富了。""习近平总书记提出精准脱贫，我们建立了党员干部挂钩帮扶机制。现在，15户贫困户中已有5户顺利脱贫，剩下的在今年也能全部脱贫。脱贫是一场攻坚战，未来我希望基层组织的作用能够得到更长效的发挥，大家一起努力，让所有贫困户都甩掉穷帽子。"

蓝景芬代表：绿水青山，更加美丽

蓝景芬来自浙江省丽水市景宁畲族自治县大漈乡。她说：丽水，自古就有"秀山丽水"之称，大漈乡位于大山深处，到过我们这儿的游客，无不对这个山水相融、生态优越、远离喧嚣的"云中桃源"由衷赞叹。5年前的大漈乡不是这样。作为高山上的偏远乡镇，传统且粗放的种养方式利润低，不少群众选择外出打工；生活垃圾、污水成为农村环境治理的"顽疾"……党的十八大以来，我们牢牢遵循绿色发展、聚焦"生态美"，强力推进

"五水共治"，建立健全卫生保洁长效机制，让环境美起来、生态好起来。好生态，带来好福气。现在前来度假的游客络绎不绝，农家乐及民宿经营红红火火，越来越多的外出农民返乡吃上旅游饭。生活在风景当中，还顺带着把钱挣了，在我眼中，大漈乡的发展是"绿水青山就是金山银山"的生动实践。我相信，未来绿水青山将更多更美。

梁慧丽代表：社区生活，更有温度

梁慧丽是上海代表。她说：我做了20年的居委会主任、社区书记，所在的上海市普陀区桃浦镇莲花公寓社区原来是个超大规模的老式动迁安置小区，住了8000多人，其中65岁以上老人就有2203人。我们小区这几年建了医疗卫生站，能打针配药，全科医生上午看门诊，下午为行动不便的老人提供家庭医生上门服务。每月20日，还会有专家来社区坐诊。用老人们的话说，这几年居家养老服务越来越周到，社区越来越暖心。社区工作，最重要的就是用心，遇到问题要创造条件、创新思路去解决。我理解这就是习近平总书记说的"以人民为中心"和"像绣花一样精细"。[1]

（二）"党代表通道"

改革开放以来，党的历次全国代表大会都对媒体开放，而且呈现出越来越开放的趋势。1982年，党的十二大首次设立新闻发言人，向媒体记者说明大会议程、选举情况等。之后，党代会的新闻发言人制度形成，成为党代会的惯例。1987年，党的十三大

---

[1] 张丹华等：《我从基层来满满获得感（点赞中国·我这五年）》，《人民日报》2017年10月8日。

首次设立大会新闻中心，作为党代会的重要信息发布窗口，之后也形成惯例。另外，党的十三大还首次在闭幕后举行新一届中央政治局常委与媒体的见面会，这个做法也延续至今。1997年，党的十五大不仅欢迎港澳台和外国记者参加大会开幕式，还允许他们旁听部分代表团（组）的分组讨论，标志着大会分组讨论开始对媒体开放。同时，党的十五大还开始通过广播、电视等媒体，面向全球进行直播。采访党代会的境内外媒体数量也不断增加。

据统计，采访党的十三大的境内外记者有400多人，此后逐年增加。到2012年党的十八大时，采访大会的记者总数达2700多人，首次出现记者人数超过党代会代表人数的现象。2017年10月18日党的十九大召开时，采访大会的境内外记者人数再创新高，达到3068人，这一数字也创下了迄今为止采访党代会记者人数的最高纪录。境外记者人数从十六大的859人，到十七大的1135人、十八大的1704人，再到十九大的1818人，不断增加的数字体现出国内外对党的十九大的高度关注。

党的十九大以更加开放、透明的姿态，回应着中外媒体的采访热忱。2017年10月16日，十九大新闻中心举行中外记者欢迎酒会。大会新闻组组长黄坤明向媒体表示，大会将以更加开放的姿态，欢迎中外媒体采访，将首次开设"党代表通道"。这是为方便记者采访参会的党代表采取的一种新形式，在大会开幕当天和次日早上、大会闭幕会结束30分钟后，在"党代表通道"举行三次记者对党代表的面对面的采访。

设立"党代表通道"的消息一公布，报名参加采访的国内外媒体记者人数众多。党代会首次设立"党代表通道"，是媒体面对面与党代表交流的好机会，也是党的全国代表大会越来越透明的体现。

10月18日,是党的十九大开幕的第一天。大会开幕前,19位党代表出现在人民大会堂的"党代表通道"上,与各路媒体的记者进行见面交流。他们之中有"上天"的航天员景海鹏、"入海"的潜航员唐嘉陵、见证高铁发展的"大国工匠"李万君、海尔集团掌舵人张瑞敏、台湾籍党代表卢丽安等人。"作为台湾人,你当选中共党代表是不是就不爱台湾了?""中央领导人交替是不是有不成文的规定?"这些"敏感"的话题,出现在首场"党代表通道"采访中。接受采访的党代表坦率回答,毫不回避。民主、开放、自信,给现场媒体记者留下深刻印象。

习近平指出:"当今世界,要说哪个政党、哪个国家、哪个民族能够自信的话,那中国共产党、中华人民共和国、中华民族是最有理由自信的。"[1]

"党代表通道"上,在代表们自豪的介绍中有自信,在代表们喜气的笑容中有自信,在代表们从容不迫的答问中更有自信。

"党代表通道"拉近了党代表和媒体的距离,把代表们的心声传播到千家万户,让世人更加清晰地感受到中国共产党全国代表大会代表们的风采。

3场"党代表通道"采访、6场记者招待会、8场集体采访,多场代表团开放讨论,开放透明力度空前,让人们更有理由坚信:我们的党越来越成熟,我们的道路越走越宽广,中华民族伟大复兴的目标越来越近了。

---

[1] 习近平:《在庆祝中国共产党成立95周年大会上的讲话》,《人民日报》2016年7月2日。

（三）十九大代表：中国首位女舰长韦慧晓

韦慧晓，1977年12月出生，广西百色人。2000年毕业于南京大学，毕业后就职深圳华为，任公司高级副总裁秘书、行政助理，工作四年获得该公司"金牌白领"称号。2004年她以第一名的绝对优势，跨专业考入中山大学地球科学系，攻读硕士。其后继续在中山大学地球科学系就读博士研究生。2012年1月入伍，成为辽宁舰一名女军官。现任新锐导弹驱逐舰绍兴舰舰长。

韦慧晓的人生，走在一条追逐梦想的路上。

每个人都有梦想，韦慧晓的梦想是成为一名军人。

在高考报志愿时，韦慧晓毫不犹豫地选择了国防科技大学。但那一年，她并不具备被征兵的条件，只能遗憾错过。

错过了在军校上大学的机会，不等于放弃了梦想。而梦想带给人的是前行的信心和力量。

2005年8月至2006年7月，韦慧晓在就读研究生期间，申请参加中国青年志愿者扶贫接力计划研究生支教团，成为团中央、教育部组织的研究生支教团队伍中第一位在读的研究生。在西藏林芝县中学，她出色地完成授课任务，获林芝地区团委颁发的"优秀志愿者"、林芝县团委颁发的"优秀志愿者"、林芝县中学颁发的"突出贡献奖"等荣誉和奖励。

2008年就读博士研究生期间，韦慧晓继续着自己的志愿行动。5月，在汶川地震发生后，她赶赴四川，参加统一安排的志愿服务。8月，参加北京奥运会志愿服务。荣获团中央颁发的2007年全国百名优秀志愿者证书，获"2008奥运·冠军论坛优秀青年"称号，获中共北京市委、市政府和北京奥组委联合颁发的北京奥运会、残奥会"优秀志愿者"称号。2008年11月，《中国研究生》杂志将她选为封面人物,并刊发了她根据在藏两年志愿服务的经历和感触撰写的文章《八千里路云和月》。文章产生了广泛的影响,韦慧晓的名字也渐渐被社会熟知。但韦慧晓真正走入大众视野的,是她通过努力终于成为中国第一艘航母——辽宁舰上的一名军人,成为中国海军第一位女舰长。

高考未能如愿进入军校是韦慧晓挥之不去的遗憾,但她从未放弃自己的梦想。

2007年,韦慧晓无意间看到了一个令她无比振奋的消息,博士应届生特招入伍的最后期限是34岁。刚好,韦慧晓毕业那年也是34岁。

这几乎是实现梦想的最后一次机会。韦慧晓不许自己错过。

韦慧晓开始努力,日复一日地进行体能训练,一步步向梦想靠近。

2009年8月,中国海军启动组建航母接舰部队。海军有关部门收到了一封从广州寄来的自荐信,信中写道:"航母是中国水兵最大的舞台,为了心中的梦想,我申请当一名普通的航母舰员,在战风斗浪中历练成长!"自荐人是中山大学博士研究生韦慧晓。

200多页的A4纸自荐信,那上面是韦慧晓详尽的人生经历、自我剖析,以及往日获得的荣誉。

做一名军人的决心与执着,不服输的意志品质,气象学方面丰富深厚的知识储备,让韦慧晓打开了进入中国海军的大门。

2012年1月,韦慧晓入伍,成为辽宁舰一名女军官。

入伍的那天,韦慧晓的日记上只有六个字——"此生嫁给军舰",六个字代表了韦慧晓坚守一生的选择。

入伍后，韦慧晓第一场军校考试的成绩只有62分。这样的"考验"没有让韦慧晓气馁，而是激发了她的斗志。基础不行就加倍努力！为了成为一名合格的军人，韦慧晓拼了。时光从不辜负努力的人。一年后，韦慧晓从"差生"成为"绩优生"。

2012年，韦慧晓踏上中国首艘航母辽宁舰；2017年，韦慧晓从长春舰调任郑州舰副舰长；2019年，韦慧晓成为中国海军首位女实习舰长；一年后，韦慧晓又成为新锐导弹驱逐舰绍兴舰舰长。

2017年，韦慧晓当选党的十九大代表。2017年5月，获得2017年"全国向上向善好青年"称号。2019年6月，荣获2019年"海洋人物"。

韦慧晓的人生是励志的，它激励着无数有梦想的年轻人勇敢无畏、努力不懈地去实现自己的梦想。而中华民族伟大复兴需要无数像韦慧晓这样有为的中国青年。

后 记

　　囿于题材和本人水平，这本书写得比较艰难。好在终于完成了。我就像一个经过大考的学生，精神上算是放松些了。

　　一部书的完成，犹如一项工程的竣工，耗时又耗力。而每一本书的出版，自然与出版社编辑们的辛勤劳动分不开。我一向对三联书店抱有好感（因为它厚重的历史积淀），这次真正见识了三联书店编辑的严谨，说一丝不苟毫不为过。因为这份感觉，我拼命想把这部书写得尽量完善一些。

　　由于本书涉及大量的资料和需要查核的内容，所以，书稿的完成，离不开学界中友人的帮助。其中，我的一位在专业领域辛勤耕耘多年的学妹给了我很多支持，但她坚持不让我提及她的名字，这大概是谦逊学者的特质吧。

　　对于我而言，能够完成此书，是件令自己开心的事；再加上遇到一个心仪的出版社和"不看面子"的编辑，实在是幸运的。

　　感谢所有帮助我完成这部书的写作和出版的友人、编辑，感谢读到这部书的读者朋友们。如有疏漏不当之处，望不吝批评指正。

王　旸

2023 年